“十二五”国家重点图书
新能源法律与政策研究丛书
总主编　杨泽伟

《能源宪章条约》争端解决机制研究

白中红　著

WUHAN UNIVERSITY PRESS
武汉大学出版社

图书在版编目(CIP)数据

《能源宪章条约》争端解决机制研究/白中红著. —武汉：武汉大学出版社，2012. 8

“十二五”国家重点图书

新能源法律与政策研究丛书/杨泽伟总主编

ISBN 978-7-307-10028-2

Ⅰ. 能… Ⅱ. 白… Ⅲ. 能源—国际贸易—国际争端—研究—世界
Ⅳ. F746. 41

中国版本图书馆 CIP 数据核字(2012)第 169382 号

责任编辑：钱 静　　责任校对：黄添生　　版式设计：马 佳

出版发行：**武汉大学出版社**　(430072 武昌 珞珈山)

(电子邮件：cbs22@whu.edu.cn 网址：www.wdp.com.cn)

印刷：荆州市鸿盛印务有限公司

开本：720×1000 1/16 印张：18.75 字数：266 千字 插页：2

版次：2012 年 8 月第 1 版　2012 年 8 月第 1 次印刷

ISBN 978-7-307-10028-2/F · 1694　定价：37.00 元

本书获得国家社会科学基金重大招标项目“发达国家新能源法律政策研究及中国的战略选择”（项目批准号：09&ZD048）和教育部人文社会科学一般项目“《能源宪章条约》争端解决机制研究”（项目批准号：09YJC820044）的资助，特致谢忱！

《新能源法律与政策研究丛书》总序

新能源是一个广义的概念。它不但包括风能、太阳能、水能、核能、地热能和生物质能等可再生能源或清洁能源，而且包括通过新技术对传统化石能源的再利用，如从化石能源中提取氢、二甲醚和甲醇等。同时，能源资源的高效、综合利用以及节能等（如分布式能源、智能电网），也是新能源体系中的重要组成部分。

进入21世纪以来，在能源需求增长、油价攀升和气候变化问题日益突出等因素的推动下，新能源再次引起世界各国的重视，掀起了新一轮发展高潮。特别是在2008年全球性金融危机的影响下，发展新能源已成为发达国家促进经济复苏和创造就业的重要举措。例如，美国推出了“绿”与“新”的能源新政，并在众议院通过了《2009年美国清洁能源与安全法》(*American Clean Energy and Security Act 2009*)；英国相继出台了《低碳转型计划》(*The UK Low Carbon Transition Plan*)、《2009年英国可再生能源战略》(*UK Renewable Energy Strategy 2009*) 和《2010年英国能源法》(*UK Energy Act 2010*)；澳大利亚推出了《2010年可再生能源（电力）法》(*Renewable Energy (Electricity) Act 2000*)；欧洲议会也在2009年通过了《欧盟第三次能源改革方案》(它包括三个条例和两个指令）等，引起了世界各国的广泛关注。

面对世界能源体系向新能源系统的过渡和转变，中国作为世界第二大能源消费国，在国际石油市场不断强势震荡，中国国内石油、煤炭、电力资源供应日趋紧张的形势下，特别是在温室气体减排的国际压力不断加大的背景下，开发利用绿色环保的新能源，已经成为缓解制约中国能源发展瓶颈的当务之急。

因此，研究新能源法律与政策问题，在深入比较、借鉴分析欧美发达国家和地区新能源法律与政策的基础上，根据中国新能源产业和法律发展的现状，提出我国应如何发展新能源、提高能源使用效率、制定和实施新能源发展战略、构建新能源的法律与政策体系，无疑具有重要的现实意义。

其实，研究新能源法律与政策问题，也具有重要的理论价值。早在20世纪80年代初，国际能源法律问题，就引起了学界的关注。1984年，"国际律师协会能源与自然资源法分会"(International Bar Association Section on Energy and Natural Resources Law）就出版了一本名为《国际能源法》(*International Energy Law*）的著作。这或许是"国际能源法"一词的首次出现与运用。近些年来，包括能源安全、国际（新）能源法律与政策问题，更是受到国内外学者们的重视。① 国际能源法（International Energy Law）也有成为一个新的、特殊的国际法分支之势。可以说，国际能源法的兴起，突破了传统部门法的分野，是国际法发展的新突破。②

首先，国际能源法体现了当今经济全球化背景下部门法的界限日益模糊的客观事实。国际能源法作为一个特殊的国际法分支，它打破了传统部门法中被人为划定的界限，其实体规范包含了国际公法、国际经济法、国际环境法、国内能源法等部门法的一些具体内容。因此，它不是任何一个传统法律部门所能涵盖的。国际能源法

① 英国邓迪大学"能源、石油和矿产法律与政策研究中心"沃尔德(Thomas W. Wälde）教授认为，国际能源法有狭义和广义之分：狭义的国际能源法是指调整国际法主体间有关能源活动的法律制度；而广义的国际能源法是指调整所有跨国间有关能源活动的法律制度，它由国际公法、国际经济法、比较能源法等部门法的一些内容所组成。See Thomas W. Wälde, *International Energy Law: Concepts, Context and Players*, available at http://www.dundee.ac.uk/cepmlp/journal/htm/vol9/vol9-21.html, last visit on April 9, 2011; Thomas W. Wälde, *International Energy Law and Policy*, in Cutler J. Cleveland Editor-in Chief, *Encyclopedia of Energy*, Vol. 3, Elsevier Inc. 2004, pp. 557-582.

② 参见杨泽伟：《国际能源法：国际法的一个新分支》，载《华冈法萃》(台湾）2008年第40期，第185~205页；杨泽伟：《中国能源安全法律保障研究》，中国政法大学出版社2009年版，第226~245页。

的这一特点也是经济全球化的客观要求。

其次，国际能源法反映了国际法与国内法相互渗透、相互转化和相互影响的发展趋势。例如，国际能源法和国内能源法虽然是两个不同的法律体系，但由于国内能源法的制定者和国际能源法的制定者都是国家，因此这两个体系之间有着密切的联系，彼此不是互相对立而是互相渗透和互相补充的。一方面，国际能源法的部分内容来源于国内能源法，如一些国际能源公约的制定就参考了某些国家能源法的规定，国内能源法还是国际能源法的渊源之一。另一方面，国内能源法的制定一般也参照国际能源公约的有关规定，从而使与该国承担的国际义务相一致。此外，国际能源法有助于各国国内能源法的趋同与完善。

最后，国际能源法印证了“国际法不成体系”或曰“碎片化”（Fragmentation of International Law）的时代潮流。近些年来，国际法发展呈两种态势：一方面，国际法的调整范围不断扩大，国际法的发展日益多样化；另一方面，在国际法的一些领域或一些分支，出现了各种专门的和相对自治的规则和规则复合体。因此，国际法“不成体系成为一种现象”。国际能源法的产生和发展，就是其中一例。

为了进一步推动中国新能源法律与政策问题的研究，2009年9月，全国哲学社会科学规划办公室以“美、日等西方国家新能源政策跟踪研究及我国新能源产业发展战略”作为国家社科基金重大项目，面向全国招标。在武汉大学国际法研究所的大力支持下，我以首席专家的身份，组织国家发展与改革委员会、国务院法制办、外交部、中国能源法研究会、煤炭信息研究院法律研究所、湖南省高级人民法院、中国人民大学、华北电力大学、北京理工大学、中南财经政法大学、郑州大学、辽宁大学、英国邓迪大学“能源、石油和矿产法律与政策研究中心”（Centre for Energy, Petroleum and Mineral Law & Policy）等国内外一些研究新能源问题的学者和实务部门的专家，成功申报了国家社科基金重大招标项目“发达国家新能源法律政策研究及中国的战略选择”，并获准立项。经过近几年的潜心研究，我们推出了《新能源法律与政策研究丛书》，作为该项目的阶段性研究成果之一。

《新能源法律与政策研究丛书》，以21世纪以来国际能源关系的发展为背景，从新能源涉及的主要法律与政策问题入手，兼用法学与政治学的研究方法，探讨发达国家和地区新能源的最新立法特点、发展趋势、政策取向及其对中国的启示，阐明中国新能源发展过程中的法律问题，提出完善中国新能源法律制度的若干建议等。

由于新能源法律与政策问题，是法学、特别是国际法学很少涉足的领域，加上我们研究水平的限制，因此《新能源法律与政策研究丛书》必然会存在诸多不足之处，请读者不吝指正。

杨泽伟①

2011年6月

于武汉大学国际法研究所

① 武汉大学珞珈特聘教授、法学博士、博士生导师、国家社科基金重大招标项目“发达国家新能源法律政策研究及中国的战略选择”首席专家。

主要英文缩略语

国际能源论坛（International Energy Forum, IEF）

世界石油大会（World Petroleum Council, WPC）

世界能源理事会（World Energy Council, WEC）

国际能源机构（International Energy Agency, IEA）

石油输出国组织（Organization of the Petroleum Exporting Countries, OPEC）

能源宪章大会组织（Energy Charter Conference, ECC）

《能源宪章条约》(*Energy Charter Treaty*, ECT)

《欧洲能源宪章》(*European Energy Charter*, EEC)

经济合作与发展组织（Organization for Economic Cooperation and Development, OECD）

世界贸易组织（World Trade Organization, WTO）

《能源宪章之能源效率和相关环境问题议定书》(*The Energy Protocol on Energy Efficiency and Related Environmental Aspects*, PEEREA)

《北美自由贸易协定》(*North American Free Trade Agreement*, NAFTA)

双边投资协定（Bilateral Investment Treaties, BITs）

《与贸易有关的投资协议》(*Trade-Related Investment Measures*, TRIMs)

《关税与贸易总协定》(*General Agreement of Tarriffs and Trade*, GATT)

解决投资争端国际中心（International Center for Settlement of Investment Disputes, ICSID）

联合国国际贸易法委员会（United Nations Commission on International Trade Law, UNCITRAL）

国际商会（International Chamber of Commerce, ICC）

斯德哥尔摩商会（Stocholm Chamber of Commerce, SCC）

目　录

导　论

一、国际能源市场：呼唤对话与合作

“能源乃国之大事，死生之地，存亡之道。”早在100年前，一位科学家就指出：“没有人能忽视能源的重要性，在科学上如此，在工业上、政治上和人类生活的方方面面都是如此。每一个人，从生到死，都深深依赖着能源的连续供给。当能源供给充足时，社会就繁荣昌盛；当能源供给匮乏，人们则会四处寻找它。”①在科学技术高度发达的今天，能源显得更加重要了。21世纪是能源的世纪，能源已经成为国家安全、经济繁荣和全球稳定的基础。但是就全球能源分布来看，它却明显呈现出生产与消费中心分离的特征。能源的生产与消费中心的分离，使得全球的能源消费与生产的联系越来越紧密，能源市场越来越具有全球性，任何一个国家的能源安全都不可能独立于外部世界。各国意识到，只有通过能源合作，才能缓解能源在国际范围内分布极不均衡以及能源开发投资的风险，也才能保障能源安全。

目前各国通过合作与对话来寻求能源安全的层面和方式不一，从国际层面来看，有非正式的多边会议，如“八国集团”会议、国际能源论坛（IEF）等；有民间性的非政府组织，如世界石油大会（World Petroleum Council，WPC）、世界能源理事会（World

---

① See Frederick Soddy, *Matter and Energy*, H. Holt and Company, 1911, p. 9. 转引自 Sanam S. Haghighi, *Energy Security*: *The External Legal Relations of the European Union with the Major Oil and Gas Supplying Countries*, Hart Publishing, 2007, p. 1.

Energy Council, WEC）等；有以国际条约为基础成立的政府间国际组织，包括国际能源机构（International Energy Agency, IEA），石油输出国组织（Organization of the Petroleum Exporting Countries, OPEC）和能源宪章大会组织（Energy Charter Conference, ECC）。在这三类多边能源合作制度中，由于IEA、OPEC和ECC这三个政府间国际组织是建立在具有法律约束力的国际条约基础上的，其能源合作法律制度更加正式、稳定、完善，在国际能源合作方面发挥着尤为重要的作用。IEA、OPEC和ECC也就成为世界上最重要的三大能源组织。在这三个国际组织中，IEA代表的是发达石油消费国的利益，OPEC维护的则是石油生产国的利益，而只有ECC才是能源生产国与消费国之间对话与合作的国际组织。因此，ECC与其他能源组织的一个重大区别就是，它为所有能源利益攸关者提供了一个发展与实施有法律约束力规则的共同的平台，而不是仅仅代表某一方的利益。①

建立在《能源宪章条约》(*Energy Charter Treaty*, 以下简称ECT）基础上的能源宪章大会组织（ECC）试图建立一种能源生产国、过境国和消费国之间对话与合作的机制。从这方面来看，ECC的创建和存在具有合理性和正当性。从ECC成立的目的和宗旨来看，ECC也正致力于建立一个面向21世纪开放的、非歧视性的国际能源市场，为所有缔约方之间的能源贸易和在能源投资、能源过境、能源效率、能源环境以及能源供应的安全性等领域合作创造一个良好的环境。正如2006年G8峰会《圣彼得堡行动计划》所言，能源生产国、过境国和消费国的合作才是能源安全的保障，开放、透明、有竞争力的能源市场正是能源安全的基石。②

---

① See Andreas Goldthaw, Jan Martin Witte ed., *Global Energy Governance: The New Rules of the Game*, Brookings Institution Press, 2010, pp. 65-66.

② 能源安全是2006年俄罗斯主持的G8峰会的重要议题之一。该次峰会上的有关能源安全的文件见 http://en. g8russia. ru/docs/11. html，最后访问日期：2012年4月20日。

二、研究《能源宪章条约》争端解决机制的意义

ECT的重要性及其意义是笔者对论题进行研究的直接动因。1994年签署的ECT是各国合作解决国际能源问题的一个里程碑。该条约覆盖了能源价值链的全部环节，为能源投资、能源过境、能源贸易提供必要的法律保障，为建立一个面向21世纪开放的国际能源市场提供了一个前所未有的法律基础，是对能源问题进行国际法规制的重要成就，在整个国际能源法律体系中占有重要的地位。从法律角度看，能源宪章的重大意义在于：它是第一个具有法律约束力的多边投资保护协定；第一个同时覆盖投资保护和贸易的多边协定；第一个将过境运输条例应用于能源网络的协议；也是第一个将具有法律约束力的解决国际争端的方案作为总则的多边条约。如此多的"第一"使能源宪章在国际能源法律机制的构建中具有了重要意义。而且，该条约自1998年生效至今10多年来，已经逐步发展成为一个稳定的、可以良好运行的法律框架，在推动和保护能源投资、过境运输、能源效率、能源环境以及能源供应的安全性等方面发挥着重要作用。①

在ECT诸多的法律制度中，其争端解决机制在该条约中占有非常重要的地位，被称为是ECT的基石。也正是这套争端解决机制使得该条约具有了法律约束力，使它区别于一般政治性的条约与宣言。没有这套争端解决机制，可以说，整个ECT不过是"一纸空文"。② 这套精心设计的争端解决机制将整个条约中的法律制度整合起来，使整个能源宪章条约的各项制度成为一个不可分割的整体。该套争端解决机制所涵盖的范围广、层次多，将多种手段与多种机制融合在一起，形成一个有机的整体。它为条约中主要的法律制度都设计了争端解决条款，争端范围包括能源投资争端、能源贸

① 参见李瑞民：《〈能源宪章条约〉与国际能源投资争端解决》，载《国际石油经济》2008年第8期，第40页。

② See Clarisse Ribeiro, *Investment Arbitration and the Energy Charter Treaty*, JurisNet Publishing, 2006, p. 22.

易争端、能源过境争端以及能源与环境、竞争等。这些争端又是以两种形式体现出来的，即国家与国家（state-state）之间的争端；投资者与国家（investor-state）之间的争端。而且，该套争端解决机制规定的程序在目前的国际争端解决机制领域相当先进，如其中的投资者与国家之间的投资争端仲裁程序是当今世界上最严格的投资者与国家间投资争端解决机制，代表了国际投资仲裁发展的最新方向。它规定的投资者与东道国之间的强制仲裁程序，突破了以协议为基础的传统仲裁制度，几乎是为投资者对东道国的诉求提供了“史无前例的救济”。① 又如该套争端解决机制中的有关过境制度及争端解决程序，是该条约中最具创新性的部分，为跨国能源管道运输提供了“主要的规则体系和争端解决机制”。② 因此，《能源宪章条约》的争端解决机制丰富了国际争端解决的理论和实践，同时，由于它针对的是能源领域，毫无疑问，它对目前存在的各种能源问题的解决也起到了重要的作用。

研究《能源宪章条约》争端解决机制的另一个重要动因就是该条约对于中国的能源安全以及能源法律体系的构建也具有非常重要的理论和实践意义。目前中国已成为世界上主要的能源消费大国，新的巨大需求正在改变着全球能源的供需状况。同时，中国已经成为国际能源市场重要的参与者，对整个国际能源市场发挥着举足轻重的作用。但是，中国目前还没有加入任何国际性的能源组织，这与中国目前在国际能源市场上的地位还不相称，同时对中国的能源利益的保护也是不利的。正如前文所述，《能源宪章条约》是目前针对能源领域的第一个也是唯一一个多边条约，在能源领域具有特殊的重要地位。因此，中国应该加强对该条约的研究。从具

① See Plama Consortium Limited v. Bulgaria, (ICSID Case No. ARB/03/24), Decision on Jurisdiction, February 8, 2005, para. 141, 221.

② Ekpen J. Omonbude, *Cross-border Oil and Gas Pipelines and the Role of the Transit Country: An Analysis of the Consequences of Shifts in Bargaining Parties to the Pipeline Agreement*, Dundee University Thesis, 2007, p. 158. 转引自杨泽伟：《跨国能源管道运输的争议解决机制》，载《法学》2007 年第 12 期，第 85 ~ 86 页。

体的情况来看，中国目前有关能源的贸易和投资都在逐年迅猛增加，同时，随着中哈能源管道以及中俄原油管道、中亚天然气管道的正式营运以及中缅能源管道的开工，跨国能源管道与能源过境的问题也正日益得到关注。这些都使得研究有关能源贸易、能源投资以及能源过境的法律问题日益必要，而《能源宪章条约》是关于这些问题的最核心的国际法律制度，因而有必要对《能源宪章条约》的这些法律制度进行研究。从中国目前的立法情况看，中国的有关能源方面的立法还较为落后，对于有关能源方面的贸易投资问题还没有专门的法律规定，相关的专门性法律制度处于缺失的状态。在相关的法学研究领域，国际能源法律制度的研究还处于起步阶段，关于《能源宪章条约》的深入研究基本上还是一片空白。在法律实践方面，有关能源争议的解决在中国也是一个新的课题。因此，从中国的实际对《能源宪章条约》这个能源领域里的唯一多边条约进行深入系统的研究就显得非常必要和重要了。

三、国内外研究现状

（一）国外研究现状

由于《能源宪章条约》起源于欧洲，因此，欧洲国家对《能源宪章条约》研究得相对而言比较充分。欧洲国家对《能源宪章条约》的研究成果主要有一本专著和四本论文集。目前关于《能源宪章条约》的专著于2011年出版，是由英国的Thomas Roe律师和卢森堡大学的教授Mattew Happold合作的《能源宪章条约下投资争端的解决》(*Settlement of Investment Disputes under the Energy Charter Treaty*) 一书，该书共八章，第一章是概述，第二章是ECT投资仲裁适用的法律，第三章是ECT第26条的管辖权，第四章是欧盟法与ECT，第五章是ECT投资仲裁适用的实体规则，第六章是程序问题，第七章是违反ECT第三部分缔约国的国际责任问题，第八章是税收问题。① 该书是目前唯一的一本详细论述ECT第26条的著作，但它仅仅限于对ECT第

① Thomas Roe, Matthew Happold, *Settlement of Investment Disputes under the Energy Charter Treaty*, Cambridge University Press, 2011.

26 条的分析，对 ECT 的其他争端解决条款没有涉及。

除了上述的专著外，关于 ECT 的争端解决机制的成果是根据能源宪章秘书处组织的三次国际会议的有关论文集。第一本论文集是 Clarisse Ribeiro 主编的《投资仲裁与能源宪章条约》(*Investment Arbitration and the Energy Charter Treaty*)(2006) 一书。① 这本论文集来自于 2005 年 6 月 9—10 日由能源宪章大会秘书处和斯德哥尔摩商会仲裁院共同举办的“投资仲裁与《能源宪章条约》”大会。全书共六章，前五章分别分析了《能源宪章条约》中的投资和投资者、国有化、国家责任等问题，第六章对《能源宪章条约》的仲裁进行了实证研究。第二本论文集是 Graham Coop 和 Clarisse Ribeiro 主编的《投资保护与能源宪章条约》(*Investment Protection and Energy Charter Treaty*)(2008) 一书②，该书也是源自于 2007 年 5 月由能源宪章秘书处、斯德哥尔摩商会以及解决投资争端国际中心（ICSID）共同举办的“投资保护与《能源宪章条约》”大会。这本书有四章，对《能源宪章条约》有关条款进行了深入细致的分析，包括对第 26 条投资仲裁管辖问题的分析、投资者的有关待遇条款的分析以及“投资前”争端的可仲裁性、《能源宪章条约》对欧盟和俄罗斯的重要性，并对《能源宪章条约》和其他相关条约进行了比较。第三本是 Graham Coop 主编的《能源争端的解决：投资保护、过境与能源宪章条约》(*Energy Dispute Resolution: Investment Protection, Transit and the Energy Charter Treaty*)(2011)③，源于 2009 年 10 月在布鲁塞尔召开的大会，该书共 14 章，共四个部分，第一部分讨论能源宪章条约仲裁的新发展，如新的裁决和案例等；第二部分则是关于双边投资条约、ECT 以及欧盟法之间可能产生的冲突问题；第三部分是关于 ECT 的临时适用；第四部分

---

① Clarisse Ribeiro ed., *Investment Arbitration and Energy Charter Treaty*, JurisNet, LLC, 2006.

② Graham Coop, Clarisse Ribeiro, ed., *Investment Protection and Energy Charter Treaty*, JurisNet, LLC, 2008.

③ Graham Coop ed., *Energy Dispute Resolution: Investment Protection, Transit and Energy Charter Treaty*, JurisNet, LLC, 2011.

则是有关过境争端、供应争端与 ECT。以上这三本论文集是目前关于 ECT 争端解决机制最为集中的成果，具有官方性，是研究 ECT 的争端解决机制的重要资料来源。但这些论文论述的重点也是投资争端的解决，只是少量涉及了过境争端，对于能源贸易和能源环境争端的解决没有涉及。

除了专门研究 ECT 的争端解决条款的专著和论文集以外，还有一些研究整个 ECT 的论文和论文集，英国邓迪大学能源法中心 Thomas W. Wälde 教授早在 1996 年主编了《能源宪章条约：东西方能源合作的桥梁》（"The Energy Charter Treaty: An East-West Gateway for Investment and Trade"）① 一书。该书是目前研究《能源宪章条约》最全面的论文集，共收录了 27 篇有关《能源宪章条约》的文章，这些论文根据内容分成了不同的专题，它们对《能源宪章条约》的产生背景、产生过程以及其中的重要内容如投资、贸易、环境、竞争和过境等问题进行了全面的分析，是研究《能源宪章条约》重要的资料来源，但该书对《能源宪章条约》的争端解决机制有关的分析很少，只有一两篇论文与此有关，即第 18 章"双边投资条约与能源宪章条约的仲裁条款"（"Arbitration Provisions in the BITs and the Energy Charter Treaty"）和第 19 章"无协议仲裁"（"Arbitration without Privity"）。在第 18 章，Kenneth J. Vandevelde 对双边投资条约与 ECT 中的投资仲裁条款进行了比较，在第 19 章，Jan Paulsson 则对投资者对东道国的强制仲裁出现的历史进行了回溯，指出 ECT 第 26 条是强制仲裁发展的最新成果。

此外，还有一些关于 ECT 争端解决机制的学术论文。Thomas W. Wälde 教授有两篇论文专门论述了 ECT 的投资仲裁问题：（1）《能源宪章条约的投资仲裁：从争端解决到条约实施》（*Investment Arbitration under Energy Charter Treaty—From Dispute Settlement to*

---

① Tomas W. Wälde ed., *The Energy Charter Treaty: An East-West Gateway for Investment and Trade*, Kluwer Law International, 1996.

Treaty Implementation)①，这篇论文可以说是关于 ECT 仲裁机制最为重要的研究成果之一，它指出仲裁在应对能源投资政治风险方面发挥着重要作用，回顾了投资仲裁在双边和多边投资条约的演进，分析了 ECT 第 26 条相关的程序问题，如适用的法律、救济、管辖权冲突等问题，并指出 ECT 的投资仲裁机制在能源投资方面的深远意义。(2)《ECT 的投资仲裁：几个重要问题的概述》(*Investment Arbitration under the Energy Charter Treaty*: *An Overview of Key Issues*)②，在本文中，Thomas W. Wälde 以自身参与 ECT 仲裁的经验为基础，对该条约适用中所出现的问题，比如贸易与投资法的融合问题（以投资法上的国民待遇问题援引 WTO 规则中“相同产品”原理为例)、公平与公正待遇的把握问题、国内救济问题等，进行了很好的剖析。Thomas W. Wälde 的这两篇论文为研究《能源宪章条约》的投资仲裁问题打下了基础，是研究该主题的较为重要的文献。除此之外，还有几篇与《能源宪章条约》投资仲裁直接相关的文章③，这些论文主要是对《能源宪章条约》的投资仲裁的有关程序问题进行了精细的研究。程序问题是诉讼和仲裁的精髓，这些研究有利于精确把握投资仲裁中的程序问题，也是有关这个主题的比较重要的参考文献。如今，《能源宪章条约》的争端解决机制尤其是其中的投资争端解决机制已在实践中越来越多地得到

---

① Thomas W. Wälde, *Investment Arbitration under Energy Charter Treaty—From Dispute Settlement to Treaty Implementation*, *Arbitration International*, Vol. 12, No. 4, 1996.

② Thomas W. Wälde, *Investment Arbitration under the Energy Charter Treaty*: *An Overview of Key Issues*, *Transnational Dispute Management*, Vol. 1, No. 2, 2004.

③ Richard Happ, *Dispute Settlement under the Energy Charter Treaty*, *German Yearbook of International Law*, 2002. Gillian Turner, *Investment Protection through Arbitration*: *The Dispute Resolution Provisions of Energy Charter Treaty*, *International Arbitration Law Review*, Vol. 1, No. 1, 1998. Lucy Reed, Lucy Martinez, *Made to Measure? Investment Protection and Arbitration Rights under the Energy Charter Treaty*, ILSA *Journal of International and Comparative Law*, Vol. 14, No. 2, 2008.

应用，相关的学术研究越来越走向案例研究方法。

综观上述研究成果，其不足之处表现在以下几个方面：（1）能源投资及其争端解决程序是 ECT 中的一项非常重要的制度，但目前对 ECT 的争端解决机制的研究主要集中于投资仲裁机制，对于其他的争端解决条款除了简单介绍外，所做的专门研究还比较少，对于 ECT 的争端解决机制中的各争端程序的联系也很少进行分析，更没有从整体上对 ECT 的争端解决机制作系统的研究。（2）研究 ECT 的学者大多是宪章缔约国特别是欧洲发达国家的国民，从某种意义上来讲，对宪章的研究主要是为其本国利益需要而服务的。（3）对于 ECT 的争端解决机制与其他争端解决机制也很少作比较研究。①（4）对 ECT 的争端解决机制的研究主要侧重于“是什么（what）”，而对其存在的理论基础（why）和存在的问题研究较少，也很少对如何完善（how）该争端解决机制提出具体的建议。

（二）国内研究现状

中国国内对于《能源宪章条约》的研究才刚刚开始。武汉大学马迅的博士论文《〈能源宪章条约〉的投资规则研究》②，结合国际投资法的历史发展以及能源宪章条约投资仲裁案例，对该条约的投资规则进行了较为全面的分析，是目前国内对《能源宪章条约》最新最详尽的研究。湘潭大学周林峰的硕士论文《论〈能源宪章条约〉的投资仲裁条款及对我国能源合作的影响》③，以及湖南师范大学黄汀的硕士论文《ECT 中仲裁解决投资者——国家争议的

---

① 关于 ECT 和 WTO 的争端解决机制的比较，有一篇相关的论文，Sumio Kozawa, *Depoliticization of International Dispute Settlement: A Comparison of the Dispute Settlement Provisions of the WTO and the Energy Charter Treaty*, *Journal of World Investment*, Vol. 3, No. 5, 2002.

② 马迅：《〈能源宪章条约〉的投资规则研究》，武汉大学 2010 年博士学位论文。

③ 周林峰：《论〈能源宪章条约〉的投资仲裁条款及对我国能源合作的影响》，湘潭大学 2010 年硕士学位论文。

法律问题研究》①，也对 ECT 的投资仲裁条款进行了研究，并对我国是否参加 ECT 提出了建议和对策。王轶坚的《能源宪章条约与 WTO 争端解决机制管辖权重叠研究》②，着眼于 ECT 与 WTO 的争端解决机制管辖方面可能出现的冲突，提出了解决该管辖冲突的办法。贾孟奇的《〈能源宪章条约〉暂时适用条款分析及对我国的启示——以〈尤科斯案〉管辖权裁决为例》③，通过对尤科斯案的分析，重点对 ECT 的临时适用条款进行阐述。这四篇硕士论文也是中国对 ECT 争端解决机制研究的最新成果。综观这几篇学位论文，最大的特点是它们只着眼于投资者与国家之间的程序，对国家之间的程序很少关注，也没有从整体上对《能源宪章条约》进行研究。除了这几篇学位论文外，还有一些对 ECT 的争端解决机制予以介绍的文章，如台湾东吴大学李贵英的《能源宪章条约与国际投资争端解决之研究》④，曾加的《国际能源投资争议的解决机制研究——以〈能源宪章条约〉为例》⑤，李瑞民的《〈能源宪章条约〉与国际能源投资争端解决》⑥，马迅的《浅析国际能源争议解决机制——以〈能源宪章条约〉为例》⑦，这四篇文章对《能源宪章条约》的投资争端解决机制进行了简单的介绍，并没有进行深入研究。在《能源宪章条约》的过境争端解决机制的研究方面，武汉

---

① 黄汀：《ECT 中仲裁解决投资者——国家争议的法律问题研究》，湖南师范大学 2010 年硕士学位论文。

② 王轶坚：《能源宪章条约与 WTO 争端解决机制管辖权重叠研究》，中国政法大学 2009 年硕士学位论文。

③ 贾孟奇：《〈能源宪章条约〉暂时适用条款分析及对我国的启示——以〈尤科斯案〉管辖权裁决为例》，中国政法大学 2011 年硕士学位论文。

④ 李贵英：《能源宪章条约与国际投资争端解决之研究》，载《东吴法律学报》2003 年第 2 期。

⑤ 曾加、王萍丽：《国际能源投资争议的解决机制研究——以〈能源宪章条约〉为例》，载《宁夏大学学报》(人文社会科学版) 2008 年第 1 期。

⑥ 李瑞民：《〈能源宪章条约〉与国际能源投资争端解决》，载《国际石油经济》2008 年第 8 期。

⑦ 马迅：《浅析国际能源争议解决机制——以〈能源宪章条约〉为例》，载《生态经济》2009 年第 4 期。

大学国际法研究所杨泽伟教授的《跨国能源管道运输的争议解决机制》① 一文，主要探讨了以《能源宪章条约》为核心的国际法律制度中有关跨国能源管道运输争议解决的专门规定。在环境争端方面，中南财经政法大学杨洪的《〈能源宪章条约〉中的环境规范》② 一文主要通过对《能源宪章条约》中的环境规范的分析，指出了其国际软法的性质。中国目前对 ECT 的研究从数量上看还很不够，从内容上来看，也还是以关注 ECT 第 26 条的投资仲裁机制为主，对过境争端、贸易争端和环境争端的研究还很不够，更没有从整体上来研究 ECT 的争端解决程序之间的关系。

四、基本思路和研究方法

本书运用历史分析、理论与实证分析、比较分析相结合的方法，对 ECT 的争端解决机制进行了深入的研究和剖析。具体来说，本书的论证主要分为以下几个步骤。

第一步：通过历史分析法对 ECT 进行分析，本书在第一章中对 ECT 产生的历史进行了回顾。通过历史分析的方法，了解 ECT 产生的背景。

第二步：应用理论和实证分析方法，对《能源宪章条约》的争端解决程序进行了精细的分析。对《能源宪章条约》的争端解决程序进行具体分析时，采用案例分析的方法，对该争端解决机制的运行过程和实践效果进行了论证。

第三步：运用比较分析的方法。本书选取 WTO 争端解决机制和 ICSID 机制为比较对象，将这两种争端解决机制进行了比较分析。在以上分析的基础上，指出《能源宪章条约》的争端解决机制的缺陷，提出如何完善的建议，并对其前景进行了预测。

第四步：最后的落脚点回到了中国，由于中国已经成为能源宪

---

① 杨泽伟：《跨国能源管道运输的争议解决机制》，载《法学》2007 年第 12 期。

② 杨洪：《〈能源宪章条约〉中的环境规范》，载《法学评论》2007 年第 3 期。

章大会的观察员，对于中国是否应加入该条约，成为正式成员进行了利弊分析，并分析了ECT的争端解决机制对中国的启示，结合我国当前能源安全现状，对中国今后参加ECT谈判提出自己的建议和对策。

第一章　ECT的产生与发展

《能源宪章条约》是目前能源领域唯一的多边条约，它的源起可追溯至20世纪90年代的一项政治动议（political initiative）。当时冷战的结束为欧亚大陆经济上的合作提供了史无前例的机遇。而在合作共赢的前景方面，没有一个领域能与能源领域的合作相提并论。在欧亚大陆国家间发展能源合作的共识基础已牢固建立，能源宪章进程（Energy Charter Process）就应运而生了。① 它以《欧洲能源宪章》（*European Energy Charter*，EEC）的谈判和签署为起点，以《能源宪章条约》的签署和生效为里程碑，目前这一进程还在进一步的发展与完善之中。

第一节　ECT的产生

一、ECT产生的背景

ECT产生于20世纪90年代，此时的欧洲发生了翻天覆地的变化，德国统一，苏联解体等。这些变化既让西欧国家感到兴奋，但同时也给它们提出了难题，如何才能使前苏联和东欧社会主义国家在政治上尽快获得稳定，在经济体制上顺利转变，建立起共同的经济基础呢？基于这种考虑，欧洲的政治家们把目光投向了作为国民经济发展的基础的能源行业。1990年6月在都柏林召开的欧共体（现在的欧盟）12国首脑会议上，荷兰前首相路德·卢贝尔斯

① 参见能源宪章网站关于ECT的介绍，http://www.encharter.org/index.php?id=7，最后访问日期：2012年4月18日。

(Rudd Lubbers) 首先提出了建立欧洲能源共同体的建议和欧洲能源宪章的构想。卢贝尔斯指出，对苏东国家进行援助，稳定苏东政局，可以从能源部门入手，来保障这些国家的政治稳定。东西欧国家能源领域的合作，是符合双方利益、互补互利的。① 对于西欧国家来说，由于前苏联和东欧国家拥有丰富的能源②，而且它们作为西欧国家的近邻，具有天然的地缘优势。西欧国家通过资助这些国家的能源行业能让西欧国家获得更多能源供应，可以使其能源供应渠道多元化。对于前苏联和东欧国家来说，能源工业在国民经济中具有十分重要的地位，但它们缺乏开发能源的实力、资金和技术，迫切需要西欧的投资来发展能源工业，以促进国家经济体制的转变。虽然东西方能源合作的共识基础已经建立，但是前苏联和东欧国家不完善的法律和经济环境使西欧投资者不敢涉足这些国家的能源行业投资。在这种背景下，建立一个欧洲能源宪章，为东西方提供一个共同接受的能源合作基础是当务之急。③ 卢贝尔斯的提议很快得到欧共体各成员国的广泛响应与支持，为此，欧共体各国还授权欧洲委员会来研究如何实施该项计划。

1991 年 2 月，《欧洲能源宪章》(以下简称《宪章》) 被欧洲委员会正式提出来。由于该《宪章》不仅涉及欧共体本身，还涉及前苏联和其他东欧国家，因此，在欧共体和有关机构的努力下，有关国家于 1991 年 7 月召开了第一次会议，主要议程是研究和讨论

---

① See Julia Dore, *Negotiating the Energy Charter Treaty*, in Thomas Wälde ed., *Energy Charter Treaty: An East-West Gateway for Investment and Trade*, Kluwer Law International 1996, pp. 138-139.

② 俄罗斯是世界第二大原油生产国，年产原油 5.5 亿吨左右。它同时也是世界上天然气资源最丰富、产量最多、消费量最大的国家，也是世界上天然气管道最长、出口量最多的国家，有“天然气王国”之誉。参见国际能源网，http://www.in-en.com/article/html/energy_20062006062617655.html，最后访问日期：2012 年 4 月 20 日。

③ See Craig Bamberger, Tomas Wälde, *The Energy Charter Treaty*, in Martha M. Roggenkamp ed., *Energy Law in Europe: National, EU and International Law and Institutions*, Oxford University Press, 2007, p. 172.

《宪章》的内容和实施的可能性。会后成立了一个专门负责组织各国进行《宪章》多边谈判的机构。①

《宪章》最初只是严格意义上的“欧洲试验”(a strictly European exercise)，但一些非欧洲的经合组织的国家（OECD）不愿意西欧垄断东欧和前苏联国家的能源市场，尤其是美国，它极力游说扩大宪章的地域范围。② 这使得后来一些非欧洲的经合组织的国家，如美国、日本、澳大利亚、加拿大、新西兰等国家也参与到该《宪章》的谈判中。③ 经过各缔约方第一轮的谈判，《宪章》终于在1991年12月形成。12月17日在海牙举行的第二次会议上，各国在《欧洲能源宪章》草案协议上签了字。到现在，签署《欧洲能源宪章》的国家达到了58个。④

《欧洲能源宪章》的内容涵盖能源主权、能源投资、能源市场准人、能源过境运输等方面，它旨在建立在一个开放和有效的能源市场，创造有利条件，鼓励私人资本流向能源行业，同时，它也确认了国家对自然资源的主权，主张有效利用能源和保护环境。⑤ 它的签署具有十分重要的意义，首先，它通过鼓励能源投资和能源贸易，有利于改善欧洲和世界市场能源供给和保障形势；其次，它通过科技交流以及在能源效率、能源环境等方面采取措施，产生了巨大的环境效益；再次，它在一定程度上有助于增强投资者的信心，而这种信心是投资者在前苏联和东欧国家能源领域投资必不可少的

---

① 参见胡国松、邓翔：《〈欧洲能源宪章条约〉述评》，载《欧洲》1996年第6期，第46页。

② See Julia Dore, *The Negotiating History*, in Thomas Wälde ed., *Energy Charter Treaty: An East-West Gateway for Investment and Trade*, Kulwer Law International, 1996, p. 140.

③ 当时所有的经合组织的成员都参与了《欧洲能源宪章》的谈判，除了新西兰以外，其他经合组织的成员都签署了《欧洲能源宪章》。

④ 印度尼西亚于2009年5月签署了《欧洲能源宪章》，成为第58个成员（包括美国和加拿大以及欧盟）。所有签署方是能源宪章进程的观察员。签署《欧洲能源宪章》是加入《能源宪章条约》必要的程序。

⑤ 参见胡国松、邓翔：《〈能源宪章条约〉述评》，载《欧洲》1996年第6期，第49页。

前提；最后，它的实施也确实有助于东欧和前苏联地区的政治稳定和经济复苏。①

然而，《宪章》毕竟是没有法律约束力的政治性宣言，仅靠政治性的宣言来激发工业界到东欧和前苏联国家去投资和经营是非常不够的。在能源出口国与进口国渐趋依赖的世界中，相较于双边协议或无法律拘束力的文件，多边规则可以提供一个更为平衡与有效的国际合作框架，此点已被广为认同。为了将《宪章》的意图和宣言转变为法律义务，对《宪章》还需要进一步谈判，以形成一个具有法律约束力的、被各缔约方立法机构认可的多边协议，从而加强能源领域的法治，减少能源投资与贸易的风险。② 在这种背景下，有法律约束力的多边条约——《能源宪章条约》呼之欲出。

二、ECT 的谈判过程

虽然《欧洲能源宪章》的签署为 ECT 的谈判奠定了良好的基础，但 ECT 谈判的进展并不如想象得那样顺利。本来准备 6 个月内就完成的谈判，结果却用了将近 3 年的时间。③ 单独就某一具体行业订立国际条约的谈判，国际上还没有先例，而且参加谈判的国家发展水平又极不相同，谈判变得艰难而又复杂。

在谈判过程中，关于能源投资的促进与保护方面的分歧成为谈判国争论的焦点。ECT 的主要目的之一在于促进和保护能源投资，而非歧视待遇原则是能源投资保护的基本原则，但是各国对于非歧视待遇原则的适用范围却存在很大分歧。具体而言就是，谈判国之间对投资者在进入能源市场投资前是否应当享受投资后一样的国民

---

① 参见胡国松、邓翔：《〈能源宪章条约〉述评》，载《欧洲》1996 年第 6 期，第 49 页。

② See Graham Coop, *The Energy Charter Treaty: More than a MIT*, in Clarisse Ribeiro, ed., *Investment Arbitration and the Energy Charter Treaty*, JurisNet, LLC, 2006, pp. 4-5.

③ See Julia Dore, *Negotiating the Energy CharterTreaty*, in Thomas W. Wälde ed., *Energy Charter Treaty: An East-West Gateway for Investment and Trade*, Kluwer Law International 1996, pp. 137-138.

待遇上无法达成一致意见。美国极力强调投资前阶段的国民待遇原则的重要性，而其他欧洲国家如挪威和法国则极力反对。西方国家对于这个问题的争论直接影响到了ECT的谈判进程，谈判进展缓慢，一些观察团对谈判进程失去了兴趣，新西兰甚至还中途退出了谈判。在欧盟与前苏联国家之间①，虽然前苏联国家表示他们支持条约的基本原则，如非歧视原则、国民待遇原则、国家对能源资源的主权原则等，但他们对于理解这些原则的法律意义还存在困难。西方谈判方需要花费大量的时间来向这些国家的谈判代表解释这些基本的概念，而且这些国家国内根本没有相关的立法，将这些西方式的立法移植到这些国家也显得困难重重。如在对外国投资者的非歧视待遇原则方面，前苏联国家就表示目前实施国民待遇原则还不现实，因为他们根本没有接纳外资的经验，他们甚至担心西方私人投资者通过能源投资来控制本国经济。② 因此，东欧和前苏联国家迫切希望寻求过渡期安排，允许他们在晚些时候再实施ECT中的某些核心条款，如非歧视待遇等。

为了打破谈判僵局，避免ECT的流产，ECT的发起者和组织者欧盟提出了谈判“两步走”的方案，主张将谈判分成两个阶段。关于投资前阶段的非歧视待遇方面的谈判放在三年后的第二阶段进行。在这三年里，俄罗斯和其他前苏联国家以及东欧国家可以有足够时间通过能源和投资方面的法律。国民待遇原则暂时先只适用于

---

① 欧盟和俄罗斯在谈判过程中分歧也很大，核能贸易就是其中的分歧之一。早在ECT谈判开始前，欧盟和俄罗斯就核能贸易达成了一系列的协议，其中包括从俄罗斯进口核材料适用国民待遇条款等。然而，ECT中的国民待遇条款与欧盟和俄罗斯先前所达成的协议产生了直接冲突，使得先前协议无效。显然，俄罗斯希望能保持先前的协议中的优惠待遇，欧盟却企图以ECT的条款来抵消原先的协议。直到ECT的协议签字的前一天，欧盟和俄罗斯才达成了一份共同备忘录（Joint Memorandum），备忘录将核能贸易排除在ECT之外。

② See Julia Dore, *Negotiating the Energy CharterTreaty*, in Thomas Wälde ed., *Energy Charter Treaty: An East-West Gateway for Investment and Trade*, Kluwer Law International 1996, p. 146.

投资后阶段。欧盟的提议受到俄罗斯的欢迎，当时的俄罗斯希望将ECT作为国内改革的外部推动力。其他前苏联国家和东欧国家也接受了该提议。但是美国对该提议提出反对，它虽然没有立刻退出谈判①，但开始把精力放在与东欧和前苏联国家缔结双边投资条约上。② ECT谈判进入到了最后的协调阶段，1993年12月，大多数国家代表团同意了欧盟提出的“两步走”方案。1994年1月，美国也暗示接受欧盟的谈判方案。到1994年12月，ECT的谈判终于完成。

三、ECT的签署、生效及其影响

尽管ECT的谈判进行得艰难而复杂，但在1994年12月17日，也就是《欧洲能源宪章》生效3周年纪念日的时候，ECT和《能源宪章之能源效率和相关环境问题议定书》(*Energy Charter Protocol on Energy Efficiency and Related Environmental Aspects*, PEEREA）终于得以在葡萄牙的首都里斯本开放签署。根据条约第44条第1款的规定，条约在保管处收到第30份缔约方递交的批准书之后的第90天生效。ECT于1998年4月16日正式生效。到目前为止，欧亚大陆有52个成员方签署了该条约及其议定书（51个国家和欧盟)③，其中47个

---

① 美国在谈判过程中也是批评和质疑不断，其具体反对意见多达7条，最主要表现在3个方面：(1) ECT的投资保护与美国所签订的双边投资协定(BITs）相比，保护标准太低；(2) ECT的国民待遇条款与美国1970年美国贸易法案Jackson-Vanik修正案存在潜在的冲突；(3) 美国的联邦政治体制与条约的实施存在冲突。投资前阶段国民待遇条款谈判的失败也成为美国拒绝签署ECT的主要理由之一。关于美国不签署ECT的具体原因，参见William Fox, *The United States and the Energy Charter Treaty: Misgivings and Misconceptions*, in Thomas W. Wälde ed., *Energy Charter Treaty: An East-West Gateway for Investment and Trade*, Kluwer Law International 1996, pp. 194-201.

② 美国与俄罗斯于1994年缔结了双边投资协定，但是俄罗斯迄今为止并没有批准该协定。

③ 参见ECT的官方网站http://www.encharter.org/index.php? id=61，最后访问日期：2012年4月20日。

成员批准了该条约。① 5个国家（澳大利亚、白俄罗斯、冰岛、挪威和俄罗斯）签署但是没有批准ECT。俄罗斯和白俄罗斯临时适用ECT。② 美国和加拿大最终没有签署ECT。③ ECT的成员地理位置广泛，已经发展为全世界参加国家最多的国际能源多边条约。以ECT为基础成立的能源宪章大会是目前最大的国际能源组织，其目前还在努力扩大组织的地域覆盖范围，目前已经有24个国家和10个国际组织作为观察员参与到了该组织。④

ECT起源于欧洲，它是由欧洲主导协商的国际条约，但它现在已经不仅仅是一个区域性条约了⑤，大量的非欧洲国家也是ECT的成员。⑥ ECT是由《欧洲能源宪章》发展而来的，但《欧洲能源宪章》只是一个促进东西方能源合作的政治性宣言，而ECT却是一个有法律约束力的多边条约，它是能源领域里唯一的多边条约。ECT在能源这一特殊领域涉及如此之多的国家，是大多数国

---

① 欧盟作为国际组织也是ECT的正式成员，根据《关于国家和国际组织间或国际组织相互间条约法的维也纳公约》第14条第2款，它同意受条约约束的行为在国际条约法上被称为正式确认，类似于国家的批准程序。

② 俄罗斯在2009年8月20日通知ECT的保管处，它不打算批准ECT。根据ECT第45条，俄罗斯对ECT的临时适用的终止在保管处收到通知的60天后即2009年10月18日生效。有关ECT的临时适用，具体参见第三章第四节的相关论述。

③ 美国和加拿大最终没有签署ECT，这是能源宪章进程所遭遇的一大挫折。对ECT体制的另一个打击就是俄罗斯最终没有批准ECT。俄罗斯在1995年签署了ECT，同意临时适用ECT，但俄罗斯杜马一直不批准ECT。这既有政治方面的原因，尤其是叶利钦辞职后，他的继任者普京改变了原先的政策；也有经济方面的原因，如油气价格的上涨和俄罗斯经济的发展等。

④ 参见ECT的官方网站 www. encharter. org/index. php? id = 61，最后访问日期：2012年4月20日。

⑤ ECT在很多著作和文章中，都被认为是区域性的条约，这是不符合事实的。在笔者看来，ECT的成员已经超出了区域的范围，而且它对所有愿意加入的国家开放，而不是局限于某一个区域（欧洲），因此，它是一个全球性的条约。

⑥ 如亚美尼亚、阿塞拜疆、格鲁吉亚、日本、哈萨克斯坦、吉尔吉斯斯坦等国家。

际多边协定无法比拟的。它是冷战结束后东、西方国家之间第一个实质性的多边协定，具有重要的现实意义和深远的历史意义。①

但是，ECT 能否作为全球能源合作的基础也备受质疑。从 ECT 的谈判国来看，大多数国家为能源消费国，这些国家油气消费量分别占到世界油气总消费量的 68% 和 78%，而它们的油气储存量分别只占到世界储存量的 12% 和 50%②，这表明，ECT 的成员国虽然地理覆盖范围广泛，但成员国之间能源需求处于不平衡的状态，大部分成员主要是能源消费国，而世界上主要的能源生产国并没有参与到 ECT 的法律体系中来。③ ECT 的成员仍然需要依赖中东等国家的能源。同时，由于 ECT 的成员国主要为能源消费国，这也注定了 ECT 的法律条款侧重于保护能源消费国的利益。④ 另外，ECT 由于其行业局限也受到批评，如它过度强调传统能源供应方面的投资问题，对新能源的开发和利用问题却很少专门提及等。⑤

确实，ECT 还存在诸多的缺陷，如它的成员国的代表性还不够；许多重要问题也没能达成协议；很多条款只是“软法”性条

① 参见樊培俊：《〈能源宪章〉与俄欧能源博弈》，华东师范大学 2009 年硕士学位论文，第 5 页。

② See Julia Dore, Robert DeBauw, *The Energy Charter Treaty: Origins, Aims and Prospects*, Royal Institute of International Affairs, 1995, p. 79.

③ 能源宪章大会在扩大其地域覆盖范围方面作了大量的努力，并取得了一定的成效。在其努力下，蒙古和日本政府批准了宪章条约，成为了该组织的正式成员国。在与欧佩克的关系上，由于欧佩克是世界上最大的石油生产国组织，对于能源宪章的存在始终存有微词，认为该组织的宗旨与能源生产者的利益是相对立的。宪章通过访问和组织研讨会等形式，努力寻求欧佩克对条约的理解与参与，阿尔及利亚、科威特、沙特阿拉伯及委内瑞拉等世界主要能源生产国先后加入宪章观察国行列。参见曹伟：《能源宪章与中国》，载《国际石油经济》2003 年第 10 期，第 32 页。

④ 这也是俄罗斯拒绝批准 ECT 的一个重要理由。俄罗斯作为能源生产国（特别是天然气），它认为 ECT 对能源生产国的保护很不利。

⑤ See Julia Dore, Robert DeBauw, *The Energy Charter Treaty: Origins, Aims and Prospects*, Royal Institute of International Affairs, 1995, p. 88.

款等。① 但是，ECT作为能源领域的专门性条约，它确实开创了能源合作的新天地，带来能源投资和贸易的新发展。在目前各国都在寻求国际能源安全的背景下，ECT规则的战略价值也在日益提升。这些规则以开放、竞争市场和可持续发展为原则基础，目的是在互补和互利的基础上，为促进能源领域的长期合作而构建一个法律框架，为能源投资和能源贸易创造一个公平的法律环境，减少能源贸易和投资的相关风险。作为一个年轻的条约，ECT还处于不断的发展和完善之中。

第二节 ECT的法律框架

一、ECT的相关文件与结构

ECT是个开放的法律体系。ECT和PEEREA(《能源宪章之能源效率和相关环境问题议定书》，简称《能源效率议定书》）获得签署后，根据ECT第10条第4款②，缔约方开始进行《投资补充协定》的谈判。但是该协定的谈判仍然困难重重③，到目前也仍然未能取得成效。④ 根据ECT的第30条，缔约方又根据乌拉圭回合

---

① See Julia Dore, Robert DeBauw, *The Energy Charter Treaty: Origins, Aims and Prospects*, Royal Institute of International Affairs, 1995, p. 89.

② ECT第10条第4款规定，补充协定根据规定的条件，将责成缔约方给予在其境内进行投资的其他缔约方投资者非歧视待遇。关于补充条约的谈判，必须在1995年1月1日开始，1998年1月1日结束。

③ 在进行《投资补充协定》谈判的过程中，欧盟不愿意某些OECD成员在私有化问题上寻求国民待遇的例外，澳大利亚、冰岛、挪威反对适用投资者与国家争端解决条款，谈判未能取得成功。

④ 在对ECT的第一次审议中，能源宪章大会表示，它将定期审议在投资前阶段实施非歧视待遇谈判的可能性。See "Conclusions of the Review Conducted under Article 34 (7) of the Energy Charter Treaty", as adopted by the Energy Charter Conference at its 15th Meeting on 14 December 2004. http://www.encharter.org/fileadmin/user_upload/document/Final_Review_Conclusions.pdf，最后访问日期：2012年4月20日。

的谈判结果，对 ECT 的有关贸易条款作出了适当的修正，即《贸易条款修正案》。目前，该《贸易条款修正案》已于 2010 年 1 月 21 日生效。①

《能源过境议定书》的谈判始于 2000 年初，到 2002 年底，《能源过境议定书》的大部分条款已经达成一致意见，但是俄罗斯和欧盟就该《能源过境议定书》还有几个重要条款分歧很大。2003 年 12 月，《能源过境议定书》草案提交能源宪章大会审议。②但是，俄罗斯和欧盟仍然无法就该草案达成一致意见。③ 目前，该议定书还在进一步谈判过程中。

从《欧洲能源宪章》的谈判开始到现在，ECT 已经发展为一个较为庞大的体系，已经形成以《能源宪章条约》为纲，包括《贸易条款修正案》、《能源效率议定书》以及《能源过境议定书》在内的综合性法律文件（见图 1-1）。ECT 及相关法律文件为国际能源合作提供了多边的法律框架，这在国际法上是独一无二的。从法律角度看，ECT 是第一个针对能源领域的多边条约；第一个同时覆盖投资保护和贸易的多边协定；第一个将过境运输条例应用于能源网络的协议；也是第一个将具有法律约束力的解决国际争端的

① 根据 ECT 第 42 条第 4 款，ECT 修正案的生效，必须至少收到 3/4 的缔约方（35 个）批准书后的第 90 天后生效。2009 年 10 月 23 日收到 ECT 贸易修正案的第 35 份批准书，2010 年 1 月 21 日 ECT 贸易修正案生效。

② 《能源过境议定书》草案参见能源宪章网站 http://www.encharter.org/fileadmin/user_upload/document/CC251.pdf，最后访问日期：2012 年 4 月 20 日。

③ 其中一个更为复杂的因素是，能源问题，包括能源过境，也是欧盟和俄罗斯就俄罗斯加入世界贸易组织谈判的重要议题。《能源过境议定书》的谈判因此被暂时搁置。直到 2004 年 6 月，俄罗斯和欧盟就俄罗斯加入 WTO 达成协议后，《能源过境议定书》的谈判才又被提上议事日程。俄罗斯表示其批准 ECT 与否，取决于《能源过境议定书》的谈判情况。2008 年，能源宪章大会要求贸易与过境工作组就《能源过境议定书》草案进行多边协商。但是，2009 年 8 月 20 日，俄罗斯宣布其不打算批准 ECT，这使得目前《过境议定书》的谈判前途未卜。

方案作为总则的多边条约。① 如此多的“第一”使能源宪章在国际能源法律机制的构建中具有了重要意义。②

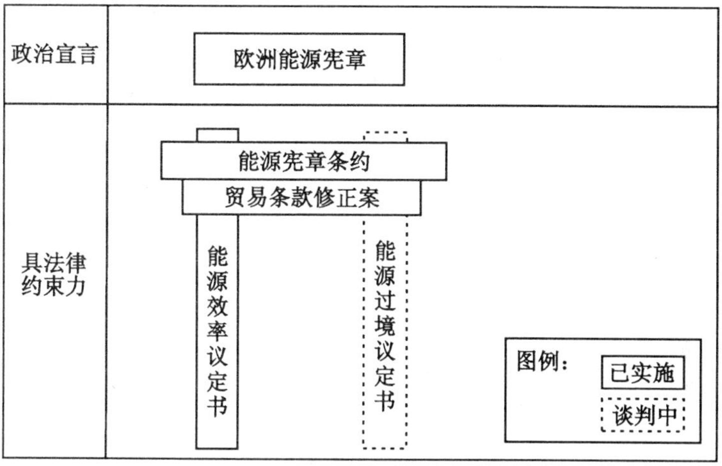

图 1-1　能源宪章条约体系

资料来源：See Andrei Konoplyanik and Thomas Wälde, *Energy Charter Treaty and Its Role in International Energy*, *Journal of Energy and Natural Resources Law*, Vol. 24, No. 4, 2006, p. 527.

但是ECT涵盖的内容太广，很多问题谈判国在谈判过程中很难达成一致意见，最初的草案几经修改，这使得ECT的结构显得非常复杂③，甚至某些地方还存在不一致之处。④ 如当时主持法律

---

① 参见中国发展计划委员会编：《能源宪章条约（条约、贸易修正案及相关文件）》，中国电力出版社2000年版，第1～2页。

② 参见白中红：《〈能源宪章条约〉的争端解决机制研究》，载《外交评论》2011年第3期，第133～134页。

③ ECT除了条约正文外，它还包括14个附件，5个大会决定和大量的谅解、宣言与解释。

④ See Craig S. Bamberger, *The Negotiation of the Energy Charter Treaty*, in Graham Coop, Clarisse Ribeiro ed., *Investment Protection and Energy Charter Treaty*, JurisNet, LLC, 2008, p. xlv.

委员会的克雷格·班伯杰（Craig Bamberger）也承认，“在形式上，ECT 是一个条理不太清晰、使用起来不太方便的条约（untidy and user-unfriendly）”。① ECT 条约由序言和八个部分组成，共 50 个条款，还包括 14 个附件。（参见表 1-1、表 1-2）从整体上来看，ECT 的主要内容包括五个方面：能源投资、能源贸易、能源过境、能源环境和争端解决。② 这五个方面的内容分别构成了 ECT 大厦的四根“支柱”和“横梁”，其中，能源投资、能源贸易、能源过境和能源环境是 ECT 的四根“支柱”，而 ECT 的争端解决机制就构成了 ECT 大厦的“横梁”。

表 1-1　　**ECT 的主要内容**

序言	
第一部分	定义和目的（第 1、2 条）
第二部分	商业（第 3 ~ 9 条）
第三部分	投资的促进与保护（第 10 ~ 17 条）
第四部分	其他条款（第 18 ~ 25 条）
第五部分	争端的解决（第 26 ~ 28 条）
第六部分	临时条款（第 29 ~ 32 条）
第七部分	组织机构（第 33 ~ 37 条）
第八部分	最终条款（第 38 ~ 50 条）

① Craig S. Bamberger, *The Negotiation of the Energy Charter Treaty*, in Graham Coop, Clarisse Ribeiro ed., *Investment Protection and Energy Charter Treaty*, JurisNet, LLC, 2008, p. xlv.

② ECT 的争端解决条款是本书论述的重点，此处不作重点介绍。具体的争端解决内容参见本书第三章和第四章。

表 1-2 ECT的主要附件

附件 EM	能源原料和能源产品
附件 N1	不适用于“能源部门的经济活动”概念的能源原料和产品
附件 TRM	通报与逐步淘汰
附件 N	要求在过境运输中涉及至少3个独立地区的缔约方名单
附件 VC	自愿承担第10条第（3）段义务的缔约方名单
附件 ID	不允许投资者依第26条在较晚阶段重新向国际仲裁机构提出相同争端的缔约方名单
附件 IA	不允许投资者或缔约方就第10条第（1）段最后一句向国际仲裁机构提出争端的缔约方名单
附件 P	地方争端的特殊解决程序
附件 G	应用关贸总协定及相关文件的特例及其规定（被《贸易条款修正案》中的附件W取代）
附件 TFU	关于前苏联加盟共和国的贸易协议条款
附件 D	解决贸易争端的过渡条款
附件 B	宪章费用分派方案
附件 PA	不接受第45条（3）款（b）项中规定的临时适用义务的缔约方名单
附件 T	缔约方过境运输措施

二、ECT大厦的四根“支柱”

（一）能源投资

能源投资的促进与保护条款是能源宪章条约最主要的内容，它规定在ECT的第三章中。它是以《北美自由贸易协定》(NAFTA)第11章和英国与美国的双边投资协定（Bilateral Investment Treaties, BITs）为模板制定的，旨在为能源领域的投资创设一个公平的竞争环境，减少能源领域投资的非商业性风险。作为第一个多边投资协定，该条约的目的是在多边的基础上，在能源领域提供大多数双边投资协定相同的投资待遇。ECT 就相当于一个双边投资协定（BITs）组成的庞大的网络所提供的投资保护。

ECT 对能源投资保护建立在非歧视性待遇原则的基础上。一旦成为条约的成员国，该成员就承担了给予其他缔约国投资者国民待遇、最惠国待遇的义务。条约的签约国承担了和其他的双边投资保护协定一样的义务。ECT 的投资待遇条款规定在第 10 条，它的投资保护分为投资前阶段（pre-investment phase）和投资后阶段（post-investment phase）。对于投资前阶段，ECT 提供的是软法性保护，使用的措辞是“努力给予”（“endeavour to accord”）；而对于投资后阶段，ECT 提供的则是硬法性保护（大量使用“shall”）。ECT 如此区分的主要原因在于，ECT 给予缔约国在投资者进入本国的市场准入方面相对的自由决定权，而一旦投资者进入市场，作出投资后，投资者面临着更大的政治风险，此时需要更加严格的投资保护。投资后阶段的保护义务重申了双边投资协定所确立的习惯国际法规则，主要内容在于保护投资者的投资和公平对待投资者，减少政治性风险，消除国内保护主义，减少官僚主义做法等。

除了关于投资待遇的规定外，ECT 的第 11 条规定了允许投资者雇佣其选择的主要人员；第 12 条是关于对投资者由于战争或武装冲突、国家紧急状态或其他类似事件而遭受的损失给予赔偿等；第 13 条是征收条款，规定缔约方的投资在任何其他缔约方境内的投资不能被国有化、征用或受到与国有化或征用有相同效果的措施，在某些条件下的征用，缔约国应给予快速、充分或有效的赔偿；第 14 条和第 15 条是相关投资的转移和权利转移的条款；第 16 条是 ECT 的投资条款与其他条约的关系；第 17 条是“拒绝好处条款”，即“每个缔约方有权拒绝享受以下好处：一个法律实体，如果其他国家的公民或国民拥有或控制这个实体，并且这样的实体在其被组织的缔约方境内没有实质性的经济活动”。这些条款创设的目的都是为能源投资提供一个公平的投资环境。

ECT 的大部分投资条款都是可以自动执行的。但能源宪章大会组织一直将能源投资作为其关注的焦点，通过其定期的评估、活动评价和同行评估等对缔约国的投资环境进行评价，来促使缔约国改善其投资环境。根据条约第10条第9款，每个签署国，在它签署或表示同意的当日，向秘书处提交一个报告，总结本国关于能源投资作出前阶段适用非歧视待遇原则的例外情况，以及对能源技术研究和开发提供补助或援助的计划。根据第20条第2款，这些报告还应当以“蓝皮书”的形式予以公布。能源宪章大会的投资工作组还会对此予以定期审议。

（二）能源贸易

ECT的目的之一就是建立一个开放的、非歧视性的能源市场，这与WTO所倡导的贸易自由化的理念是一致的，因此，ECT谈判国决定将GATT①所体现的多边贸易体制纳入ECT中，作为ECT能源贸易的基础。ECT第3条规定：缔约方应促进进入商业性质的国际市场，逐渐建立一个开放的、有竞争力的能源原料和产品市场。第4条规定，ECT不会背离目前适用于GATT缔约方的有关GATT和相关文件的条款。第29条有关贸易事务的临时条款规定，1947年GATT及其相关文件（除了少数例外，具体规定在附件G中）适用于ECT成员的能源原料和产品的贸易。ECT的成员承担对其能源原料和产品的进出口关税税率和收费的通知义务，并且承担努力不提高进出口关税税率和收费的义务。

在ECT谈判时，一半以上的谈判国都不是GATT的成员②，ECT的贸易条款为非GATT成员提供一个过渡。它将GATT中的基本条款——非歧视性原则、透明度原则和贸易自由化原则引入到能源领域，但这些引入的条款只适用于ECT的成员中至少有一方不是GATT的成员的情况。WTO成立后，ECT根据WTO的最新发展

①　1991年到1994年，ECT谈判期间，乌拉圭回合谈判也正在进行之中，此时WTO还没有正式成立。

②　1995年，50个ECT签署国中，只有22个是WTO成员，10个观察员中，有5个是WTO成员。到2006年，51个ECT的签署国中，42个成员是WTO成员，19个观察员中，15个是WTO成员，4个是WTO观察员。截止到2012年7月16日，ECT的签署国中只有8个国家不是WTO成员，其中包括俄罗斯。2011年12月16日，世界贸易组织部长级会议正式同意俄罗斯加入世贸组织，俄罗斯加入世贸组织已经指日可待。

进行了修订，使ECT的贸易条款与WTO保持一致。1998年4月贸易条款修正案获得通过。它不仅适用于能源原料和产品的贸易，还将条约的适用范围扩展到与能源有关的设备的贸易上。根据WTO的最新发展，附件W取代附件G，对适用于ECT能源贸易的WTO协定的例外和规则进行了具体的列举和归纳。ECT的贸易修正案已于2010年1月21日生效。

ECT的贸易条款为ECT中的非WTO成员提供了过渡，充当了铺路石，贸易条款使这些国家熟悉了WTO成员的规则和实践。ECT的贸易条款发挥了非常重要的历史作用。它为ECT的成员加入WTO和欧盟提供了便利，使这些国家提前将自己本国的能源立法与GATT/WTO规则保持一致，加快了这些国家的适应过程。①但目前ECT的大部分成员都是WTO的成员，因此，ECT的贸易条款和及其贸易修正案的重要性已经不如从前。但是，不能否认的是，ECT中的贸易条款仍然是ECT的主要内容之一。

（三）能源过境

能源过境问题是ECT中最具创新性的内容，它创造性地发展了GATT第5条过境自由的有关规定。ECT第7条是有关能源过境的规定。它不仅包括了管线和运输网，也适用于其他的固定设施运输，特别是用来装卸能源材料和产品的海运站。它确立了过境自由和非歧视原则，随着能源原料和产品越来越多地跨越国境，这两个原则在跨国能源运输项目中越来越重要。它要求过境国在交易期中运输量不能完全满足的情况下，不阻碍创建新的运输规模；如果过境国试图以危害本国能源系统的安全及效率为理由，阻止新的运输能力的建设或原有运输能力的使用，则它有义务向相关国家作出明确的说明（而不只是声明）。它还规定了不妨碍原则，也就是在ECT成员方因过境运输引起争端时，该争端在解决之前，不应妨碍到能源过境。但是，该义务仅适用于缔约方或缔约方所控制的实

① See Andrei Konoplyanik, Thomas Wälde, *Energy Charter Treaty and Its Role in International Energy*, *Journal of Energy and Natural Resources Law*, Vol. 24, No. 4, 2006, p. 542.

体，它不适用于私人投资者。这是该条款的一大缺陷。① 在俄罗斯和乌克兰2006年和2009年的天然气过境争端中，俄罗斯就依该条指出ECT第7条不适用于该争端，因为俄罗斯天然气公司是一个独立的法人实体。

由于ECT第7条的规定还存在缺陷，为了进一步细化、发展能源过境的有关国际规则、标准和原则，成员国自2000年起开始了过境议定书的谈判。该议定书旨在进一步细化条约中的原则、规则，通过确定其中的一些重要问题，使过境自由的原则和非歧视原则更容易操作。ECT的多边谈判在2003年结束，到目前为止还有几个突出的问题没有达成一致意见，主要是欧盟和俄罗斯之间的分歧。这些分歧主要表现在三个方面：适用流量竞拍的方式确定关税和剩余税收问题；俄罗斯提出用所谓的第一次拒绝的权利，来解决供应者在长期供应合同下短期供应的困难；区域经济组织（如欧盟）能源过境议定书的实施问题。目前，欧盟和俄罗斯就议定书草案通过还在进行双边的协商和谈判。该议定书的通过仍然是能源宪章大会的重要任务。②

ECT第7条除了规定适用于能源过境的原则外，第7款还专门规定了一套过境争端的调解机制。③ 能源宪章大会就能源过境争端的调解行为的程序专门通过了《有关过境争端的调解行为规则》。④ 1999年，能源宪章秘书处在能源宪章大会的授权下，组织专家起草了两个有关跨国能源管道运输项目的示范协议，即《政府间跨国管道运输示范协议》和《东道国政府与项目投资者之间

① See Thomas Roe, Matthew Happold, *Settlement of Investment Disputes under the Energy Charter Treaty*, Cambridge University Press, 2011, p. 16.

② 参见2009年12月9日能源宪章大会通过的《罗马联合声明》第5段，http: //www. encharter. org/fileadmin/user _ upload/Conferences/2009 _ Dec/Rome_Statement_ENG. pdf，最后访问日期：2012年4月20日。

③ 关于该过境争端调解程序在第四章第二节予以详细论述，在此不予赘述。

④ 参见能源宪章大会秘书处文件CC103 Rev 2 of 3-4 December, 1998 (Restricted)。

的跨国管道运输示范协议》。目前第2版示范协议已经于2007年的能源宪章会议审议通过。① 这些示范协议旨在平衡管道参与方的利益，为相关国家和投资者提供谈判的模板和好的开始。它们本身不具有法律约束力，只是作为跨国能源管道运输项目的东道国或投资者的一个指南。②

（四）能源环境

能源效率的重要性及其与环境保护的关系是在能源安全的能源政策背景下提出的。早在能源宪章进程开始前，国际社会对能源效率以及对环境保护的问题就开始予以关注了。在1991年《欧洲能源宪章》中，能源效率与环境保护问题也是其中的重要内容之一。

ECT的能源环境规定主要体现在第19条中。ECT第19条规定，每一个会员国应努力以经济有效的方式，减少其境内能源活动周期的所有活动对其境内外环境产生的有害影响，并且应考虑到安全性。每个缔约方应以成本效益的方式来行动。在制定政策的行动中，每个缔约方应努力采取预防性的措施来防止或减少环境的退化。缔约方同意在其境内实施谁污染谁负责的原则，包括跨境污染……这些总体性的义务构成缔约方采取相应环境措施的基础。但显然，第19条的规定只是软法性义务。ECT的谈判者小心地避免第19条的规定成为ECT缔约方之间或在一国国内法院提起诉讼的理由，但这并不表明ECT第19条没有法律意义，缔约方仍然可以在投资者提起的投资争端仲裁中援引第19条的义务作为其抗辩理由。③

作为ECT第19条的补充，《能源效率议定书》推行与可持续发展目标一致的能源效率政策，为各国进行能源效率方面的合作提供一个框架。它规定了一系列指导缔约方实施能源效率政策的原

---

① 第二版的示范协议参见 http://www.encharter.org/fileadmin/user_upload/document/ma-en.pdf，最后访问日期：2012年4月20日。

② 参见杨泽伟：《跨国能源管道运输的争议解决机制》，载《法学》2007年第12期，第88页。

③ See Thomas Roe, Matthew Happold, *Settlement of Investment Disputes under the Energy Charter Treaty*, Cambridge University Press, 2011, p. 17.

则，要求发展与实施能源效率的项目，鼓励缔约方进行能源效率项目的合作。同时《能源效率议定书》提供了一个对国家履行议定书情况的审议机制，有利于建立国际合作机制，交换经验和信息，对各国履行《能源效率议定书》的情况实施监督并进行指导。《能源效率议定书》要求所有会员国在提高能源效率和减少能源环境影响方面形成清晰的政策，能源宪章对于处于过渡时期的国家的能源环境政策提供了一些好的实践，提供了一个分享能源效率方面的论坛。在这个论坛里，各国对于国家能源策略如税收、能源定价、能源相关的补贴等进行了关注。定期进行的国家审议，是旨在提高能源效率和保护环境的有益的方式。《能源效率议定书》与 ECT 第 19 条一样，也是没有法律约束力的软法义务，规定的也都是"尽最大努力"义务，它旨在鼓励缔约国实施有关义务，而不是对违反有关义务进行处罚。

三、ECT 大厦的"横梁"

如前所述，ECT 的涵盖内容广泛，主要涉及以下四个方面的内容，即能源投资、能源贸易、能源过境和能源环境，这四个方面被称为 ECT 大厦的四根支柱。① 对应于每一根支柱，ECT 都针对其特点，规定了争端解决程序。这些争端解决程序构成了一套完整的争端解决机制，被称为 ECT 的争端解决机制。② 这套争端解决机制使得 ECT 上述四个方面的内容紧密联系，使 ECT 成为一个不可分割的整体，如果没有这套争端解决机制，ECT 的四根支柱就无法真正发挥作用。ECT 的争端解决机制（主要规定在第五部分）被称为 ECT 大厦的横梁。横者为梁，竖着为柱（参见图 1-2），ECT 的四根"支柱"和"横梁"共同支撑着整个 ECT 大厦，如果

---

① See Graham Coop, *The Energy Charter Treaty: More than a MIT*, in Clarisse Ribeiro ed., *Investment Arbitration and the Energy Charter Treaty*, JuriNet, LLC, 2006, pp. 9-19.

② ECT 的争端解决机制是本书论述的重点，将在后面的章节予以详细论述，此处只作简单分析。

没有支柱和横梁，ECT 的大厦就只能成为“空中楼阁”了。

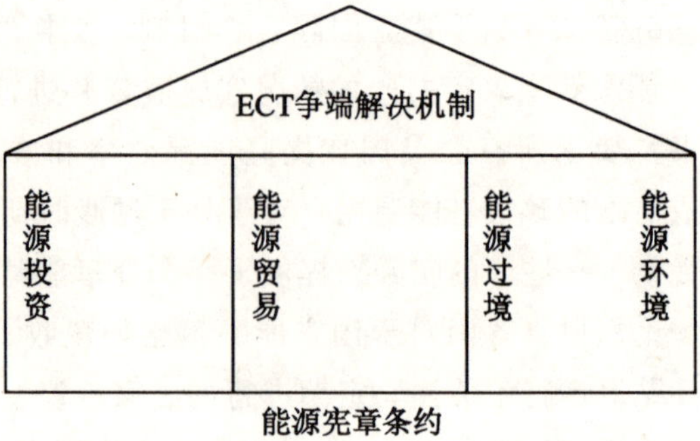

图 1-2　ECT 大厦的“支柱”和“横梁”

第三节　ECT 的机构安排与能源宪章进程

一、能源宪章大会及其秘书处

根据 ECT 第 34 条和第 35 条，ECT 建立了两个永久性的机构，能源宪章大会（Energy Charter Conference）和能源宪章秘书处。能源宪章大会是能源宪章进程的决策机构，秘书处是能源宪章大会的常设机构，主要负责行政事务，协助大会履行其职责。

根据 ECT 成立的能源宪章大会是一个政府间国际组织，所有会员国均是大会成员。这些会员国包括签署 ECT 但没有批准 ECT 的成员，即澳大利亚、白俄罗斯、冰岛、俄罗斯和挪威。另外还有一些国家和国际组织成为了能源宪章大会的观察员。观察员也有权参与能源宪章大会组织的各种会议，参与大会的附属组织活动，参与辩论和接受所有相关文件，但观察员不享有投票权，也不参与组织预算。观察员并不一定要签署《欧洲能源宪章》，能源宪章大会观察员中只有 8 个国家签署了《欧洲能源宪章》。签署了《欧洲能源宪章》的观察员与没有签署的观察员都有权参加能源宪章大会举行的会议和附属机构的活动，但都不享有投票权，但是签署了

《欧洲能源宪章》的观察员有权参与新的法律文件的谈判工作。

大会对于宪章和其他相关文件的履行承担政治责任。根据 ECT 第 34 条第 3 款，能源宪章大会的主要职责在于：讨论缔约国之间能源合作的政策问题；监督、促进宪章的原则及条约和议定书条款的执行；考虑、采纳条约修正案的文本；批准秘书处的工作和财务计划等。宪章大会通常每年召开 1 ~2 次例会（2005 年以前每年举行两次例会，从 2005 年起每年举行一次例会，一般在年底）。宪章大会特别会议可在宪章大会决定的时间召开，或者应任何缔约方的书面要求召开，但秘书处应在 6 周内通知所有缔约方，且获得至少 1/3 缔约方的支持。

大会的投票决策权规定在 ECT 的第 36 条，根据决策的事项不同而有所不同。对于某些事项，如条约修正案的通过、非《欧洲能源宪章》签署国加入条约、授权相关协议的谈判、批准或采纳相关协议的文本等需要缔约方的一致同意。第 36 条也规定，当条约需要作出决定时，所有缔约方应当尽最大努力在任何问题上协商一致。有些事项如有关预算事宜的决定等则需要有效多数通过，即各缔约方分摊会费之和超过 3/4 时为有效多数。其余的事项只需要得到缔约方简单多数支持后即为有效。

大会下设若干个工作小组和临时委员会。这些小组的负责人每年由大会任命的会员国代表担任，每个小组负责自己领域的事务。这些小组旨在帮助大会履行条约的相关条款。现在这些工作组主要有：过境与贸易工作组、投资工作组、能源效率和相关环境问题工作组、新近成立的战略工作组。除了这些小组外，还有一些临时委员会和任务执行处来协助大会和秘书处的工作，包括预算委员会、法律咨询委员会和工业咨询专家组，能源宪章大会的组织机构如图 1-3 所示：

投资工作组主要讨论与投资相关问题的政策。自 2004 年以来，投资工作组开始对缔约国在改善投资环境和能源市场方面进行深度国家审议工作。秘书处和相关缔约国起草报告提交投资工作组，工作组提出建议草案，然后由能源宪章大会通过。投资工作组还定期审议 ECT 缔约国的措施是否符合条约第 10 条第 2 款中对于投资前阶

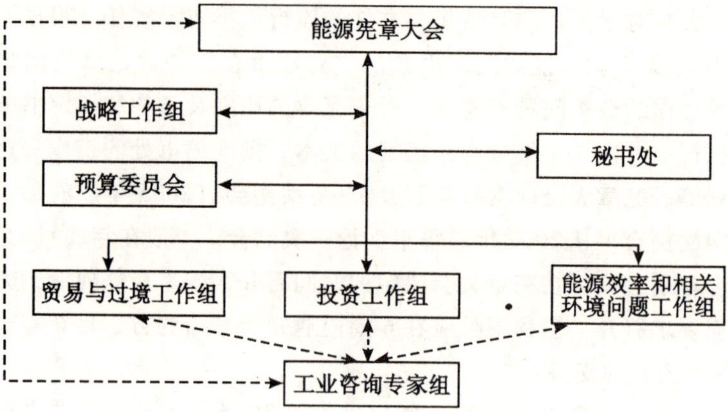

图 1-3　能源宪章大会的组织机构图

段的非歧视待遇是否履行了最大努力义务，并且公布其审议结论。①

贸易与过境工作组处理条约规定的能源跨国流动的相关问题。它监督和协助 ECT 中的贸易和过境条款的实施，协助会员国讨论促进能源跨国流动，促进建立开放、有竞争力和可持续性能源市场的建立。2005 年，贸易与过境工作组发起了一项跨国管道项目咨询项目，并就该项目作出了一些相关报告。2008 年，能源宪章大会要求贸易与过境工作组就《过境议定书》谈判提供咨询。贸易与过境工作组的工作重点在于帮助缔约国，特别是尚未加入 WTO 的成员消除在能源贸易、补贴和国家贸易企业中所存在的执行条约的障碍。

能源效率和相关环境问题工作组主要讨论条约中的能源效率和国家能源效率战略的有关问题。它旨在为成员国，特别是处于过渡时期的成员国，提供能源效率方面的立法和政策信息及建议。它通过定期审议和深度审议来监测缔约国的能源效率政策。能源效率工

① See Energy Charter Secretariat, *The Blue Book*: *Making Investments in Energy Charter Member Countries*: *Exceptions to the Principle of Non-discriminatory Treatment*, http://www.encharter.org/fileadmin/user_upload/document/Blue_Book_ENG.pdf，最后访问日期：2012 年 4 月 20 日。

作组的工作除组织相关论坛外，还包括对缔约国在提高能源效率、减少环境污染等方面的工作进行跟踪，并着重在税收、价格政策、环保补贴以及对提高能源效益的奖励机制等方面提出相应建议。

战略工作组是能源宪章大会新近成立的一个附属机构，它建立于2010年3月，主要负责促进能源宪章进程的现代化。① 战略工作组的主要职责是扩大ECT和能源宪章大会组织的地域覆盖范围，特别是将重要的能源参与者纳入进来，以促进能源宪章进程的发展。战略工作组将ECT成员国、观察员和其他被邀请的国家和国际组织组织在一起，成立新论坛，以讨论能源合作的法律框架，促进有关国家的交流。

2004年6月15日，大会决定设立工业咨询专家组，它是为了加强与私人领域的对话与联系，特别是对于风险减少和改善商业环境方面的建议，以期通过这一渠道来吸引国际大能源公司参与宪章有关事务及文件的制定，进一步提高宪章在国际能源合作中的影响。

能源宪章大会组织的秘书处设在比利时首都布鲁塞尔。秘书处由秘书长领导，由来自15个以上国家的工作人员组成（2009年11月为32人）。秘书处是大会的常设机构，向宪章大会提供一切必要的支持以履行其职责，秘书处组织宪章大会及其附属机构的工作，对于能源宪章进程中的各方面的工作给予支持。秘书长由宪章大会指定，首次指定任期最长不得超过5年，在履行职责时，对宪章大会负责，向宪章大会汇报工作。秘书处每年要组织年会和一年两次的附属机构工作。受大会的委派，秘书处还负责新的法律文件的谈判。秘书处还被委派负责不同地区国家的定期审议，包括投资环境和市场结构以及能源效率政策方面的深入审议等。秘书处也提供贸易和过境方面的讨论和信息交流。秘书处在争端解决方面也发挥了一定作用，如在ECT第27条关于国家之间争端的解决中，仲裁裁决的副本必须交给秘书处一份。秘书处与当事国之间有着定期

---

① 参见能源宪章网站"Energy Charter Establishes Strategy Group to Promote Modernization", http://www.encharter.org/index.php?id=21&id_article=205&L=0，最后访问日期：2012年4月20日。

的交往，秘书处同时也是有关谈判文件的保管人。

秘书处下设贸易与过境理事会、能源效率与投资理事会，另外还设有法律事务部和行政与财务部。这里有必要提及 2001 年能源宪章秘书处成立的法律顾问工作小组（The Legal Advisory Task Force）。它不是能源宪章大会和秘书处的附属机构，它是秘书处成立的一个咨询机构，它的工作职责范围相对狭窄。它主要协助起草示范协议——国家与国家、投资者与国家——跨国油气管道协议，为跨国能源管道运输项目的谈判提供一个中立性的协议蓝本，从而节省谈判时间、降低项目实施的费用。在能源宪章会议的授权下，能源宪章会议秘书处在法律顾问工作小组的法律专家的帮助下，于 2003 年 12 月公布了两个有关跨国能源管道运输项目的示范协议，即《政府间跨国管道运输示范协议》(*Intergovernmental Pipeline Model Agreement*, IG-PMA)）和《东道国政府与项目投资者之间的跨国管道运输示范协议》(*Host Government Pipeline Model Agreement*, IG-PMA)。为了使示范协议更好地反映当今的国际实践和尽可能满足各方的利益要求，法律顾问工作小组对示范协议进行了修改和更新。第 2 版示范协议已经于 2007 年的能源宪章会议审议通过。示范协议为跨国能源管道运输项目的东道国或投资者提供了便利和指南，如示范协议的第一版为阿塞拜疆和哈萨克斯坦在 2004 年建设里海阿库套-巴库（trans-Caspian Aktau-Baku）管道提供了谈判的基础。法律顾问工作小组还起草了跨国电力项目的示范协议，包括《政府间电力示范协议》(*Intergovernmental Electricity Model Agreement*, IG-EMA）和《东道国政府与项目投资者之间的电力示范协议》(*Host Government Electricity Model Agreement*, HG-EMA)。在起草电力项目的示范协议的过程中，秘书处在法律顾问工作小组的帮助下还进一步制定了《电力示范协议指南》(*The Electricity Model Agreement Guidelines*, GEMA)，旨在指导跨国电力项目中的一些具体操作性问题。① 目前，法律顾问工作小组还被邀请起草投资示范

① 参见能源宪章网站：http：//www. encharter. org/index. php? id = 38，最后访问日期：2012 年 4 月 20 日。

协议（Investment Model Agreements，IMAS）。

二、能源宪章进程

ECT 的产生与发展是一个进程，这个进程被称为能源宪章进程（Energy Charter Process）。能源宪章进程的参与不仅仅限于签署 ECT 的行为，能源宪章代表的也不仅仅是一个法律框架，它同时也是欧亚各国政府参与能源合作对话的多边论坛。①

能源宪章进程通过定期审议成员国的各项活动来促进能源领域的自由化，消除能源跨国流动的障碍，提高能源效率。ECT 第 34 条第 7 款规定，在 1999 年以后（间隔不超过 5 年）由宪章会议依据条约及议定书的执行情况进行审议。依照每次审议的结果，宪章大会可以对其职责加以修改或废止，并且可以解散秘书处。

2004 年审议是根据第 34 条第 7 款对能源宪章进程所作的第一次详细审议。② 根据该次审议，能源宪章大会通过了"审议结论"。③ 在该结论中，所有 ECT 的会员国重申了能源宪章进程的承诺，承认改善能源投资环境的合作框架、促进能源跨国流动和提高能源效率的重要价值。

2009 年能源宪章大会进行了第二次详细的审议，其报告和结论已经在 2009 年 12 月罗马举行的能源宪章大会第 20 次会议通过。该次大会通过了《罗马联合声明》④，并决定成立战略工作组来主导能源宪章的现代化进程。2010 年，战略工作组开始讨论能源宪

---

① See Andrei Konoplyanik, Thomas Wälde, *Energy Charter Treaty and Its Role in International Energy*, *Journal of Energy and Natural Resources Law*, Vol. 24, No. 4, 2006, pp. 549-553.

② 鉴于 ECT 在 1998 年 4 月刚刚生效，1999 年无法对 ECT 的作用进行详细的审议。

③ 2004 年审议结论参见 http://www.encharter.org/fileadmin/user_upload/document/Final_Review_Conclusions.pdf，最后访问日期：2012 年 4 月 20 日。

④ 参见能源宪章网站，http://www.encharter.org/index.php?id=21&id_article=205&L=0，最后访问日期：2012 年 4 月 20 日。

章进程现代化的具体步骤，其目的是使能源宪章进程有效应对全球能源市场的挑战。战略工作组以2006年在圣彼得堡举行的八国首脑高峰会议（G-8）所通过的《能源安全行动计划》为指导，将俄罗斯总统梅德韦杰夫2009年4月提出的《能源合作新概念路径（目标与原则）》[（*Conceptual Approach to the New Legal Framework for Energy Cooperation*（*Goals and Principles*）] 纳入考虑范围。① 2010年11月24日，能源宪章大会通过了战略工作组提交的《能源宪章进程现代化路线图》（*Road Map for the Modernization of the Energy Charter Process*）。② 该路线图列举了能源宪章进程的中期工作任务（到2014年），主要包括能源宪章条约覆盖范围的扩大（争取亚洲、中东和拉美的成员）、《过境议定书》草案谈判的结束、能源宪章的应急反应机制的建立③、加强能源效率方面的国际合作以及进一步发挥能源宪章有关机构的作用等。

能源宪章进程审议是能源宪章进程进一步发展的保证，它一方面促进能源宪章现有各项法律文件的实施，另一方面，它也使能源宪章能应对新的挑战，及时予以完善。同时，它作为一个政策性论坛，在促进开放和有竞争力能源市场的建立方面发挥着重要作用。

综上，ECT的产生和发展是一个渐进的过程，这个过程被称为能源宪章进程。该进程源于20世纪90年代的一项政治动议，以《欧洲能源宪章》这个政治性的宣言为起点，经过将近3年的谈判，ECT这个具有法律效力的文件终于获得签署，并于1998年生

---

① 2009年审议的一个背景是俄罗斯正式通知能源宪章大会，它不打算批准ECT。这对能源宪章进程是一个大的打击。能源宪章大会仍然在努力通过现代化进程争取俄罗斯批准ECT。

② 该路线图参见能源宪章网站. http://www.encharter.org/fileadmin/user_upload/document/Road_Map_ENG.pdf，最后访问日期：2012年4月23日。

③ 该项任务主要针对俄罗斯提出的能源宪章大会对俄乌天然气过境争端中的反应过慢、作用有限而提出的，主要是使ECT第7条第7款中的过境争端调解机制和第27条国家直接争端解决程序能更加有效地发挥作用，强化能源宪章大会在早期预警、预防和解决争端方面的作用。

效。它是目前能源领域唯一的多边条约，具有重要的现实意义和深远的历史意义。

ECT是个复杂的法律体系，已经形成以《能源宪章条约》为纲，附《贸易条款修正案》、《能源效率议定书》以及《能源过境议定书》(谈判中) 在内的综合性法律文件。ECT本身有50个条款，14个附件，它的主要内容有四个方面：能源投资、能源贸易、能源过境和能源环境，这四个方面被称为ECT的四根支柱。而ECT的争端解决机制为每一根支柱提供一套争端解决程序，将这四根支柱紧密联系在一起，被称为ECT大厦的横梁。

根据ECT建立了两个永久性的机构：能源宪章大会和能源宪章秘书处。能源宪章大会是能源宪章进程的决策机构，秘书处是能源宪章大会的常设机构。目前，能源宪章进程还在进一步的发展之中，能源宪章进程通过定期审议成员国的各项活动来促进能源领域的自由化。在2009年进行的第二次审议中，大会决定以能源宪章的现代化作为其努力的方向。2010年大会还通过了《能源宪章进程现代化路线图》，确定了能源宪章进程中期工作任务。

第二章　ECT 争端解决机制建立的基础

ECT 的争端解决机制包括能源投资争端解决程序、能源过境争端解决程序、能源贸易争端解决程序和环境争端解决程序。从表面上来看，ECT 的争端解决机制的程序之间联系不大，但从整体上看，这些争端解决程序是建立在完整的能源价值链的基础之上的，遵循了能源市场发展的规律，为保障成员国的能源安全服务。同时，这套争端解决机制也是国际争端解决法制发展的结晶，吸收了各种国际争端解决的精华，它是目前有关能源争端解决最全面、最典型的代表。

第一节　ECT 争端解决机制概述：形式与范围

ECT 有一套非常详细而且完善的争端解决机制。在 ECT 谈判之初，在设计争端解决条款时，规定了特别详细的争端解决程序。① 另外，能源领域资本密集，相比其他加工、服务等领域而言，风险要高出许多，而且能源领域的争端往往也异常复杂，涉及的标的金额也特别巨大，因此，争端解决机制在能源领域里具有特别重要的意义。

ECT 包括几种国际争端解决程序，每一种程序对应于解决条约的某一个特定的方面。从总体来看，这套争端解决机制包含两种基本形式，即投资者与缔约国关于投资争端的仲裁程序和缔约国之间

---

① See Andrei Konoplyanik, Thomas Wälde, *Energy Charter Treaty and Its Role in International Energy*, *Journal of Energy and Natural Resources Law*, Vol. 24, No. 4, 2006, p. 545.

争端的解决程序。它解决的争端的类型包括能源投资争端、能源贸易争端、能源过境争端以及能源与环境、竞争争端等（参见图 2-1）。

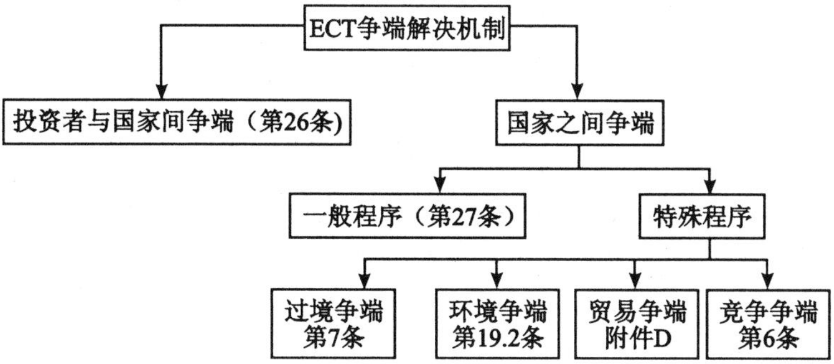

图 2-1　ECT 争端解决机制的基本形式和范围

ECT 第 26 条的投资仲裁程序是 ECT 最受关注的条款，也是 ECT 最富争议的条款。它是以《北美自由贸易协定》(*North American Free Trade Agreement*, NAFTA) 的第 11 章和双边投资条约 (Bilateral Investment Treaties, BITs)(主要是美式 BITs) 为蓝本建立的。它的主要特点在于 ECT 成员国的投资者无须与东道国达成协议，就可以直接将投资争端提交国际仲裁机构予以仲裁，它完全突破了传统仲裁必须经过争端双方同意的特点。这一规定无疑有利于增强外国投资者对东道国的信任感和对投资的安全感，降低投资的风险，有利于能源投资在成员国之间流动。从东道国方面来看，同意利用投资仲裁解决国际投资争端可以改善其本国投资法律环境，有利于吸引更多的投资促进本国经济发展。① 对投资者而言，其权利保护不仅有赖于对投资者及其投资的实体权利方面的规定，更有赖于在权利遭受侵害之后能够获得有效救济。

除了投资者与国家的争端解决程序外，ECT 第 27 条还规定了

① See Andrei Konoplyanik, Thomas Wälde, *Energy Charter Treaty and Its Role in International Energy*, *Journal of Energy and Natural Resources Law*, Vol. 24, No. 4, 2006, p. 546.

国家之间争端的仲裁程序，同样，该程序也是借鉴了双边投资条约的实践。和第 26 条的投资者与国家的程序相比，国家之间的争端解决程序的适用范围要大得多，它用于解决有关 ECT 的适用和解释所产生的争端。当然该程序也有例外，对于能源贸易争端或与贸易有关的投资争端适用附件 D 的争端解决程序；关于能源过境争端，由第 7 条第 7 款专门规定的过境争端的特别调解机制解决。另外，就缔约国之间的竞争和环境争端，ECT 也规定了争端解决条款，它针对这类争端的性质设计了"软法"性、非正式性的争端解决程序。可以说，第 27 条是缔约国之间争端解决的一般条款，而其他关于贸易、环境、竞争、税收等争议的解决条款是有关缔约国争端解决的特殊条款。

ECT 的争端解决机制在国际争端解决体系里独树一帜，其独特性主要表现在其争端解决范围的广泛性和争端解决形式的多样性。从解决的争端的范围来看，包括投资、贸易、过境、竞争和环境等各个方面。从形式来看，既有国家与投资者的争端解决程序，又包括国家之间的争端解决程序。虽然很多双边投资条约也规定了国家与国家、国家与投资者之间的程序，但它仅仅用来解决投资争端，而且，ECT 的成员多达 52 个，其优越性也是双边投资条约所不能比拟的。

ECT 从 1998 年生效到现在短短的 10 多年时间里，依据 ECT 第 26 条提起的争端就多达 30 件。当然，依据 ECT 提起的案件的数量并不能作为衡量 ECT 争端解决机制的作用和效率的标准，因为争端解决机制的作用不仅仅在于它能解决现有的争端，更重要的是这套争端解决机制是成员方严格遵守 ECT 的法律义务的根本保障，它能有效预防争端的产生。

第二节　ECT 争端解决机制建立的现实基础：从上游到下游

如前所述，ECT 争端解决机制解决的争端包括能源投资争端、能源过境争端、能源贸易争端以及环境争端等，这些争端解决程序之所以构成一套完整的争端解决机制，是因为这些程序是建立在能源行业的价值链的现实基础之上的，是为了让完整的能源行业价值链的各个环节一直处于ECT的保护之下所设计的。

一、能源行业价值链概念的引入

（一）价值链的概念

价值链是哈佛大学商学院教授迈克尔·波特于1985年提出的概念，波特认为，“每一个企业都是在设计、生产、销售、交货和辅助其产品的过程中进行种种活动的集合体。所有这些活动可以用一个价值链来表明”。对于一个行业来说，则存在行业价值链（企业外部价值链），每一个行业都是种种活动的集合体。行业的价值创造是通过一系列活动构成的，这些活动可分为基本活动和支持性（辅助）活动两类，这些互不相同但又相互关联的生产经营活动，构成了一个创造价值的动态过程，即价值链。① 上下游关联的企业与企业之间存在行业价值链，企业内部各业务单元的联系构成了企业的价值链。价值链上的每一项价值活动都会对企业最终能够实现多大的价值产生影响。

价值链在经济活动中是无处不在的，当价值链理论的分析对象由企业层面转向产业层面，利用该理论对产业链上的价值组织形式进行研究时，就形成了产业价值链。所谓产业价值链是指在一种最终产品的生产加工过程中——从最初的自然资源到最终产品到达消费者手中——上述过程中所包含的各环节所构成的整个的生产链条。② 所有的产业链都可以分为垂直的供需链和横向的协作链。而产业价值链便是产业链内各个企业的价值活动通过一定的价值通道衔接而成的价值活动链，通过这一有序的价值活动链，产业链所创

① 参见[美]迈克尔·波特：《竞争优势》，陈小悦译，华夏出版社2005年版，第35页。

② 参见郁义鸿：《产业链类型与产业链效率基准》，载《中国工业经济》2005年第11期，第36页。

造的价值超过各单独企业所创造的价值之和。①

（二）能源产业价值链

能源产业（特别是常规能源）②，作为国民经济的基础性产业，同样也存在着自身的价值链，即能源产业价值链。能源产业和其他的产业有些不同，它具有鲜明的上中下游格局，上游（upstream）为能源的勘探开采和资源的初步加工（exploration and production），如煤矿的勘探开采、油气田的勘探开采和天然气液化等；中游（midstream）是能源的转化与加工（processing）以及运输（transportation），如电力生产、石油炼制与化工、煤化工和天然气化工等；下游（downstream）是基础化工原料的精细加工与能源产品的终端市场分销（refining and marketing），如化工市场的精细化工生产、合成材料生产、化肥农药生产等，能源市场的供电、供热、供冷、供气以及油品供应等。③ 能源利用的上中下游的业务和围绕能源的上中下游产业形成的辅助业务一起，共同构成了完整的能源利用产业价值链。具体的价值链（以石油、天然气为例）④

---

① 参见张颖华、江宁、尹君：《产业价值链视角下的上海洋山保税港区物流产业发展研究》，载《上海经济研究》2010 年第 12 期，第 126 页。

② 根据不同的划分方式，能源可分为不同的类型。根据能源使用的类型又可分为常规能源和新型能源。利用技术成熟、使用比较普遍的能源叫做常规能源，包括一次能源中的可再生的水力资源和不可再生的煤炭、石油、天然气等资源。新近利用或正在着手开发的能源叫做新型能源。新型能源是相对于常规能源而言的，包括太阳能、风能、地热能、海洋能、生物能、氢能以及用于核能发电的核燃料等能源。由于新能源的能量密度较小，或品位较低，或有间歇性，按已有的技术条件转换利用的经济性尚差，还处于研究、发展阶段，只能因地制宜地开发和利用，但新能源大多数是再生能源，资源丰富，分布广阔，是未来的主要能源之一。参见 http://baike.baidu.com/view/21312.htm，最后访问日期：2012 年 4 月 20 日。

③ 参见王德禄：《能源产业发展趋势及价值链分析》，载《新材料产业》2004 年第 11 期，第 13 页。

④ 传统能源之外的其他新能源如太阳能、风能、海洋能和地热能，都主要用于发电和供暖，新能源的价值链相对简单，其利用领域还有待于进一步开发。

基本构成图如下（见图 2-2）：

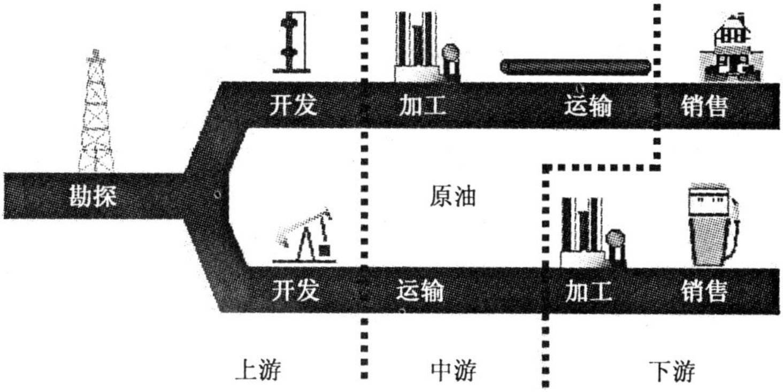

图 2-2　油气价值链

资料来源：http：//www. petrostrategies. org/Learning_Center/oil_and_gas_value_chains. htm，最后访问日期：2012 年 4 月 22 日。

就石油产业来说，原油的勘探开采是上游的主要业务，但勘探开采的原油不能直接使用，必须经过炼制，才能加工生产成品油和化工基础原料。石油的炼制和化工是中游最重要的业务，炼化厂有以炼油为主，也有以化工生产为主。石油化工衍生出庞大的业务链，已经成为有机化工领域的支柱性产业，其中润滑油精加工已经成为一个较为独立的业务。① 石油产业中游业务还有一项重要的业务就是石油的运输，因为炼制和加工出来的产品需要运输才能到各个市场进行销售。成品油的贸易、批发和加油站零售，以及成品油的仓储物流、液化石油气的批发零售等，这是石油产业的下游市场。很显然，石油产业的上中下游业务是紧密联系在一起的，缺少其中的一环，都会严重影响到其他环节。

天然气是优质的燃料和化工原料，广泛应用于发电、城市燃气和化工生产。天然气经过勘探开采后，直接通过管道输送到市场。

① 参见王德禄：《能源产业发展趋势及价值链分析》，载《新材料产业》2004 年第 11 期，第 14 页。

传统的天然气输送方式是铺设管道，天然气管道运输在天然气产业的价值链中起着非常重要的作用。除了管道运输外，由于天然气冷却压缩后形成液体即液化天然气（LNG）后，体积降为原来的1/600,可以很方便地用LNG船运输到LNG接收站进行市场销售。天然气的中游业务主要是管道输送和LNG输送（transportation），天然气转化加工（refining）和市场销售（marketing）是天然气的下游业务。

二、能源价值链各环节所需要的法律保护

（一）上游

能源价值链①从上游油气田的勘探开发开始。由于油气资源在地球上的分布严重不均衡，很多油气资源丰富的国家往往缺乏足够的资金和技术来开发其油气田，而资金技术雄厚的国家却没有足够的油气田可供开采开发。在这种情况下，能源勘探开发的跨国投资就出现了。在进行了最初的勘探和评估后，能源价值链上的上游活动就开始了。上游的勘探开发活动首先需要的是巨额的投资，往往只有少量实力雄厚的跨国公司才能承担。上游的投资风险是整个能源价值链上最大的，面临的风险种类也是最多的，如地质风险、商业风险、政治风险、市场风险等。面对这些风险，上游活动首先需要的是稳定的能源投资方面的保护，稳定的能源投资保护至少可以降低能源勘探开发所面临的政治风险。

由于能源在世界范围内不均衡的分布以及能源在现代社会中极端的重要性，上游活动勘探开发出来的能源（主要是原油）往往大量地通过能源贸易卖到国际市场，在这个过程中，需要有一套规则来规制能源贸易活动，因此，能源贸易的法律保护也是上游活动所必需的。同时，在能源的上游活动中，环境问题的风险也是随时存在的，如开发油气田过程中造成环境污染，这种环境污染往往造成的后果是相当严重的，有时会足以毁灭整个企业，如英国石油公

① 有关价值链的分析主要是以石油、天然气为主的常规性能源为分析对象。

司在美国墨西哥湾的石油泄漏事件带来的环境灾难就是一个典型的例子。石油勘探开发对环境的影响是非常巨大的，如在勘探开发过程中产生的施工扬尘污染、废气污染、钻井排水、钻井油污、采油废水、油泥、固体污染、噪音污染以及生态环境的破坏等。①

（二）中游

油气开发后，需要将油气运输到加工地点或者直接分销到国际市场，能源的过境运输是最重要的中游活动。油气一般是通过管道、油轮、油罐车来运输到加工厂或者目标市场。但这些运输设施尤其是管道的修建和维护往往需要大量的投资，能源投资保护在中游活动中同样也非常重要。但无论是管道运输还是油轮运输都涉及能源过境问题，因为能源往往是销往国际市场，因此，它往往需要穿越一个以上的国家，此时能源过境保护异常重要。

（三）下游

能源下游的活动主要是能源的加工与市场分销。原油通常需要经过炼制后才能消费，主要产品包括燃油、汽油、航空油和液化石油气等，通常用于交通、动力、供热以及石油化工等。天然气也往往需要在专门的工厂（分馏器）加工后通过管道运输。液化天然气目前在能源市场越来越受欢迎，占有越来越重要的位置。②

在能源下游环节，主要是能源贸易活动，但也涉及能源投资的保护问题，能源化工生产和能源的加工都需要大量的投资。另外，能源下游的消费活动产生的环境影响也是最大的，80%的温室气体都来自于能源领域，95%是二氧化碳，而二氧化碳主要来自化石燃料（主要是常规能源，包括煤炭、石油和天然气）的燃烧。③

能源价值链环节所需要的法律保护，见表2-1。

---

① 参见欧仕军：《石油勘探开发过程中的环境保护》，载《硅谷》2010年第7期，第136页。

② See Christian O. H. Wolf, *The Petroleum Sector Value Chain*, World Bank Group, June, 2009, pp. 16-17. http://papers.ssrn.com/sol3/papers.cfm?abstract_id=1514593, last visited on July 8th, 2011.

③ See Christian Ngo, Joseph Natowitz, *Our Energy Future: Resources, Alternatives and the Environment*, John Wiley & Sons, Inc, 2007, p. 107.

表 2-1　　能源价值链环节需要的法律保护

能源价值链环节	所需要的法律保护
上游	能源投资保护、能源贸易保护、环境保护
中游	能源过境保护、能源投资保护、环境保护
下游	能源投资保护、能源贸易保护、环境保护

从以上的分析可以看出，能源价值链是一个非常完整的链条，缺少其中的任何一个环节都会影响到其他环节的正常运行。每个环节都需要提供相应的法律保护，能源投资保护在能源价值链的各个环节都占有重要的地位，根据国际能源机构 2009 年的《世界能源展望》的数据，2008 年到 2030 年，能源行业上中下游环节所需要的总投资为 2560000 亿美元，其中石油方面所需要的投资为 590000 亿美元，上游所需要的投资占到 79%，中游为 4%，下游为 17%。天然气需要的投资额为 510000 亿美元，上游为 58%，中游为 9%，下游为 33%。能源行业的上游所需要的投资是最密集的，能源投资保护在上游环节显得尤其突出。在中游环节，能源运输起着承上启下的作用，它主要需要的是能源过境法律保护。在下游环节，能源贸易保护显得更为突出。而环境保护在价值链上的每个环节都是必须注意的。

三、能源行业法律保护的特点

（一）能源投资的高风险性

能源投资和其他行业的投资相比，具有极高的风险性。首先，从能源勘探开发来看，油气资源埋藏在地层或海底深处，其真实的储量和可开采性往往是人们难以预知的。能源投资者必须投入大量的资金和高科技技术，经过长时间的勘探，才能查明。有时也会因为前期地质调查等方面的原因，很可能在评估阶段认为有丰富储藏的油井，在实际勘探开采阶段却一直未能有石油产出。① 其次，能源上游项目往往周期长②，资本密集，高投入的油气勘探开发活动具有在特定的地质结构、地理位置等条件下收益不确定性的风险。此外，由于20世纪两次石油危机之后的高油价的拉动，全球石油勘探开发逐步转向成本高、开采难度大的深水大陆架及边疆地区和基础设施落后的内陆地区，增加了石油勘探开发的成本，从而使得跨国石油投资的巨额资本面临着“一无所获”的巨大风险。也就是说，对于投资者来说，前期的投资很可能就无法得到回报，甚至会带来很大的亏损。投资者的投资只有在采出能源后才能获得收益。最后，由于能源投资的高风险和高投入的特性，在能源的勘探开发阶段，国际能源投资多采用风险合同的形式，即要求勘探阶段的费用和风险全部由外国投资者承担，如果勘探未能发现商业性油气田，则因勘探而发生的所有亏损和费用都要由外国投资者一力承担。③

能源投资与其他行业投资相比，具有以下特点：开发风险最大、技术难度最大、建设周期最长（life-cycle）、资本密集度最高、资金回收期间最长（pay-back period）等特点。基于以上特点，能源行业，相对于其他行业而言，需要较为严格的法律环境来控制风险，尤其是能源投资方面的风险。正是由于能源投资的这些特点，ECT 作为能源领域里的专门性多边条约，将能源投资作为其主要规制的对象，制定了严格的投资保护标准，设计了严格的争端解决条款，其目的就是为了降低能源投资风险，增加能源投资者的投资信心，从而达到促进能源投资的目的。

---

①　参见徐喜君：《能源领域国际投资中的准入与风险法律问题》，复旦大学2009年硕士学位论文，第3～4页。

②　一般上游项目的周期往往长达30～40年，如果考虑到能源项目对自然和社会环境的影响，可以说一个能源项目的周期长达一个世纪之久。如一个水电站项目，加上其可行性研究周期，在某些国家达到100年，如果考虑到这些项目对自然环境的不可逆转的影响和变化，这个周期还不只100年。

③　参见徐喜君：《能源领域国际投资中的准入与风险法律问题》，复旦大学2009年硕士学位论文，第3～4页。

（二）能源过境的现实性

能源过境运输是指能源原材料和能源产品经过一个或多个国家的过境的行为。因为能源分布不均，能源从生产地区运往消费市场必然要穿越过境，未来世界能源经济的发展在很大程度上取决于解决能源国际过境运输的程度。① 与世界能源资源的分布相比，能源运输线的分布更加不均匀。以石油为例，从石油运输方式来看，大概 3/5 的石油通过海上运输，2/5 的通过管道运输。海运是国际石油贸易的最主要方式。海运运量大、通过能力强、运费低，国际石油贸易中的大部分是由海运完成的。但是海上能源通道经常会受到海盗和恐怖主义的袭击，海上能源通道安全面临着巨大的威胁。管道运输主要适用于陆地运输，具有运量大、安全、方便和运费低廉等优点，是各国油田与油港、炼油中心之间的纽带。② 但是其修建成本高，周期长，而且国际过境运输的可靠性受政治影响大，具有很强的现实性。从历史上来看，多数情况下过境运输争端出现的问题都与政治原因有关。③ 俄罗斯与白俄罗斯在 2010 年 6 月的“断气”风波，也暗藏政治因素。④ 一些国家把“能源牌”作为政治工具，把关闭能源运输管道作为一种要挟手段。⑤ 能源过境经常被作为政治工具，使得不稳定的因素增多。基于能源过境在能源行业

---

① 参见[俄]日兹宁：《国际能源：政治与外交》，强晓云等译，华东师范大学出版社 2005 年版，第 197 页。

② 参见管清友、何帆：《中国能源安全与国际能源合作》，载《世界经济与政治》2007 年第 11 期，第 47 页。

③ See Sanam S. Haghighi, *Energy Security: The External Legal Resolutions of the European Union with Major Oil and Gas-Supplying Countries*, Hart Publishing, 2007, pp. 334-335.

④ 有专家认为，俄罗斯与白俄罗斯“斗气”的背后，是有政治因素的，最主要的问题还是俄罗斯认为，白俄罗斯在向俄罗斯进行主权让渡的时候合作不够。另一方面，双方在能源合作一体化进程中，白俄罗斯在主权让渡方面也达不到俄罗斯的要求。参见 http://news.xinhuanet.com/world/2010-06/23/c_12253131.htm，最后访问日期：2012 年 4 月 20 日。

⑤ 参见杨泽伟：《跨国能源管道运输的争议解决机制》，载《法学》2007 年第 12 期，第 85 页。

价值链上的重要性，ECT 将能源过境也纳入其法律体系，针对能源过境的现实性特点，ECT 专门为能源过境设计了过境争端解决的程序。

（三）能源贸易的特殊性

能源分布的不均衡性以及能源在现代生活中的重要性决定了能源必然成为一种国际性的商品。虽然能源可以像任何其他货物一样买卖，但它和普通的货物贸易相比，具有太多特殊性，这就决定了能源贸易和普通的货物贸易不一样。

首先，国际间的能源贸易并非单纯的经济活动，它与世界政治经济形势息息相关。它的市场供需及价格表现，往往受到大国之间利益博弈、民族矛盾、宗教冲突、地缘政治危机、国际金融动荡以及局部石油战争等种种因素的极大影响，同时也会反作用于以上的各个领域。①

其次，能源贸易不仅仅是纯粹的经济性质的商品贸易，它往往还是国家安全战略的重要组成部分。作为“现代经济血液”的能源，其关系到国家的经济命脉与民生大计，并与国家安全紧密相联，因此政府通常采取各种规制手段对能源贸易予以更多的干预，以实现其巩固国家主权与安全、保障社会福利、促进环境保护等方面的目标。②

再次，能源商品的物理特性决定了能源贸易严重依赖于能源传输网络（尤其是电力和天然气），它们需要通过专门的网络和管道来运输。而这些网络往往被能源公司所垄断，因此，对于能源商品来说，仅仅消除一般商品的障碍是不够的。为了使得拥有运输网络的运营商不滥用自己的地位，需要制定有效的规则来保障公平的竞争。③

最后，与普通商品相比，能源商品贸易与能源服务贸易之间有时

① 参见曹志敏：《能源贸易与 WTO 体制》，苏州大学 2010 年硕士学位论文，第 7 页。

② 参见唐旗：《WTO 体制与能源贸易问题》，载《法学评论》2008 年第 4 期，第 96 页。

③ 参见曹志敏：《能源贸易与 WTO 体制》，苏州大学 2010 年硕士学位论文，第 7 页。

并没有明确的界限。因为，除了对能源传输与分销属于服务部门意见较为统一之外，能源开采、生产、制造、萃取、精炼等活动到底归属于服务部门还是贸易部门，各国看法还很不一致，迄今尚无定论。①

能源贸易的上述特性决定了能源贸易规则与普通货物的贸易规则必然有所不同，也决定了 ECT 必然将能源贸易纳入其法律体系，虽然 ECT 的能源贸易规则大部分来自 WTO②，但 ECT 成为推动能源贸易规则一体化的动力之一，为 WTO 最终制定适应于能源贸易的规则作出了努力。

（四）能源环境的伴随性

能源生产和消费与环境问题总是如影相随的，环境影响是能源行业整个价值链上每个环节都无法忽视的问题。这些环境影响主要包括：气候变暖、空气污染、水污染和森林和生物多样性损失等。目前，气候变暖是 21 世纪所面临的最大的挑战之一。③ 2007 年，政府间气候变化专业委员会（Intergovermental Panel on Climate Change，IPCC）在第四次《气候变化综合评估报告》中明确指出，导致全球平均温度升高的温室气体（Greenhouse Gases，简称 GHGs）排放主要源于人类对化石燃料的开发和使用，并指出持续排放 GHGs 的可怕后果。在全球化进程中，人类对化石燃料的过度开发和利用，加之能源利用效率的低下，已使能源投资、生产和贸易伴随气候变暖等环境问题，成为国际社会共同关注的焦点。④ 而这一关注已经深刻反映在国际法的立法活动中，并将影响未来国际

---

① See Energy Charter Sectariat, *Trade in Energy*: *WTO Rules Applying under the Energy Charter Treaty*, http: //www. encharter. org/index. php? id = 173&L = 0, last visited on April 12th, 2012.

② 对于 ECT 的贸易规则及争端解决机制在第四章第三节具体论述。

③ See Marilyn A. Brown, Michael Dworkin, *The Environmental Dimension of Energy Security*, in Benjamin K. Sovacool ed. , *The Routledge Handbook of Energy Security*, Routledge, 2010, p. 178.

④ 参见贺艳：《国际能源投资的环境法律规制：以〈能源宪章条约〉及相关案例为研究对象》，载《西安交通大学学报（社会科学版）》2010 年第 4 期，第 75 页。

法的发展趋势，在这方面，ECT作为能源领域的唯一条约，理应考虑能源对环境造成的影响，将环境问题纳入其立法中。

四、能源价值链与ECT的争端解决机制

（一）现实性

随着国际能源市场的发展，能源价值链的活动已经突破国内，形成一条全球性的能源价值链。这条全球能源价值链上参与的主体包括跨国能源投资者和相关国家政府，因此，国际能源争端可能发生在国家与国家之间，也有可能发生在国家与投资者之间，还有可能发生在私人之间①。能源争端可能是由上游的能源勘探开采所引发的能源投资争端，也可能是在中游活动中由于能源运输等过程中产生的能源过境争端，还有可能是在能源贸易过程中出现的贸易争端，甚至是在能源生产、运输等过程中由于环境污染、意外事故而产生的环境争端等。这些类型的争端有可能单独产生，也有可能同时产生。ECT的争端解决机制为这些争端的解决都设计了解决的方法和程序，针对不同主体的不同性质争端，确立了相应的争端解决机制，对于减少与化解能源领域争端、增进国际能源安全意义重大。因此，ECT的争端解决机制具有重要的现实意义。

（二）完整性

ECT争端解决机制中的争端程序与能源价值链形成一一对应的关系，具有完整性。从能源产业的上游到下游行业，从能源的开发到终端的消费，能源价值链上的每个环节都有ECT的实体保护和相关的争端解决程序。由于能源价值链是一套完整的链条，任何一个链条中断，必然会影响到其他链条的正常运作。因此，ECT的争端解决程序因为能源价值链的整体性，也成为了一套完整的争端解决机制，它有力地保护能源价值链上的每个环节。

（三）联系性

ECT争端解决机制也体现了能源价值链各环节之间的联系性。

---

① 私人之间的能源争端属于国际私法的范畴，往往通过国内法院或仲裁方式解决，该类争端不在本研究的范围之内。

从表面上看，能源投资、能源过境、能源贸易与能源环境似乎不存在联系，但事实上，它们因为能源价值链而存在内在联系，也就是说，它们是能源价值链上紧密联系的环节。

ECT争端解决机制因为能源价值链的存在而具有了现实性、完整性和联系性，也正是因为能源价值链使得ECT的争端解决机制成为一个“机制”①，而不是几个程序的简单组合。因此，能源价值链的存在构成了ECT争端解决机制建立的现实基础。

第三节　ECT争端解决机制建立的历史基础：从国内到国际

一、能源安全的维护

（一）能源安全的概念

随着能源全球化的发展，原先局限于各国国内的能源市场，已经从相互独立走向相互依赖（from independence to dependence），超出了国与国之间的界限，变为复杂的相互作用、相互依存的国际能源市场，使各国的能源通过国际分工和国际交换形成了一个有机的整体。全球化背景下，国际能源相互依赖的程度日渐加深。近两年来，国际原油价格不断上涨，不仅威胁到整个能源市场的稳定，而且使严重依赖能源进口的国家产生了不安全感，他们普遍担心国际能源市场上能源供应链条的中断，以及与此相关能源危机的发生。② 另一方面，能源输出国同样面临着能源出口的“路径依赖”以及国民经济增长对能源出口的压力，他们需要稳定持久的能源消费市场。能源安全成为能源进口国和能源出口国共同的担忧，但是

① 根据《辞海》的解释，“机制”原指机器的构造和运作原理，借指事物的内在工作方式，包括有关组成部分的相互关系以及各种变化的相互联系。因此，构成一个机制，其组成部分必须具备相互的联系。

② 参见岳树梅：《国际能源合作法律问题研究》，西南政法大学2007年博士学位论文，第13页。

能源进口国和出口国对能源安全的定义是不同的。

关于能源安全的概念，不同的国家和学者认识不一①，有人认为，能源安全包括四重含义：能源供给安全；能源价格安全；能源运输安全；能源消费使用安全。② 我国能源法专家叶荣泗认为：能源安全的内涵不但包括防止石油禁运带来的供应中断和防止国家政治、经济危机引起的能源供应中断，也包括整个能源市场和能源供应链条（如资源、运输及其网络、供应分配等）的安全，甚至应当将能源生态环境安全、将全球气候变暖影响人类生存发展的安全包含在内。③

在一个相互依赖的全球能源世界里，能源安全的概念需要反映能源价值链上的各个环节和各方的需要以及利益平衡。因此，能源安全应当包括能源供应安全、能源运输安全、能源需求安全以及能源生态环境安全等几个方面。

（二）维护能源安全的方式

1. 早期维护能源安全的工具：特许制

所谓特许制，又称租让制，是外国公司在东道国进行能源投资最早使用的一种形式。传统的特许协议是外国投资者和东道国之间的主要法律机制，它的特点是东道国租让的面积大，租期长（最长可达99年），东道国只获取矿区使用费，并且给予投资者在勘探开发资源过程中一切控制权，最后产出的能源全部归投资者所

---

① 在《Routledge能源安全手册》中，作者Benjamin K. Sovacool列举了45种能源安全的概念（很多概念具有较大的相似性），如亚太能源研究中心提出能源安全的4A（availability, accessibility, acceptability, affordability），Drezel提出了5S（supply, sufficiency, surety, survivability, sustainability），还有Hughes提出的4R（review, reduce, replace, restrict）. See Benjamin K. Sovacool, *The Routledge Handbook of Energy Security*, Routledge, 2010, pp. 3-6.

② 杨泽伟教授认为，能源安全应当包括三层含义：能源供应安全、能源经济效率和能源环境保护。参见杨泽伟：《中国能源安全法律保障研究》，中国政法大学出版社2009年版，第5页。

③ 参见叶荣泗：《关注能源立法》，载《中国发展观察》2008年第1期，第4页。

有。可以看出，传统的特许制对于东道国来说显然是非常不公平的，是一种资源掠夺行为。①

20世纪50年代，随着殖民体系的瓦解，传统的特许协议基本上不再签订，现代许可制开始取代传统的许可制。到1966年，产品分成协议（production-sharing agreements，PSA）作为现代许可制的代表形式产生于印度尼西亚。该类协议明确了能源资源的所有权属于东道国，东道国拥有管理监督权，外国投资者通过作业服务，利用生产出的原油进行投资和成本费用的回收，成本回收以后的剩余产品再与东道国进行分成。产品分成协议与传统的特许制的最重要区别在于，产品分成协议明确了资源的所有权，并增加了一些调控因子控制外国投资者的收入，加大东道国对合同的控制，使外国投资者的收入与传统的特许制相比大打折扣。②

20世纪70年代见证了能源市场的巨大变化。石油输出国组织（OPEC）的成立使得石油市场结构发生了根本性的改变，这个时期国际石油市场的控制权逐渐转移到了OPEC国家手中。OPEC的这些石油生产国纷纷开始对国际石油公司的上游资产进行国有化，取消了现存的特许制，提高能源价格。这一系列的变化都使得无论传统的特许制还是现代的产品分成合同已经无法保障能源进口国的能源安全。在这种历史背景下，新的能源安全工具开始产生了。③

2. 战略储备

能源进口国通过其国际能源公司的特许制来维持能源供应的政策已经失灵，此时的能源市场已经被OPEC控制。1973年的石油禁运更使能源进口国意识到依赖能源进口所带来的能源安全的脆弱

① 参见徐振强、王育红：《国际石油合作合同模式的特征与演进》，载《国际经济合作》2003年第1期，第52页。

② 参见郭鹏：《国际油气合作合同模式多样化》，载《中国石油企业》2006年第12期，第73~74页。

③ See Andrei Konoplyanik, *Energy Security and the Development of International Energy Markets*, in Barry Barton, Catherine Redgwell, Anita Ronne, Donald N. Zillman ed., *Energy Security: Managing Risk in a Dynamic Legal and Regulatory Environment*, Oxford University Press, 2004, p. 72.

性。在这种背景下，美国把一些西欧国家和一些大的石油消费国团结起来，成立了IEA（国际能源机构），目的是形成一个能够与OPEC抗衡的机构，通过其成员国共同控制着大量石油库存以应付紧急情况，在一定程度上规避了价格波动和供应风险。战略储备是服务于国家能源安全的，它几乎不盈利，维持成本也较高，其主要经济作用是通过向市场释放储备油来减轻市场心理压力，从而降低石油价格不断上涨的可能，达到减轻石油供应对整体经济冲击的程度。对石油进口国而言，战略储备是对付石油供应短缺而设置的头道防线，它的作用在于抑制油价的上涨。①

3. 国际法

随着能源市场的国际化和全球化，能源原料和产品越来越多地越过国界，往往受到几个国家的管辖。② 在这种情况下，“只有规则才能为潜在的投资和贸易发展的形势提供可预见性和稳定性。没有这种可预见性或稳定性，贸易和投资的流动可能会有更大的风险，因而会受到更大的抑制”。③ 对于能源安全问题来说，只有相关的国家如能源进口国与能源出口国制定共同遵守的相关的国际法规则，才能保障能源进口国与出口国的能源安全。对于能源进口国来说，国际法规则能增加能源投资和贸易的透明度，减少投资者的风险，使其获得价格低廉、持续稳定的能源供给，能源安全即获得保障。对于能源出口国来说，国际法规则能维护其资源主权，为其提供更加稳定的能源市场，保障其能源利益。因而，国际法规则与

① 参见张宇燕、管清友：《世界能源格局与中国能源安全》，载《世界经济》2007年第9期，第28页。

② See Andrei Konoplyanik, *Energy Security and the Development of International Energy Markets*, in Barry Barton, Catherine Redgwell, Anita Ronne, Donald N. Zillman ed., *Energy Security: Managing Risk in a Dynamic Legal and Regulatory Environment*, Oxford University Press, 2004, p. 84.

③ [美]约翰·H. 杰克逊：《GATT/WTO法理与实践》，张玉卿等译，新华出版社2002年版，第7页。

能源安全具有相当程度的契合性。①

国际法规则与特许制、军事手段、战略储备等其他能源安全工具相比，具有较大的优越性。这主要是因为国际法是具有正式法律约束力的规则，其实施具有相对的独立性和稳定性，有利于国际能源秩序的规范，这是其他方式所不能比拟的。② 维护能源安全，单靠一个国家的力量是远远不够的。只有在国际社会共同的努力下，把该问题置于整个世界的范围内来考察，在现代国际法的框架内通过构建相关的制度体系来解决问题，才有可能保障各国的能源安全。著名的能源经济学家、能源宪章大会秘书处前副秘书长 Andrey Konoplyanik 对这几种能源安全工具从经济成本上进行了比较，认为通过军事手段来维护能源安全成本最高，而且这种手段因为违反了国际法上的禁止使用武力原则，已经明确被现代国际法所禁止。特许制的能源安全成本其次，但作为维护能源安全的工具，它主要适用于能源市场的早期。而能源战略储备制度则主要适用于紧急情况下应付能源短缺。而通过国际法规则来维护能源安全在这几种能源安全工具中，成本最低，同时也是最适应目前国际能源市场的能源安全工具。③

二、国际法与能源安全：从 BITs 到 ECT

能源市场的发展经历了从国内市场走向区域市场到全球市场的过程，相对应地，各国为改善能源投资环境也作了很大努力，也经

① 参见谈中正：《能源贸易安全的规则路径研究》，华东政法大学 2010 年硕士学位论文，第 6 页。

② 如外交手段也是维护能源安全的一种重要手段，但是能源安全的维护单纯通过外交手段，具有很大的不确定性。军事手段即通过武力来攫取资源的方式已经被当代国际法明文禁止。参见谈中正：《能源贸易安全的规则路径研究》，华东政法大学 2010 年硕士学位论文，第 7 页。

③ See Andrei Konoplyanik, *Energy Security and the Development of International Energy Markets*, in Barry Barton, Catherine Redgwell, Anita Ronne, Donald N. Zillman ed. , *Energy Security: Managing Risk in a Dynamic Legal and Regulatory Environment*, Oxford University Press, 2004, p. 77.

历了一个从改善国内立法到促进国际立法的过程。从国内立法来看，主要采取的措施有产品分成协议、特许制和建立自由经济区等。为了提高对外资的吸引，各国专门通过了相关立法，如税收法、投资立法等。随着能源市场的国际化，各国间相互依赖性增强，各国面临普遍的挑战，要求各国从国际层面上采取措施。

（一）BITs

BITs（双边投资协定），是指资本输出国与资本输入国之间签订的以促进、鼓励、保护国际私人投资为目的并约定双方权利与义务关系的书面协议。这是目前国际社会调整国际投资关系的最重要的国际法手段，被视为有关国家投资环境的重要标志之一。双边投资协定最初主要是发达国家与发展中国家签订，后来发展中国家之间也开始签订大量的双边投资条约和双重税收协定（Double Tax Treaties, DTTs）。到2009年底，各国间签订的BITs达到2750个，DTTs达到2894个。① 不同的国家在不同的时间所签订的双边投资协定也大不相同，尤其是一些经济强国，总是在双边投资协定的谈判中尽量使用本国的范本，以便能在合作中获得更大的利益，有些国家甚至通过国内立法来通过这些范本。

从BITs影响的国家范围来看，BITs的最大的缺陷是它仅仅是两个国家之间的特殊国际法，其影响范围非常有限，它仅对双方缔约国有法律约束力。它不像一般国际法，可以对国际社会有普遍的约束力。② 而且目前已有的双边投资协定均是针对缔约国双方之间的整体投资需求而生，而非专门针对能源领域的国际投资缔结，因此在用该等双边投资保护协定来对能源领域的国际投资进行规制时，必须注意的一个问题是该协定是否适用于能源投资。事实上，由于能源所牵涉的利益因素十分复杂，许多现有的双边投资协定往往将能源视为其适用的例外。③

---

① See *World Investment Report 2010*, http://www.unctad.org/en/docs/wir2010_en.pdf, last visited on July 8th, 2011.

② 参见刘笋：《国际投资保护的国际法制：若干重要法律问题研究》，法律出版社2002年版，第462页。

③ 参见徐喜君：《能源领域国际投资中的准入与风险法律问题》，复旦大学2009年硕士学位论文，第8页。

（二）NAFTA

NAFTA(《北美自由贸易协定》）是20世纪90年代出现的一个非常重要的区域性多边自由贸易协定。虽然该协定以自由贸易的名称出现，但协定对投资问题也作了详尽的规定，因而也是一个重要的区域性多边投资条约。NAFTA 第11章对投资问题作出了规定。该章的投资规则具有高度自由化的特征，在某种程度上代表了区域投资自由化规则的发展方向。NAFTA 几乎全部承袭了美式 BITs 的主要规则，在争端解决机制方面，进一步强化了投资者与国家的投资争议解决机制。① 有学者认为，NAFTA 是迄今为止美国参与缔结的内容最为全面（包括投资的准备阶段、正在进行投资和投资后的经营运作阶段等各个阶段的法律关系）和规则最为严格的多边投资条约。②

除了第11章对投资问题的规定外，NAFTA 在第6章还专门通过了能源专章——能源与基础石化产品（Energy and Basic Petrochemicals），这一章有9个条文与5个附件③，目的在于在北美构建一个以 GATT 为基础的能源贸易与投资体制。NAFTA 的能源专章首次对能源产品的贸易作出了专门的规定，将能源产品的出口数量管制和能源产品的“双重定价”问题都纳入其规范之内，这应该说是 NAFTA 在能源贸易规制方面所作出的独特贡献。④ 但是 NAFTA 作为一个区域性条约，所涉及的国家数目较少（只有三

---

① 参见刘笋：《国际投资保护的国际法制：若干重要法律问题研究》，法律出版社2002年版，第52~53页。

② See Daniel M. Price, *An Overview of the NAFTA Investment Chapter: Substantive Rules and Investor-state Dispute Settlement*, *The International Lawyer*, Vol. 27, No. 3, 1993, p. 736.

③ 具体条文是第601条：原则；第602条：调整范围；第603条：进出口限制；第604条：出口税；第605条：其他出口措施；第606条：能源管制措施；第607条：国家安全措施；第608条：杂项规定；第609条：定义。五个附件分别是：附件602.3：保留与特殊条款；附件603.6：第603条之例外；附件605：第605条之例外；附件607：国家安全；附件608.2：其他协定。

④ 参见谈中正：《能源安全的规则路径研究》，华东政法大学2010年硕士学位论文，第23~26页。

个成员国即美国、加拿大和墨西哥），其实际的影响还很小。

（三）WTO

在所有的多边国际法体制中，在规范投资和贸易方面作出最突出贡献的要数 WTO 体制了。它是 GATT 几十年发展经验的总结，到 2008 年 7 月 23 日已经有 153 个正式成员和 31 个观察员，从成员数目和影响范围来看，WTO 具有绝对的优势。它旨在为成员的货物和服务贸易建立一套非歧视性的贸易规则。同时，WTO 的《与贸易有关的投资协议》（*Trade-Related Investment Measures*, TRIMs）首次在多边贸易体制中纳入投资规则，使得多边贸易体制开始涉及一些敏感的投资政策和投资立法问题，并在一定范围内和一定程度上对各国投资政策和立法进行了约束。① 但在投资方面，WTO 并没有具体规定投资和投资风险问题，更加没有规定能源领域里的投资风险问题。在贸易方面，WTO 的规则并没有将能源贸易排除在外，但是由于能源贸易的特殊性，WTO 贸易规则在适用于能源贸易时存在很多问题，目前专门针对能源贸易规则的谈判举步维艰。②

（四）ECT

ECT 是能源领域里的专门性条约，专门规制能源的投资和贸易等问题。ECT 大量借鉴了双边投资立法经验，特别是受到了美式 BITs 的影响。③ 在某种程度上，ECT 的投资条款反映了发达国家通过长期 BIT 实践在加强投资保护和提高投资待遇方面已经取得的成就，而离开这些成就是不可能在多边层面上确立 ECT 中高度

---

① 参见刘笋：《国际投资保护的国际法制：若干重要法律问题研究》，法律出版社 2002 年版，第 445 页。

② 有关目前 WTO 关于能源贸易方面的谈判，详见余敏友、唐旗：《论 WTO 构建能源贸易规则及其对我国能源安全的影响》，载《世界贸易组织动态与研究》2010 年第 3 期，第 5 ~ 29 页。

③ See William Fox, *The United States and the Energy Charter Treaty: Misgivings and Misperceptions*, in Thomas W. Wälde ed., *The Energy Charter Treaty: An East-West Gateway for Investment and Trade*, Kluwer Law International, 1996, pp. 199-200.

自由的投资规则的。① ECT 也大量借鉴 NAFTA 中的投资规则，其本身并没有确立新的投资规则，从某种意义上说，ECT 中的投资规则是 NAFTA 的翻版。ECT 的投资争端解决机制也来自于 NAFTA 第 11 章的投资者与国家之间的争端解决程序，它在 NAFTA 的基础上，使投资者与国家的争端解决机制的影响超出北美，涉及了几乎所有的发达国家和为数不少的发展中国家。② 同时，ECT 与 WTO 也存在紧密的联系。ECT 中的第 4 条明确规定，ECT 不会背离目前 WTO 的有关条款。ECT 中的有关能源贸易的规则就是采用“参照 WTO”的做法，将 GATT/WTO 有关的贸易规则纳入到 ECT 中，ECT 中的非 WTO 成员也参照适用 GATT/WTO 贸易规则。另外，ECT 第 5 条与 TRIMs 也是如出一辙。③

目前 ECT 共有 51 个签署国（不包括欧盟）。ECT 的效力等同于一系列的双边投资协定所产生的法律效力。ECT 有 51 个成员方，它相当于 1275 个 BITs，占世界上目前双边条约总数量的 50%，而国际社会签署最初的 1275 个 BITs 用了 35 年时间。这意味着 ECT 不仅取代了大量的双边条约，而且，也节省了谈判和签署双边条约所耗费的时间。国家间签订的双边条约往往各不一样，但 ECT 则为能源投资提供了一套统一规则，它有效避免双边条约各不相同带

---

① See Thomas W. Wälde, *International Investment under the* 1994 *Energy Charter Treaty*: *Legal*, *Negotiating and Policy Implication for International Investors within Western and Commonwealth of Independent States/Eastern European Countries*, *Journal of World Trade*, Vol. 29, No. 5, 1995, p. 6.

② 参见李萍：《NAFTA 国际投资法律问题研究》，中国政法大学 2003 年博士学位论文，第 125 页。关于 NAFTA 与 ECT 的比较，参见 Mirian Kene Omalu, *NAFTA and the Energy Charter Treaty*: *Compliance with Implementation and Effectiveness of International Investment Agreements*, Kluwer Law International, 1999.

③ See Andrei Konoplyanik, *Energy Security and the Development of International Energy Markets*, in Barry Barton, Catherine Redgwell, Anita Ronne, Donald N. Zillman ed., *Energy Security*: *Managing Risk in a Dynamic Legal and Regulatory Environment*, Oxford University Press, 2004, pp. 77-78.

来的不公平。①

ECT 被认为是目前维护能源安全最好的工具之一。② 它吸收了目前有关投资保护的国际法的精华。它是目前有关投资保护条约中涵盖范围最广的条约，包括投资、贸易、过境、能源效率和争端解决等方面（如表 2-2 所示），适用于能源原料、能源产品和能源设施，提供高标准的法律保护，这无疑有利于降低能源投资风险，而投资风险的降低有利于促进能源投资，能源投资增加了能源供应多元化和能源市场的国际化，从而保障国际能源安全。③

三、ECT 的争端解决机制与能源安全

ECT 争端解决机制是 ECT 法律体系的核心和支柱，是保证 ECT 成员方严格遵守 ECT 的根本保障，是确保 ECT 沿着其宗旨和目标健康发展的重要动力，是维护各成员方享有 ECT 中的各项权利、履行义务的基本工具。ECT 争端解决机制在保证 ECT 法律体系正常运作的同时，也对能源安全作出了独特贡献。这些争端解决程序形成一个有机联系的整体，构成 ECT 的基石。如果没有争端解决机制，ECT 的诸多的法律制度犹如一盘散沙，彼此缺乏联系，正是这套争端解决机制，ECT 才有了灵魂。④

如前所述，ECT 与《欧洲能源宪章》最大的区别就在于 ECT 拥有一套争端解决机制，它为能源领域的经济合作装上了"牙齿"。通过 ECT 争端解决机制的运行，ECT 真正成为了具有约束力的国际

---

① See Andrei Konoplyanik, *Energy Security: The Role of Business, Governments, International Legal Framework*, OGEL, Vol. 6, No. 3, 2008. http://www.ogel.org/article.asp? key=2790, last visited on July 8th, 2011.

② See Andrei Konoplyanik, Thomas Wälde, *Energy Charter Treaty and Its Role in International Energy*, *Journal of Energy and Natural Resources Law*, Vol. 24, No. 4, 2006, p. 529.

③ See Andrei Konoplyanik, *Energy Charter: The Key to International Energy Security*, *Petroleum Economist*, February 2006, pp. 19-20.

④ 参见白中红：《〈能源宪章条约〉的争端解决机制研究》，载《外交评论》2011 年第 3 期，第 134 页。

表 2-2　　　　部分与投资有关协议的主要内容

协议（成员方数目）	范围	投资	贸易	过境	能源效率	争端解决
ECT（51+欧盟）	能源	包括	包括	包括	包括	包括
WTO（154）	一般	包括	包括	包括①	不包括	包括
NAFTA（3）	一般	包括	包括	不包括	不包括	包括

资料来源：Andrei Konoplyanik, Thomas Wälde, *Energy Charter Treaty and Its Role in International Energy*, *Journal of Energy & Natural Resources Law*, Vol. 24, No. 4, 2006, p. 526.

法。事实上，正是这套争端解决机制使得该条约具有了法律约束力，使它区别于一般政治性的条约与宣言。没有这套争端解决机制，可以说，整个《能源宪章条约》不过是“一纸空文”。在 ECT 生效的十多年里，ECT 的作用日益明显，这与它的这一整套争端解决机制不无关系。ECT 的争端解决机制增强了 ECT 成员对 ECT 遵守的激励，大大提高了 ECT 成员遵守 ECT 的概率，进而增加了 ECT 成员进行能源合作的可能性，最终有利于保障国际能源安全。

ECT 的争端解决机制是 ECT 的基石，它表面上看是几个程序的组合，但事实上，它是一套完整的“机制”。它的建立和存在具有现实与历史基础。从现实基础来看，它建立在能源价值链的基础之上，为能源价值链的各个环节提供能源投资、能源过境、能源贸易和能源环境等法律保护，保障能源价值链的各个环节的正常运行。从历史基础来看，早期的特许制和战略储备都不能适应目前国际能源市场的发展，国际法是能源安全工具发展到现在的最佳选择，具有相当大的优势。从目前有利于保障能源安全的国际法的发展来看，ECT 吸收了有关的双边（双边投资条约）和区域性条约（NAFTA）、全球性条约（WTO）的精华，是专门用来维护能源安全的多边性条约，在维护能源安全方面具有无可比拟的优越性。

① 《关贸总协定》第 5 条关于过境的规定是否适用于能源的过境存在着较大的争议。

ECT的争端解决机制作为ECT最重要的内容，它大大激励了ECT成员对ECT的遵守，大大提高了ECT成员遵守ECT的概率，大大增加了ECT的成员进行能源合作的可能性，最终保障了国际能源安全。

第三章　ECT争端解决机制(一):投资者与国家之间争端的解决

第一节　ECT第26条：概述

在ECT众多法律制度中，最受关注的是ECT的第26条投资仲裁条款了。它是第一个赋予投资者直接针对条约缔约国违反条约提请仲裁的全球性多边公约，它突破了以协议为基础的传统仲裁制度，反映了投资争端仲裁机制的最新发展趋势，对国际投资保护的条约实践产生了巨大而深远的影响。

ECT第26条专门规定了缔约国与投资者争端解决的程序。它允许投资者直接将有关争端提交有关机构解决。这种争端解决形式有效排除了投资者母国的干预，从而使投资争端"非政治化"。①但这一程序的适用是有限制的，它只能由投资者提起，而且它只针对于缔约国与投资者之间由于没有履行ECT第三部分关于促进与保护投资方面的义务时才适用，也就是说，当争端是由于违反ECT中的其他部分的义务引起时，投资者不能依据第26条启动程序。

第26条首先规定各方应首先寻求通过友好协商的方式解决争议。如果在一方提出要求后的3个月内，双方无法达成协议，则投资者单方面有多种选择。他可以将争端提交东道国的司法或行政程

① See Olivia Q. Swaak-Goldman, *The Dispute Resolution Procedures of the Energy Charter Treaty: Made to Measure*, *The American Review of International Arbitration*, Vol. 6, No. 4, 1995, pp. 336-337.

序；也可以选择依当事人事先同意的争端解决程序①；或通过仲裁程序解决。如果投资者选择将争议提交仲裁，那么他可以选择的仲裁机构和程序为：(1) 解决投资争端国际中心（ICSID）及其仲裁规则；如果投资者的母国和东道国之一为 ICSID 的缔约国时，应依 ICSID 的附加便利规则进行；（2）按联合国国际贸易法委员会(United Nations Commission for International Trade Law，UNCITRAL)仲裁规则指定的独任仲裁员或临时仲裁庭；（3）斯德哥尔摩商会(The Stockholm Chamber of Commerce，SCC）的仲裁机构及其仲裁程序。

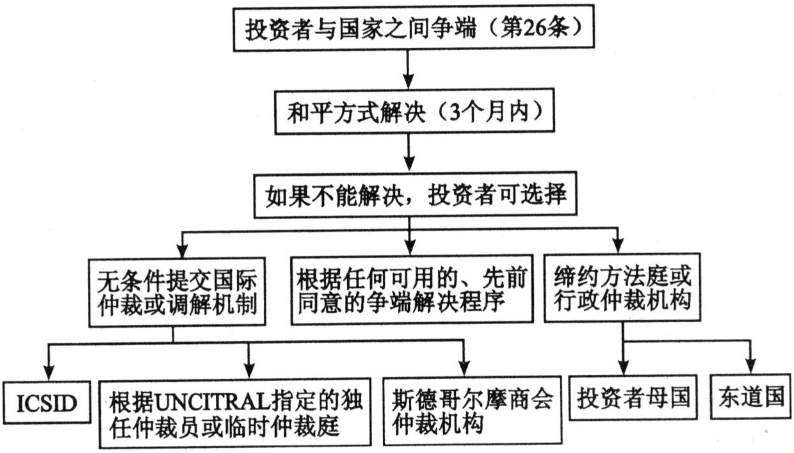

图 3-1　ECT 第 26 条程序

ECT 第 26 条规定，除缔约国作出的个别保留事项外，每一缔约国都必须无条件地同意将其与投资者间的争端提交国际仲裁。此处的保留包括，如果投资者已经诉诸东道国的司法或行政程序或是已经启动依双方达成的其他争端解决程序，则缔约国不承诺无条件

① 如双边投资协定中的有关争端解决条款或者投资者与东道国的投资合同中的仲裁条款等。

同意将此类争端提交国际仲裁。① 但是，作出此类保留的国家必须在加入 ECT 时就此问题书面说明其政策、惯例和条件。② 作出保留的国家的书面说明也构成该国家的国际义务的一部分。对无条件同意将投资争端提交国际调解或仲裁的另一保留是 ECT 第 10 条第 1 款的最后一句话，即每一缔约方均应遵守与缔约另一方的投资者达成的协议，这就是通常所说的保护伞条款。按第 10 条的这种规定，一旦投资者与东道国达成协议，则任何不遵守此类协议的行为都可能被投资者依据第 26 条提交国际仲裁庭。该规定的目的就是为了确保东道国和外国投资者达成的协议的执行。对该条作出保留无异于预示着东道国可能不会遵守双方达成的协议，这对于希望吸引外资的东道国是极为不利的。因此，对本条作出保留的只有极少数几个国家。③

对于仲裁所适用的法律，仲裁庭解决争议时都应适用 ECT 条约本身和可适用的国际法规则和原则。而仲裁裁决是终局的，对双方具有法律约束力。为了确保仲裁裁决的执行，应争议任何一方的要求，该仲裁裁决应在 1958 年《纽约公约》的缔约国境内作出，而且该争端应被认为满足了纽约公约的“商事性”要求。④ 如果选择了 ICSID 仲裁规则，ICSID 公约也明确要求其缔约国承认和执

① 附件 ID 中列出的国家在投资方已经将争端提交给一个国家的法院或法庭（方案一），或提交一个预先商定的机制（方案二）的情况下，不给予无条件同意。另外，这些国家应当在规定的期限内向秘书处提供一份对其政策、习惯和状况的书面陈述。许多国家不愿意将所有的权利让与国际仲裁机构，所以将自己列入附件 ID。目前列入附件 ID 中的国家和组织有 27 个，包括：澳大利亚、阿塞拜疆、保加利亚、加拿大、美国、克罗地亚、欧盟、芬兰、俄罗斯等国。

② 有关国家的政策、惯例和条件，参见能源宪章网站：www. encharter. org/fileadmin/user_upload/document/Annex_ID. pdf，最后访问日期：2012 年 4 月 25 日。

③ 将自己列入附件 IA 的国家具体可见 http：//www. encharter. org/index. php？ id=323，包括澳大利亚、加拿大、挪威和匈牙利，其中澳大利亚、挪威还没有批准 ECT，而加拿大则没有签署 ECT。

④ 参见《能源宪章条约》第 26 条第 5 款（b）项。

行ICSID的仲裁裁决，而且该仲裁裁决的效力“如同该国法院的最终判决一样”。①

从2001年出现第一起依照第26条提起的仲裁案件到现在，已经11年了。② 在这11年里，投资者与缔约国之间的争端解决机制有了行之有效的运作记录。③ 到目前为止，依据第26条提起的仲裁案件已经达到了30件，而且该数字还将不断地增加。④ 这主要是因为能源项目具有投资周期长和资本高度密集的特点，加之此类项目涉及主权利益，造成此领域投资者与东道国之间的投资争端必然会频发。⑤ 随着能源投资者和法律界日益了解和关注ECT，把争端提交国际仲裁，对于鼓励会员国遵守其条约义务，促进一个稳定及与ECT宗旨相符的投资环境，都是很重要的。因此未来该条对

① 参见《解决国家与他国国民间投资争议公约》第54条：“每一缔约国应承认依照本公约作出的裁决具有约束力，并在其领土内履行该裁决所加的财政义务，正如该裁决是该国法院的最后判决一样。”

② 2011年6月9日至10日，SCC、ICSID和能源宪章秘书处共同在斯德哥尔摩举行ECT仲裁10周年纪念研讨会，总结ECT仲裁过去10年的经验，分析ECT仲裁裁决以及未来的发展趋势。http：//www.encharter.org/index.php？id=19&id_article=237&L=0，最后访问日期：2012年4月18日。

③ See Laurent Gouiffes, *The Dispute Settlement Mechanisms of the Energy Charter Treaty*, in Clarisse Ribeiro ed., *Investment Arbitration and the Energy Charter Treaty*, JurisNet, LLC, 2006, p. 47.

④ 因国际投资仲裁和其他的仲裁一样，带有一定的私密性，有的案件并未公开。因此，以上的统计数据并不一定完整。具体的案件及案由，可查询能源宪章网站，http：//www.encharter.org/index.php？id=213。这30起案件中，有15起案件是与电力生产与销售有关，8起案件是有关油气开采与生产的争端，3起案件是有关下游石油行业，3起有关核能，1起有关矿产资源。在这30起案件中，电力行业发生的争端最多，可能因为欧盟国家和其他ECT缔约国的电力市场在过去的10年历经重组和私有化的过程。在这个过程中，很容易产生争端。See Nils Eliasson, *10 Years of Energy Charter Treaty Arbitration*, http：//www.sccinstitute.com/filearchive/4/41105/Report%20Ten%20Years%20of%20ECT%20Arbitration,%2030%20June%202011.pdf，最后访问日期：2012年4月18日。

⑤ 参见李瑞民：《〈能源宪章条约〉与国际能源投资争端解决》，载《国际石油经济》2008年第8期，第43页。

于解决能源投资争端方面将发挥越来越大的作用。①

从 ECT 投资仲裁案件的解决来看，它一般分两个步骤：第一步是管辖权问题，第二步是解决争端和事实问题。其中，管辖权问题的解决是 ECT 投资仲裁条款的核心，它涉及仲裁庭是否有权对案件进行裁断，它是仲裁庭行使裁决权的基础，也是仲裁庭解决争端和事实问题的前提。从目前依照 ECT 第 26 条提起的案件看，管辖权问题也往往是当事人之间争议的焦点问题。因此，结合 ECT 第 26 条的实践，对其管辖权问题进行深入的研究，无疑将有助于理解 ECT 第 26 条的有关规定。而管辖权问题一般分为三个方面，即仲裁庭对争议的事项是否具有管辖权（通常被称为属物管辖权，ratione materiae）；仲裁庭对争议的当事方是否具有管辖权（通常被称为属人管辖权，ratione personae）；仲裁庭对争议发生的时间是否有管辖权（通常被称为属时管辖权，ratione temporis）。② 因此，本章的论述从这三种管辖权来分析 ECT 第 26 条的具体适用。

管辖权问题解决后，仲裁庭开始对争端进行实质性裁决，ECT 仲裁应当适用何种法律是解决案件实质性问题的关键，它直接关系到案件的审理结果。在国际投资仲裁中，法律适用是最为重要，同时也是最多争执、最为混乱的一个问题。③ 因此，ECT 投资仲裁的法律适用问题也是一个非常重要的问题。

---

① See Graham Coop, Clarisse Ribeiro ed. , *Investment Protection and the Energy Charter Treaty*, JurisNet, LLC, 2008, pp. 1-2.

② See Thomas Roe, Matthew Happold, *Settlement of Investment Disputes under the Energy Charter Treaty*, Cambridge University Press, 2011, p. 40. Juliet Blanch, Andy Moody and Nicholas Lawn, *Access to Dispute Resolution Mechanisms under Article 26 of the Energy Charter Treaty*, in Graham Coop, Clarisse Ribeiro ed. , *Investment Protection and Energy Charter Treaty*, JurisNet, LLC, 2008, pp. 3-6.

③ 参见周成新：《国际投资争议的解决方法》，中国政法大学出版社 1989 年版，第 207 页。

第二节 ECT投资仲裁的属物管辖：合格的投资

属物管辖是指可以依据ECT提起仲裁的争议的性质必须符合的条件。依照ECT第26条的规定，该条适用于解决一缔约方投资者在另一缔约方境内进行投资所引起的争端。① 因此，关于投资的界定是确定ECT属物管辖的关键。

ECT在第1条第6款对“投资”作出了详细的定义。如前所述，在具体实践中，ECT投资者如果选择将争议提交仲裁，那么他可以选择的仲裁机构和程序一种是依照ICSID仲裁②，另一种是国际商事仲裁③，包括按联合国国际贸易法委员会仲裁规则（UNCITRAL）指定的独任仲裁员或临时仲裁庭仲裁和按斯德哥尔摩商会仲裁机构及其仲裁程序仲裁。而这两种仲裁机构对于“投资”的定义和范围有着不同的解释，存在较大差异。

---

① ECT第26条的另一个属物管辖条件是：它只针对于缔约国与投资者之间由于没有履行ECT第三部分关于促进与保护投资方面的义务时才适用。这与一般的双边投资协定不同，一般双边投资协定都规定“一切”或“任何”与投资有关的争端都提交仲裁。关于该条件，在管辖权阶段，申请人不必证明被申请人确实违反了第三部分的义务，申请人只需要证明其所声称的事实可能涉及违反ECT第三部分的义务即可。关于该问题，在Plama Consortium诉保加利亚案中，仲裁庭作了详细说明。ECT第三部分是关于投资保护的规定，涉及投资保护的各个方面，如非歧视待遇、公平公正待遇、资金及相关权利的转移、国有化等。对于条约第三部分的主要义务在本章第四节予以详细论述，本节主要讨论投资的定义问题。

② 在目前30件依ECT提起的案件中，有18件是由ICSID审理的，7件由SCC审理，另外还有3件是依照UNCITRAL规则审理（其中Yukos Universal，Hulley Enterprises，Veteran诉俄罗斯案被合并审理，此处算成一个案件）。

③ 鉴于目前按联合国国际贸易法委员会（UNCITRAL）仲裁规则指定的独任仲裁员或临时仲裁庭仲裁的ECT案件较少，本书主要选取斯德哥尔摩仲裁院及其仲裁的案件作为国际商事仲裁分析的对象。

一、ECT 关于投资的定义

国际投资条约上投资的定义大体上有三种类型：以资产为基础的投资定义、以企业为基础的投资定义和以交易为基础的投资定义。① ECT 关于投资的定义属于以资产为基础的投资定义。这种类型的定义是以缔约方依照各自法律或法规所允许或接受的各种财产来进行列举，通常不仅包括金融资产及经济概念上的资本，还包括具有创造生产能力的所有有形和无形资产。根据 ECT 第 1 条第 6 款，ECT 的投资是指各种由投资者所有，或直接或间接控制的资产②，包括：（a）有形的和无形的，可动的和不可动的，财产和任何财产权，如租赁、抵押、留置权和抵押权；（b）公司或商业企业或股份、股票，或其他股份形式的公司或商业企业，公司或商业企业的债券或其他债务；（c）对现金的索赔权和要求履行具有经济价值的、与投资相关的合同权利；（d）知识产权；（e）利润回报；（f）在能源部门从事的任何经济活动中，由法律或合同或凭借任何执照和法律准许的许可证所授予的任何权利。以资产为基础的投资定义是一种范围广泛的投资定义。根据这一定义，投资包括任何种类的资产，无论是有形资产还是无形资产；无论是股权投资还是债权投资；无论是投资者投入东道国的资产还是投资者在东道国获取的资产。③ 从以上的定义可以看出，以资产为基础的投资定

① 参见詹晓宁、葛顺奇：《国际投资条约：投资和投资者的范围和定义》，载《国际经济合作》2003 年第 1 期，第 41～45 页。

② 条约在谅解书中对第 1 条第 6 款的“直接控制”和“间接控制”作了解释：“为了进一步澄清某一缔约方内投资是否直接或间接被另一方的投资者控制，需要对每个实际情况的环境进行审查后才能决定，控制了投资就意味着支配了一切。在任何这样的审查过程中，都应当考虑所有相关因素，包括投资者的：（1）投资中的财务利益，包括资产净值的利益；（2）对管理和运作投资方面具有实际的影响能力；（3）在选择董事会和其他管理机构方面具有实际影响能力。当对投资者是否直接控制或间接控制投资有怀疑的时候，声称具有这种控制能力的投资者有责任提供证据以证明这种控制的存在。

③ 参见陈安主编：《国际投资法的新发展与中国双边投资条约的新实践》，复旦大学出版社 2007 年版，第 31 页。

义方式有利于能源投资保护这一目标的实现，它是对构成能源投资定义的资产类型的细化，明确列举出构成能源投资的各项资产，有利于投资仲裁的实践。正如ICSID在Plama诉保加利亚案中指出，ECT第1条第6款“是一个广泛意义上的、非穷尽地列举了所有与现金和现金有关的任何权利、财产和利益”。① 这种定义方式对资本输入国、资本输出国、投资而言都利大于弊。从资本输出国的角度而言，广义的投资定义可以为本国各类资产提供保护；从资本输入国的角度而言，广义的投资定义可以改善本国的投资环境，吸引更多的外国资本进入本国市场。并且，资本一旦进入本国之后再区分它们的性质也相当困难，因此从技术上讲，东道国也有必要对已经进入本国市场的外资提供保护；从投资者的角度而言，广义的投资定义可以使投资者受高标准、广范围的保护，有利于投资者规避东道国的政治风险，获得最大的经济利益。②

ECT第1条第6款对投资的定义除了列举投资具体的财产外，它还进一步规定，资产投资形式上的变化不影响投资的性质，“投资”这个词，包括所有的投资，不论是现有的还是条约生效后投资者在缔约方内作出的投资，和条约生效后受条约影响所进行的投资。这意味着投资形式的变化不影响ECT对它的保护。即便是东道国的立法、经济或政治形势发生变化导致最初的投资形式发生改变，投资者所作出的投资在其存续过程中也一直受到保护。这一款符合习惯国际法规则，它保护的是现有的和未来的投资。③

ECT第1条第6款最后一段还规定，“投资”是指所有与能源部门的经济活动有关的投资。第1条第5款对“能源部门的经济活动”的定义是：有关“能源原料和产品的开发、提取、提炼、制

---

① Plama Consortium Limited v. Bulgaria, ICSID Case No. ARB/03/24, Decision on Jurisdiction, February 8, 2005, para. 125.

② 参见陈安主编：《国际投资法的新发展与中国双边投资条约的新实践》，复旦大学出版社2007年版，第36页。

③ 它符合《维也纳条约法公约》第28条规定：“除条约表示不同意思，或另经确定外，关于条约对一当事国生效之日以前所发生之任何行为或事实或已不存在之任何情势，条约之规定不对当事国产生拘束力。”

造、存储、陆路运输、传送、分配、贸易、市场和销售的经济活动”。① 在依据 ECT 第 26 条提起的案件中，Amto 诉乌克兰案涉及对这一定义的理解。在该案中，当事方要求仲裁庭对 Amto 持有 EYUM-10 的股份是否构成“与能源有关的经济活动”的投资作出解释。仲裁庭指出，ECT 的谈判者并不要求投资是能源领域的经济活动，只要与能源领域经济活动有关就满足 ECT 的投资概念了。对“与能源领域经济活动有关”的涉及程度问题，仲裁庭认为只要投资与能源领域经济活动事实上有关就符合条件了。EYUM-10 从事的是与电力相关的安装、维修和更新等相关技术服务，Amto 对该企业持有股份符合“与能源领域经济活动有关”的投资的概念。②

二、ICSID 仲裁与 ECT：投资定义上的差别

（一）ICSID 对投资的界定

当 ECT 的投资争端提交到 ICSID 仲裁时，该项投资必须同时满足 ECT 和 ICSID 关于投资的标准。③ 但是，ICSID 对于投资没有给出定义。在公约的起草准备过程中，条约的起草者企图规定一个

---

① 在对第 1 条第 5 款的谅解书中还对“能源领域的经济活动”进行了进一步的解释，“如下的活动是能源领域的经济活动：（1）如石油、天然气、煤炭和铀的勘探、开采和开发；（2）发电设施的建造和运行，包括利用风能和其他可再生能源发电；（3）能源原料和产品的陆路运输、分配、储存和供应。例如输配电网、管线或铁路线以及为这些活动建造的设备，包括铺设运送石油、天然气、水煤浆的管道；（4）对能源相关设施的废弃物进行处理和清除，如电厂排放的废物，包括核电站产生的放射性废料；（5）能源相关设施的退役，包括采油平台、炼油厂和电厂；（6）能源原料和产品的市场销售和贸易，例如汽油的零售；（7）对以上提到的活动进行研究、咨询、计划、管理和设计，包括旨在提高能源效率的活动”。

② Limited Liability Company Amto v. Ukraine, SCC Arbitration No. 080/2005, March 26, 2008, para. 42-43.

③ See Antonio R. Parra, *Investments and Investors Covered by the ECT and Other Investment Protection Treaties*, Clarisse Ribeiro ed., *Investment Arbitration and the Energy Charter Treaty*, JurisNet, LLC, 2006, p. 51.

广泛意义上的投资定义，但遭到很多反对。最后公约的起草者决定在公约中不对这一用语作出定义。① 公约对投资没有作出定义，是有意的省略，因为“私人与外国政府实体之间交易的多样性，使得任何定义都无法将之全部包括”。② 正如 ICSID 前高级法律顾问乔治·德劳姆（George Delaume）解释：公约没有对投资进行定义，是为国际投资发展提供了一定的空间。事实上，公约的起草者无法在当时对投资作出定义，因为他们无法在当时预见将来在各个具体案件中可能出现的各种情形。在某种意义上，中心受理的案件本身可以反映公约对投资的理解。③

在 Salini 诉摩洛哥案中，投资者根据意大利与摩洛哥之间的 BIT 选择 ICSID 作为争端解决机构。在该案中，意大利建筑公司与摩洛哥国家实体之间有一个为期两年的建筑合同。仲裁庭寻找所有的标准，但最终采用经验主义的方法，使用客观标准来决定投资的范围，这个标准被称为 Salini 标准。按照该标准，在决定是否存在投资时，可以考虑以下因素：如利润和回报的定期性、投资者在该项活动中的贡献、合同的期限、投资者在东道国参与交易的风险以及对东道国经济的贡献等。④ 仲裁庭根据这些标准，认为该案中的建筑合同已构成投资。很显然，在 Salini 案中，仲裁庭在该案中对投资设定了较低的门槛。

可见，由于 ICSID 对于投资未给出明确的定义，具体关于投资的界定主要由仲裁庭在实践中予以把握，但 ICSID 通过实践发展的 Salini 标准目前在 ICSID 仲裁的案件中被广泛采用。

---

① See Moshe Hirsch, *Arbitration Mechanism of the International Center for Settlement of Investment Disputes*, Kluwer Academic Publishers, 1993, p. 58.

② ICSID Reports, Vol. 1, 1993, p. 28, 转引自陈安主编：《国际投资争端仲裁：“解决投资争端国际中心”机制研究》，复旦大学出版社 2001 年版，第 79 页。

③ 参见陈安主编：《国际投资争端仲裁：“解决投资争端国际中心”机制研究》，复旦大学出版社 2001 年版，第 79 ~ 80 页。

④ Salini Costrttori S. p. A and Italstrade S. p. A v. Morocco, ICSID Case No. ARB/00/4, Decision on Jurisdiction, July 23, 2001, para. 105-106.

（二）ICSID 仲裁与 ECT：① Ioannis Kardassopoulos 诉格鲁吉亚案中对投资的界定

在 ICSID 仲裁的 ECT 案件中，Ioannis Kardassopoulos 诉格鲁吉亚案对投资的定义作了详细的分析。在该案中，巴拿马 Tramex 公司与格鲁吉亚国有石油公司 SakNavtobi 签订了一份合资协议，组建一个合资公司（GTI Ltd），合同约定双方各持有 50% 的股份。在格鲁吉亚能源工业重组过程中，合资公司与格鲁吉亚的国有企业（Transneft）签订合同。合同规定，由 GTI 合资公司为 Transneft 建设石油管道，并享有管道的占有和使用特许权，期限为 30 年，同时，合同还规定该项投资不被征收或国有化。此合同经格鲁吉亚燃料和能源部依照格鲁吉亚法律批准。后来，由于格鲁吉亚政府将上述特许权利授予阿塞拜疆国际经营公司和格鲁吉亚国有公司组建的格鲁吉亚国际石油公司。由此，GTI Ltd 与格鲁吉亚政府在投资赔偿问题上产生争端。申请人 Ioannis Kardassopoulos 是希腊公民，拥有 Tramex50% 的股份，根据合资协议的规定，Tramex 在合资公司占有 50% 的股份，这样，申请人就间接持有合资公司 25% 的股份。申请人认为格鲁吉亚侵犯了其投资利益，依据 ECT 和希腊与格鲁吉亚的 BIT 向 ICSID 提出仲裁申请。被申请人认为，申请人在格鲁吉亚没有投资利益，不能作为申请方提请国际仲裁。

仲裁庭在该案中首先根据 ICSID 关于投资的 Salini 标准，对投资问题作了探讨，认为 GTI 的经济活动就存续时间而言，符合仲裁庭承认的最低标准。该合资合同最初设定持续 25 年，特许权 30 年。GTI 的经济活动实质上也持续了 3 年。申请人的投资能够促进格鲁吉亚经济的发展。而且投资者也会因为政治和经济环境的改变承担一定的风险。② 因此，仲裁庭认为，申请人通过 GTI 所进行的

---

① 到目前为止，依据 ECT 提起的 30 起案件中，提交 ICSID 解决的案件占了大多数，达到了 18 件，其中 4 件案件双方达成和解，作出最终裁决的 7 件，正在审理中的有 7 件。

② Ioannis Kardassopoulos v. Geogia, ICSID Case No. ARB/05/18, Decision on Jurisdiction, July 6, 2007, para. 117.

经济活动构成ICSID下的投资。

接下来仲裁庭根据ECT中“投资”的概念进行分析，根据ECT第1条第6款，ECT的投资是指投资者直接或间接控制的资产。投资者对股份的间接持有显然构成ECT下的投资。因此申请人在Tramex的股份和在GTI拥有的间接利息都属于ECT下的投资①，应当受到ECT的保护。针对被申请人提出国有企业超出其权限授予的特许权不是ECT中的投资，仲裁庭从两个方面对此进行分析，首先，如果仔细研究ECT，就会发现，即使根据格鲁吉亚法律，该特许权自始无效，但这并不表明该项特许权在国际法上也无效。而且导致该特许权无效的原因在于格鲁吉亚的国有公司，而不是投资者。其次，该国有企业向投资者表明该特许协议有效，投资者对此有合理的信赖。根据《国家的对国际不法行为责任条款草案》的有关国际习惯法原则，国有企业超出其权限的行为归因于格鲁吉亚，因此，格鲁吉亚不应否认该特许权的效力。据此，仲裁庭认为无论是根据ICSID中的Salini标准还是ECT中投资的定义，申请人所作出的都是有效的投资。

根据对该案的分析可见，ICSID在审理ECT案件时，采用的是双重标准，即既要符合ECT中关于投资的概念，又要符合ICSID从实践中发展而来的Salini标准。而ECT规定的投资的概念非常宽泛，要符合ECT下的投资一般不成问题，此时是否符合Salini标准成为ICSID仲裁是否构成合格的投资的关键。

三、SCC仲裁与ECT：对投资扩大化的解释

（一）国际商事仲裁中的投资

国际商事仲裁是用来解决平等主体之间的商事争端的一种方式。在国际商事仲裁中，仲裁庭的管辖权完全来自于当事方主观同意，当事人的同意是商事仲裁的基本要件。ICSID仲裁都是由投资者提起，而国际商事仲裁的争端解决可以由双方当事人中任

① Ioannis Kardassopoulos v. Geogia, ICSID Case No. ARB/05/18, Decision on Jurisdiction, July 6, 2007, para. 124.

意一方提起。仲裁协议是商事仲裁得以开始和进行的基础，仲裁协议可以是主合同中的仲裁条款，也可以是专门的仲裁协议书，还可以见于其他的书面协议中。但是当双方当事人是投资者和国家时，当事方的主观同意则体现在可适用的双边投资协议和多边投资条约中。双边或多边投资条约并不是投资者与东道国之间的合同。在双边或多边投资协议中，缔约国代表的是本国投资者的利益，将有关权利转移给投资者，代表投资者同意将有关投资争端提交国际商事仲裁。

在国际商事仲裁中，如国际商会（International Chamber of Commerce，ICC）仲裁院、斯德哥尔摩商会（SCC）仲裁院以及UNCITRAL仲裁等，这类仲裁基于其商事仲裁的性质，其投资的概念相比ICSID的投资概念而言要宽泛得多，它可以包括任何商事或合同方面的权利。① 但国际商事仲裁却往往还受到仲裁地的国内法的制约。因此，在国际商事仲裁中，仲裁地的选择非常重要。因为仲裁地的国内法院可以审查仲裁裁决，甚至会因为该投资不符合有关投资定义而认为仲裁庭没有管辖权，最终导致该裁决被撤销。② 而ICSID的裁决是终局性的。它只能通过ICSID的内部程序进行审议或撤销。

（二）SCC仲裁与ECT：Petrobart诉吉尔吉斯斯坦案

到目前为止，SCC仲裁院已经受理了7起依照ECT提起的案件，其中在Petrobart诉吉尔吉斯斯坦案中，SCC仲裁庭对投资进行了扩大化的解释。

申请人是英国海外属地直布罗陀的公司，1998年投资者Petrobart与吉尔吉斯斯坦的国有公司KGM签订了一个合同。合同约定，Petrobart在一年内每月向KGM销售气体凝析油。KGM每次

---

① See Anna Turinov, "*Investment*" *and* "*Investor*" *in Energy Charter Treaty Arbitration*: *Uncertain Jurisdiction*, *Journal of International Arbitration*, Vol. 26, No. 1, 2009, p. 9.

② See Thomas Roe, Mattew Happold, *Settlement of Investment Disputes under the Energy Charter Treaty*, Cambridge University Press, 2011, pp. 155-161.

在收到气体凝析油后支付货款。KGM 在收到前两次货物后，支付了相关款项。然而，KGM 在收到接下来三次货物后，并没有支付款项。于是，Petrobart 向吉尔吉斯斯坦的国内法院提起诉讼，拒绝后续的交货。

在 1998 年 12 月，国内法院判决 KGM 向 Petrobart 支付所欠款项及利息。KGM 拒绝执行判决，Petrobart 被国内法院授权执行 KGM 的股票和财产。Petrobart 根据法律要求执行该判决，吉尔吉斯斯坦的副总理写信给当地法院院长，要求暂缓执行该判决。结果，判决被拖延了 3 个月。在这 3 个月内，吉尔吉斯斯坦通过各种总统法令和政府条例，将 KGM 的财产转移至另外两家新成立的国有企业，以逃避债务。财产转移完毕后，KGM 宣布破产。Petrobart 在破产过程中未分得任何财产。吉尔吉斯斯坦政府的行为导致 Ptrobart 无法获得根据判决所取得的财产。①

2000 年，Petrobart 根据吉尔吉斯斯坦的外国投资法向 UNCITRAL 提起仲裁。仲裁庭认为根据吉尔吉斯斯坦的外资法，申请人并没有作出投资。仲裁庭认为："外国投资是指有形或无形的财产为了产生利润而从一国转移到另一国，至少应当涉及财产的所有者对财产的控制。该种转移不同于一国生产者或所有者向另一国的出口交易。外国投资涉及外国投资者与东道国之间的一种稳定的关系，而不是国际货物贸易。很显然，申请人与 KGM 之间的合同只是一种国际货物买卖合同。"② 据此，仲裁庭认为其没有管辖权，申请被驳回。③

申请人又根据 ECT 向 SCC 提起仲裁。关于投资者是否在吉尔吉斯斯坦作出投资又成为该案的焦点问题之一。SCC 仲裁庭认为，申请人根据合同就其货物要求支付的权利也是一项财产，符合 ECT

① 转引自 Petrobart Ltd v. Kyrgyz Republic, SCC Case No. 126/2003, Arbitral Award, March 29, 2005, p. 5.

② 转引自 Petrobart Ltd v. Kyrgyz Republic, SCC Case No. 126/2003, Arbitral Award, March 29, 2005, p. 5.

③ Petrobart Ltd v. Kyrgyz Republic, SCC Case No. 126/2003, Arbitral Award, March 29, 2005, p. 5.

投资的概念。① 仲裁庭根本没有提及 Salini 标准，它只是根据 ECT 第 1 条第 6 款中投资包括“对现金的索赔权和要求履行具有经济价值与投资相关的合同权利和投资，以及投资是指所有的与能源部门的经济活动有关的投资”的有关规定，就此认为投资者的该项合同权利是 ECT 下的投资。Petrobart 公司所销售的气体凝析油，毫无疑问是能源材料和产品。仲裁庭最后总结道：根据合同所赋予的权利，从事气体凝析油销售的经济活动是 ECT 下的投资。同时它也包括该项销售被支付的权利。仲裁庭基于此认为 Petrobart 是享有投资利益的投资者。②

吉尔吉斯斯坦后来将仲裁庭的裁决上诉至 Svea 上诉法院，理由是投资者根本没有作出有效的投资。法院听取了 Adnan Amkhan（能源宪章秘书处 2001—2004 年法律事务部的部长）专家的意见，上诉法院驳回了该上诉。上诉法院在裁定中认为：“不同的国际条约对投资有不同的含义。ECT 中的投资是一个广义的概念。根据 Adnan Amkhan 专家的意见，ECT 谈判时就有意赋予投资广泛的意义。根据该定义，Petrobart 被认为在吉尔吉斯斯坦已经作出了投资。”③

根据对 Petrobart 案关于投资的分析，可以看出，SCC 对于投资的判断完全依据 ECT 的有关定义，而 ECT 对于投资的定义非常广泛，因此，依据 ECT 提起的案件，在 SCC 仲裁时，该案件中的投资符合 ECT 中投资的概念一般不成问题。

四、ICSID 与 SCC 仲裁的优势比较

从以上对 ICSID 和 SCC 对 ECT 案件仲裁的实践可以看出，关

---

① Petrobart Ltd v. Kyrgyz Republic, SCC Case No. 126/2003, Arbitral Award, March 29, 2005. pp. 71-72.

② Petrobart Ltd v. Kyrgyz Republic, SCC Case No. 126/2003, Arbitral Award, March 29, 2005. p. 72.

③ Republic of Kyrgyzstan v. Petrobart Ltd., Case No. T5208 (2007) (Svea Court of Appeal, Division 16, Stockholm) at 5-10, Transnational Dispute Management Vol. 4, No. 5, 2007.

于投资的定义，ICSID比SCC设定了更高的门槛。但从总体上来看，这两种仲裁各有其优势。

（一）ICSID仲裁

ICSID仲裁和国际商事仲裁相比，具有以下优势：

首先，ICSID的裁决具有终局性，包括其管辖权的决定也是终局的。与SCC或UNCITRAL仲裁不同，ICSID仲裁不受仲裁地管辖，它独立于地方法院的监督与审查。而对于国际商事仲裁，地方法院可以进行监督和审查，地方法院可能会基于投资的定义问题而认为仲裁庭没有管辖权。如在Petrobart案中，仲裁庭作出了有利于投资者的裁决，吉尔吉斯斯坦将裁决上诉至上诉法院。吉尔吉斯斯坦认为斯德哥尔摩仲裁庭对该案没有管辖权，因为争端中的商品销售合同，根本不是ECT下的投资。① 虽然上诉法院驳回申请，但它表明国内法院有撤销国际商事裁决的可能性。

其次，ICSID仲裁与商事仲裁相比，ICSID能够给予能源投资与能源投资者更好的保护。能源领域的投资争端除了违反合同义务以及东道国的国有化风险以外，还包括一些新形式的风险。如Plama案中拒绝或拖延投资活动，此外，还包括过度的税收、滥用计划或准许等。在ICSID公约下，只要投资者作出的是合格的投资，东道国就应当为该投资提供保护。

最后，ICSID对投资采取限制性解释，如它认为投资必须对ECT东道国经济的持续发展作出贡献。对于处于过渡时期的国家来说，这一点显得尤为重要。经济发展的目标是ICSID公约起草者设定的目标之一。ICSID公约的执行理事在其报告中指出，公约要争取处于经济发展中国家的参与，通过遵守公约来刺激国际私人资本流入本国。这一目标在Salini标准中得到了反映，ICSID投资的标准之一就是对东道国经济发展的贡献。

（二）SCC仲裁

UNCITRAL和SCC仲裁是国际商事仲裁，更加适合解决商事

---

① Republic of Kyrgyzstan v. Petrobart Ltd., Case No. T5208 (2007) (Svea Court of Appeal, Division 16, Stockholm), pp. 5-10, Transnational Dispute Management, Vol. 4, No. 5, 2007.

交易过程中产生的争端。在能源领域，传统的投资与商事活动日益重合的背景下，这种模式也有自身的优势。

第一，商事投资在投资方面设定的门槛较低，能够将大量的商事和合同权利纳入投资的范畴。另外，商事仲裁具有方便、保密、费用较低的优点，而且审理效率与ICSID相比要高，比较适合中小投资者。这类投资者的抗风险能力较弱，不像传统的大型跨国公司有足够的政治和经济实力来对抗东道国的经济措施，或者通过ICSID，甚至还可以通过其本国政府公开提出指控，通过ECT下国家与国家之间争端解决机制或WTO争端解决程序来解决。中等投资者，也缺乏跨国公司的影响力和小投资者的敏锐力。因此，国际商事仲裁成为中小投资者好的选择，因为它的管辖门槛较低、费用相对低廉，比ICSID更为方便。

第二，SCC对于投资采用的是ECT中的广义的概念。与ICSID不同，SCC对投资并不是采用客观标准，而是直接根据ECT中的投资的概念来分析该投资是否符合ECT。如在Petrobart案中，投资者胜诉的主要原因在于，根据ECT第1条第5款和第6款中关于投资的定义，Petrobart在吉尔吉斯斯坦确实作出了有效的投资。但是如果Petrobart是在ICSID提起仲裁，根据ICSID的客观标准，ICSID仲裁庭可能会认为Petrobart根本没有作出合格的投资，也有可能Petrobart的诉求根本就通过不了ICSID秘书处的审查程序，秘书处对该案可能根本不会予以登记。

五、结论：未来的不确定性

ECT第26条将ICSID和国际商事仲裁这两种不同类型的仲裁提供给投资者选择。但ICSID仲裁和国际商事仲裁对于同一投资却不一定都给予保护。总体而言，ICSID仲裁对投资设定了较高的门槛，而国际商事仲裁庭，对于投资则采取广义的解释，使得更多的投资活动纳入ECT的管辖之下。根据以上的分析，到底哪一种仲裁更好，并没有一个明确的答案，因为两种仲裁各有千秋。这主要是因为ICSID仲裁与国际商事仲裁的性质有所不同。ICSID仲裁主要是为了解决国家和投资者之间的投资争端而产生的，在这种投资者与国家的争端解决模式中，ECT当事方同意将仲裁提交ICSID除了要符合ECT外，还必须符合ICSID公约。然而公约起草者却没有明确界定投资，ICSID对于投资在某种程度上采取的是传统的、限制性的解释。这种形式为抵御各种新形式的风险提供保护，对于东道国也有吸引力。

然而，国际商事仲裁，则是基于私人之间自治的双方的争端而设立的。它必须建立在双方当事人的同意基础上，必须具备有效的仲裁协议，当然也可以依据ECT第26条无条件同意仲裁的承诺。这种同意仲裁直接产生于ECT所规定的宽泛的投资活动。在某种程度上，UNCITRAL和SCC仲裁，基于投资者与国家之间的同意，是油气领域自由化、私有化的一种体现。国际商事仲裁对投资的扩大化解释对于寻求合同、知识产权和其他权利保护的投资者来说，具有重要意义。这种解释与现代投资活动的发展也是一致的。

ICSID对于投资采取限制性解释与SCC、UNCITRAL采取宽泛解释时，两种仲裁之间的差异相当明显。然而现在这两种仲裁的差异越来越模糊。随着能源领域投资活动与商业活动的差别越来越小，对于ICSID仲裁庭的管辖问题的确定越来越难以预测。从Salini案开始，ICSID也开始对投资进行较为宽泛的解释，仲裁庭将Salini案中的纯商业性的建设合同也认定为投资，该裁决使得ICSID仲裁也具有了商事仲裁的性质。在目前依据ECT提起的30起案件中，绝大多数案件还是提交到ICSID审理。虽然ICSID对于投资的界定还存在不确定性，但ICSID仍然是ECT案件投资者所偏爱的机构。

第三节　ECT投资仲裁的属人管辖：合格的投资者

“属人管辖”是“属物管辖”的对称，是英美法对司法管辖的一种概念。本书借用该概念专指可以依据ECT提起投资仲裁管辖的主体范围。ECT投资仲裁的当事人一方须为ECT缔约方内的投资者，另一方则是ECT的缔约方。对于缔约方的判断，ECT第1条第2款明确规定，缔约方是指一个国家或区域性经济一体化组织，它同意受条约的约束并对其生效。因此，缔约方是指同意受公约约束，批准了该公约并且公约对其生效的国家或组织，而不是指签署国。因为有很多国家签署了条约，并没有批准条约，这些国家不能称为缔约方。① 因此，对于缔约方的判断相对于投资者的判断来说比较容易。因此，在探讨 ECT 第 26 条的属人管辖时，本节主要从投资者方面来进行分析。

一、ECT 关于投资者的概念

同其他投资条约类似，ECT 第 26 条允许外国投资者对东道国提起法律程序。第 26 条规定了投资者与东道国发生争端时的解决方式。但是争端仅限于一缔约国与另一缔约国投资者的投资争端。对于何为一缔约国的投资者，这里就涉及投资者（包括自然人和法人）的国籍问题。

ECT 第 1 条第 7 款对投资者下了如下定义：投资者是指根据缔约国可适用的法律，拥有缔约国公民权或国籍，或享有缔约国永久居留权的自然人，以及根据缔约国的法律而设立的公司或其他组织。

根据国际法的一般规则，国籍一般由各国国内法来确定。ECT 下的自然人国籍也是由各国国籍法规定的。从 ECT 关于投资者的定义来看，ECT 下投资者的范围非常广泛，它不仅包括具有 ECT 缔约国国籍的自然人，还包括一缔约国内的永久居民。根据这一标准，对于一缔约国的永久居民在其国籍国拥有投资，这一永久居民也符合 ECT 另一缔约国投资者的概念。② 这一点与 ICSID 公约有所区别，ICSID 公约所指的自然人投资者只能是缔约国的公民，认定的唯一标准是国籍，而不包括一缔约国的永久居民。

ECT 也没有将具有双重国籍的投资者排除在外。如果一双重

① 但是这其中还涉及 ECT 中的一个重要条款，即 ECT 的临时适用问题，对于这个问题涉及 ECT 的属时管辖，具体分析见下一节。

② See Dominique D'ALLAIRE, *The Nationality Rules under the Energy Charter Treaty: Practical Considerations*, *The Journal of World Investment & Trade*, Vol. 10, No. 1, 2009, p. 41.

国籍国民对东道国（其国籍所属国之一）提起仲裁，这在 ECT 下也被认为是合格的投资者。但是，ICSID 不承认同时具有东道国国籍和缔约国国籍的双重国籍的投资者。如果某一具有双重国籍的国民对其国籍所属国提起仲裁时，ICSID 也不认为他是“另一缔约国国民”，因而不是 ICSID 下合格的投资者。在这种情况下，SCC 和 UNCITRAL 仲裁是该类投资者更好的选择。①

同样，法人国籍的确定仍然由缔约国的国内法确定。ECT 对于合格的法人投资者的规定也是非常宽泛的，判断法人是否缔约国投资者的根据是以法人的成立地为标准的。对于该标准，ECT 规定了一项例外，进一步扩大了 ECT 投资者的范围。该例外规定在 ECT 第 26 条第 7 款，该款规定，除了自然人之外，在参照第 4 款提供书面同意的日期，具有争端涉及的缔约方的国籍，并在发生和缔约方的争端之前被其他缔约方的投资者所控制的投资者，应根据 ICSID 协定第 25 条第 2 款 b 项的要求②，被看做“另一缔约方的公民”，并应根据附加便利规则的第 1 条第 6 款的要求被认为是“另一国家的国民”。该款突破法人成立地的限制，允许根据东道国法律成立，但是却被另一缔约国投资者控制的法人，也能获得 ECT 的保护，同时也使其符合 ICSID 公约中的“另一缔约国的国民”的要求，从而方便投资者向 ICSID 提起仲裁。③ 但事实上，援引 ECT 的其他条款也能获得同样的法律效果。如果某一东道国的法

① See Dominique D'ALLAIRE, *The Nationality Rules under the Energy Charter Treaty: Practical Considerations*, *The Journal of World Investment & Trade*, Vol. 10, No. 1, 2009, p. 42.

② ICSID 第 25 条第 2 款 b 项对投资者进行了界定：（1）具有缔约国国籍的自然人，在双方同意将争端交付调解或仲裁之日以及根据第 28 条第 3 款或第 36 条第 3 款将请求予以登记之日，具有作为争端一方的国家以外的某一缔约国国籍的任何人。（2）具有缔约国国籍的法人，在争端双方同意将争端交付调解或仲裁之日，具有作为争端一方的国家以外的某一缔约国国籍的任何法人，以及在上述日期也具有争端当事国的缔约国国籍的法人，而该法人因受外国控制，双方同意为了本公约的目的，应看做另一缔约国国民。

③ See Philippe Pinsolle, *The Dispute Resolution Provisions of the Energy Charter Treaty*, *International Arbitration Law Review*, Vol. 10, No. 3, 2007, p. 84.

人的所有者是来自于另一缔约国的投资者（投资者间接控制的投资也是ECT下合格的投资），这种情况下，该投资者也可以依据ECT第26条提起仲裁，而不必由该法人提起。当然，第26条第7款的规定也有其实践方面的考虑，因为根据该款规定，由根据东道国法律成立的法人直接提起仲裁比单个投资者来证明其作出了投资在程序方面要简单方便得多。特别是在该法人的某些股东可能不是ECT缔约国国民时，第26条第7款无疑是更好的选择，它能使该法人的整体利益得到保护，这显然比通过合格投资者单个的提起仲裁要优越得多。① 但是，如果外国股东和该法人实体同时提起仲裁，则可能会产生平行诉讼的问题。②

二、ECT投资者的例外情况：拒绝好处条款

对于投资者国籍的确定是仲裁庭在受理ECT案件时需要考虑的问题之一。这对于仲裁庭的管辖权和ECT投资者权利的保护都很重要。但是，在某些情况下，国籍标准可能会被东道国拒绝适用。这一例外规定在ECT的第三部分第17条第1款，该款通常被称为拒绝好处条款。

第17条　“某些条件下第三部分不适用

每个缔约方有权拒绝投资者享受第三部分的利益：一个法律实体，如果第三国的公民或国民拥有或控制这个实体，并且这个实体在其成立的缔约方境内没有实质性经济活动。”

从外国投资法的历史角度来看，拒绝好处条款最初是为了排除第三国不承担条约的义务却享受条约的权利的情况。此种禁止主要针对的是“敌公司”。最初该条款被用于拒绝外交保护③，后来就

① See Dominique D'ALLAIRE, *The Nationality Rules under the Energy Charter Treaty: Practical Considerations*, *The Journal of World Investment & Trade*, Vol. 10, No. 1, 2009, p. 45.

② See Kaj Hobér, *Investment Arbitration and Energy Charter Treaty*, *Journal of International Settlement*, Vol. 1, No. 1, 2010, p. 164.

③ 如国际法院诺特鲍姆案（Nottebohm Case）要求的“实质的国籍联系”。

引入到条约里，用于保护外国投资。此后，友好通商航海条约、双边和多边投资和贸易条约均开始规定此类条款。① ECT规定拒绝好处条款有其理由：根据ECT第2条，条约的目的是在互补和互利的基础上建立能源领域长期合作的法律框架。在缔约方之间，ECT建立了权利和义务的对等性，非缔约国既不享受条约带来的利益，也不承担条约的义务（条约对第三国既无损也无益）。如果将缔约国投资者享受的利益扩及其他非缔约国投资者，而不是建立在互惠的基础上，这显然有悖于ECT互补和互利的目的。因此，ECT的拒绝好处条款强调ECT作为一个多边条约，必须注重条约下权利和义务的平衡性。如果来自ECT条约框架之外的投资者（免费乘车者）所在国家不必承担任何义务即可享受利益，这对条约的互惠来说是一种打击，在一定程度上会削弱条约的目的。Thomas Wälde教授指出，ECT的第17条第1款如果不严格执行，免费乘车的现象会得到鼓励②，同时它还会打击某些国家加入ECT的积极性。因为如果不用加入ECT即可享受ECT的利益，也不用承担任何义务，基于人类趋利避害的本性，这些国家将不考虑加入ECT。而ECT的缔约国根本无法从第三国享受到互惠。第三国对缔约国不承担任何义务，而缔约国还必须给予第三国的投资者以保护，这显然是不公平的，因为ECT保护的是在缔约国境内作出了投资的另一缔约国的投资者。

第17条的适用有两个条件，除了该法律实体的实际控制者为第三国公民这一条件外③，另一个条件是该法律实体在其成立的缔约方没有实质性商业活动。这一规定的理由在于，如果没有从事实

---

① See Loukas A. Mistelis and Crina Mihaela Baltag, *Denial of Benefits and Article* 17 *of the Energy Charter Treaty*, *Penn State Law Review*, Vol. 113, No. 4, 2009, p. 1302.

② See Thomas Wälde, *International Investment under the* 1994 *Energy Charter Treaty*, in Thomas Wälde ed., *The Energy Charter Treaty*: *An East-West Gateway for Investment and Trade*, Kluwer Law International, 1996, pp. 274-275.

③ “第三国”一般就是指非条约的缔约国。根据ECT第1条，缔约方是指一个国家或区域性经济一体化组织，它同意受ECT的约束并对其生效。

质性商业活动，对于公司成立地所在的国家而言，并没有作出经济和社会方面的贡献。这种公司经常被称为“邮箱公司”(mailbox company) 或“空壳公司”(shell company)，它显然只是一个公司假象，存在形式上的登记，有公司虚名，享受缔约国公司待遇，但实质上却没有在成立地实施实质性商业活动。何为实质性的商业活动在 ECT 中并没有界定。然而，其意义应该非常明显。商业活动意味着公司从事商业的生产或服务，除了正常的存在所必需的活动和职能外，至少它还会从事买卖活动或者签订合同。该公司应该在缔约国境内有雇员；有居住在缔约国境内的管理人员；为了商业的发展签订合同，向缔约国国库缴纳税收等。“实质性商业活动”还意味着并不是简单从事一些商业活动。对于仅仅在缔约国境内从事次要的活动，而将主要的商业活动放在非缔约国的公司也不符合享受好处的要求。AMTO 诉乌克兰案中，仲裁庭对“实质性”的解释是，它指的是实质，而不是形式，它并不意味着商业活动的规模，而在于是否有实质性的商业活动。①

三、拒绝好处条款的案例考察

在 ECT 目前仲裁的 30 个案例中，就已经作出裁决的案例来看，有以下几个案件涉及第 17 条的运用：Plama 诉保加利亚案、Petrobart 诉吉尔吉斯斯坦案、尤科斯案。其中 Plama 诉保加利亚案中，仲裁庭在对该案的管辖权裁定中对 ECT 第 17 条第 1 款在实践中的运用进行了详细的分析。② 在该案中，申请人 Plama 是一家在塞浦路斯成立的公司，申请人声称保加利亚的立法机关、司法机关和其他公共机构的干预，造成了其在保加利亚的投资失败，并于 2002 年 12 月 24 日向 ICSID 提出仲裁申请。被申请人在仲裁过程中提出，Plama 公司只是一个在塞浦路斯成立的空壳公司，在塞浦路

① Limited Liability Company AMTO v. Ukraine, SCC (Arbitration No. 080/2005), March 26, 2008, para. 69.

② Plama 案中，仲裁庭于 2005 年先就案件管辖权作出了裁定，2008 年就该案作出了裁决。

斯根本没有实质性的商业活动，因此，根据 ECT 第 17 条，保加利亚有权拒绝给予 Plama 公司 ECT 下第三部分的好处，而且 ECT 第 17 条允许每个缔约国随时并且以任何方式行使该项权利。① 申请人承认它确实在塞浦路斯没有从事实质性的商业活动。② 仲裁庭对第 17 条第 1 款中的“第三国”和“实质性商业活动”这两个标准没有讨论③，主要是对第 17 条第 1 款是否适用于该案件进行了分析。

对于 ECT 第 17 条的适用，结合 Plama 案例，主要有以下几点需要考虑：

（一）管辖权还是依据（jurisdiction or admissibility）

关于 Plama 案中提出的第一个问题就是“拒绝好处”条款究竟是争端的管辖权问题还是争端的依据（实体性）问题。管辖权关系到仲裁庭是否有权对该案仲裁，而依据问题则是指该诉求是否能够得到仲裁庭的支持。④ Paulsson 对管辖和依据的区别的总结是：“抗辩方的目标是仲裁庭（管辖）还是具体的诉求（依据）。”⑤ 对于这两者的区分非常重要，因为如果它是管辖权的问题，那么它可能还会被撤销，如果它是有管辖权的仲裁庭作出的实

---

① Plama Consortium Limited v. Bulgaria, ICSID Case No. ARB/03/24, Decision on Jurisdiction, February 8, 2005, para. 144.

② Plama Consortium Limited v. Bulgaria, ICSID Case No. ARB/03/24, Award, August 27, 2008, para. 81.

③ 后来在 Plama 案件的裁决中，仲裁庭指出 Plama 公司事实上由一个法国国民拥有，法国是 ECT 的缔约国，而不是第三国，被申请人不能援引第 17 条的拒绝好处条款。See Plama Consortium Limited v. Bulgaria, ICSID Case No. ARB/03/24, Award, August 27, 2008, para. 95.

④ See Thomas Roe, Matthew Happold, *Settlement of Investment Disputes under the Energy Charter Treaty*, Cambridge University Press, 2011, pp. 39-40.

⑤ See J. Paulsson, *Jurisdiction and Admissibility*, in Liber Amicorum in Honour of Roert Briner, *Global Reflections on International Law, Commerce and Dispute Resolution*, ICC Publishing, 2005. Cited from Thomas Roe and Mattew Happold, *Settlement of Investment Disputes under the Energy Charter Treaty*, Cambridge University Press, 2011, p. 39.

质问题的裁决，那么该裁决将是终局的。第 17 条第 1 款似乎兼具这两个特征。①

一种观点认为，拒绝好处条款应该是实质性问题，而不是管辖权问题。如果东道国拒绝对投资者适用 ECT 的所有好处，那么根本不存在违反 ECT 第三部分义务的情况，投资者也不能依据 ECT 的第三部分提起仲裁了。在 Plama 案中，仲裁庭也持这种观点，认为如果将第 17 条第 1 款看成管辖权问题，这等于是使东道国成为“自己案件的法官”，这显然是不公平的。② 第 17 条第 1 款并不能排除第 26 条的适用，第 17 条位于 ECT 的第三部分，根据条约的上下文解释，第 17 条“某些情况下拒绝适用第三部分”，显然第 17 条只适用于拒绝第三部分的权利。在 Yukos 案中，仲裁庭得出相同的结论，也明确指出第 17 条不是管辖权问题而是实质性的问题。③

但另一种观点认为第 17 条是 ECT 国籍原则的例外。④ 在 Petrobart 案中，仲裁庭没有明确指出第 17 条是管辖权问题，但从仲裁庭对第 17 条第 1 款的分析可以看出仲裁庭将第 17 条看成是管辖权问题，正如 Kaj Hobér 所分析的：“仲裁庭援引《斯德哥尔摩仲裁规则》第 10 条第 2 款关于管辖权异议提出的时间，暗示仲裁庭认为第 17 条是管辖权问题。”⑤ 由于第 26 条的仲裁机制解决的是由违反第三部分关于投资保护的实体性权利所适用的程序，如果

---

① See Stephen Jagusch, Anthony Sinclair, *Denial of Advantages under Article 17 (1)*, in Graham Coop, Clarisse Ribeiro ed., *Investment Protection and Energy Charter Treaty*, JurisNet, LLC, 2008, p. 43.

② Plama Consortium Limited v. Bulgaria, ICSID Case No. ARB/03/24, Decision on Jurisdiction, February 8, 2005, para. 149.

③ Yukos Universal Ltd. v. Russia Federation (PCA Case No. AA227), Interim Award on Jurisdiction and Admmissiblity, para. 441.

④ See David Herlihy, Bruce Macaulay, *Strategic Choices under the ECT*, *Global Arbitration Review*, Vol. 2, No. 2, 2007, p. 12.

⑤ See Kaj Hobér, *Investment Arbitration and Energy Charter Treaty*, *Journal of International Settlement*, Vol. 1, No. 1, 2010, p. 178.

根据第 17 条，第三部分的好处被拒绝了，仲裁已经变得没有意义了。①

关于第 17 条是管辖权问题还是依据问题目前还存在争论。但是，仲裁庭采取哪一种观点并不是最重要的，因为无论它是管辖问题还是依据问题，最终结果都是拒绝审理申请人的诉讼请求。但是如果该案件被提交到 ICSID 临时委员会或者一国的法院时，该问题将变得非常重要。因为只有该问题被识别为管辖问题，该临时委员会或法院才有权予以审议。②

（二）拒绝好处权利的行使

ECT 并没有规定第 17 条第 1 款赋予缔约国的权利应当如何行使的问题，该权利是否必须行使才能产生效力还是能自动产生效力呢？第 17 条只是规定缔约国"保留拒绝的权利"(reserves the right to deny)。Plama 案件的仲裁庭据此认为权利的存在与权利的行使存在区别，第 17 条第 1 款的权利必须行使才能发挥效力。③ Yukos 案中，仲裁庭也认为，该项权利必须行使。④ 关于如何行使该项权利，仲裁庭认为：权利的行使必须以投资者所知晓的、公开的或其他通知的方式进行，如缔约方官方的公报、缔约方有关的法律条款或者与投资者的信件来往等。⑤

仲裁庭关于该问题的解释符合可预见性原则以及对合理的法律期待的尊重，但是，对于东道国来说实践起来却存在困难。仲裁庭的该解释意味着东道国必须对投资者的情况非常清楚，如所有权、

---

① See Philippe Pinsolle, *The Dispute Resolution Provisions of the Energy Charter Treaty*, *International Arbitration Law Review*, Vol. 10, No. 3, 2007, p. 86.

② See Thomas Roe, Matthew Happold, *Settlement of Investment Disputes under the Energy Charter Treaty*, Cambridge University Press, 2011, pp. 82-83.

③ Plama Consortium Limited v. Bulgaria, ICSID Case No. ARB/03/24, Decision on Jurisdiction, February 8, 2005, paras. 155, 157.

④ Yukos Universal Ltd. v. Russia Federation PCA Case No. AA227, Interim Award on Jurisdiction and Admmissiblity, November 13, 2009, para. 455.

⑤ Plama Consortium Limited v. Bulgaria, ICSID Case No. ARB/03/24), Decision on Jurisdiction, February 8, 2005, para. 157.

国籍、控制问题等，这对东道国来说是一项很大的负担。① 缔约国如果对其境内无论大小投资者都必须尽到应有的谨慎，以决定每个投资者是否应当给予或拒绝第三部分的好处，并且还需要不断更新，这对东道国来说几乎是不可能完成的任务。② 在很多情况下，投资者的有关所有权和控制权，包括其海外的体系，往往只有投资者自己清楚，而且这些情况经常会发生变化，对于东道国来说，了解投资者是否在其法人成立地从事了实质性的商业活动，是否为第三国的国民所控制和拥有，几乎是不可能的。往往有关的信息只有等到仲裁程序中，涉及第 17 条的有关问题时，经过调查后才能得知。

关于该问题，也有人认为，东道国不必掌握境内所有投资活动。如果东道国意欲拒绝被第三国控制且在其成立地国（缔约国）没有实质性商业活动的法人享有第三部分的权利，东道国可以通过颁布法律来规定一般的拒绝好处条款。这就已经满足了事先通知的条件。该部法律甚至还可以规定在某些情况下需要享受第三部分的好处，必须符合一定条件或者经过行政程序。这就使得东道国不需要监测所有的投资情况，而以灵活的方式运用了该项条款。③

（三）溯及效力还是预期效力（retrospective or prospective effect）

在分析了拒绝好处权利的行使方式后，Plama 案中仲裁庭指出，基于 ECT 的目的，第 17 条的权利的行使只具有预期效力，而

① See James Chalker, *Making the Energy Charter Treaty too Investor Friendly: Plama Consortium Limited v. Republic of Bulgaria*, Transnational Dispute Management, Vol. 3, No. 5, 2006. http://www.transnational-dispute-management.com/article.asp?key=874，最后访问日期 2012 年 4 月 20 日。

② See Graham Coop, Clarisse Ribeiro ed., *Investment Protection and the Energy Charter Treaty*, JuriNet, LLC, 2008, p. 41.

③ See Holger Essig, *Balancing Investor's Interests and State Sovereignty: The ICSID-Decision on Jurisdiction Plama Consortium Ltd. v. Republic of Bulgaria*, *Oil, Gas & Energy Law Intelligence*, Vol. 5, No. 2, 2007.

不具有溯及力。① 在Yukos案中，仲裁庭也得出相同的结论。②

除非东道国根据第17条行使该项权利，投资者享有第三部分的好处。投资者在东道国行使该权利前都对第三部分的利益享有合理的期待。因此，投资者在东道国作出投资前对东道国是否行使该项权利应当收到合理的通知。在这一阶段，投资者可以计划该项投资，甚至可以决定是否在该国进行投资。但是一旦投资作出，"人质效应"就产生了，投资者的选择就相应受到了限制。投资者对东道国行使第17条的权利就显得非常"脆弱"。③ 根据ECT第2条，ECT的目的是"为促进能源领域的长期合作而创建的一个法律框架"。如果第17条具有溯及力，这显然与ECT的"长期"性的目的不符。④

仲裁庭认为拒绝好处权利的行使具有溯及力与对投资者保护的稳定和透明的条件不符。但是James Chalk认为，该权利的行使具有溯及力。他认为具有缔约国国籍但是却被第三国控制的法律实体给东道国提供了误导性的信息，这些实体不具有采用国际争端解决方式的权利，因为这些实体不应当受到其国籍国的保护，不应享受其国籍国和东道国之间协议带来的利益。该观点的根据也是基于ECT目的中的"在互补和互利的基础上"，但是它只是解释了拒绝好处条款为何存在，不能就此推断该项权利具有溯及力。因为互利并不是ECT的唯一目的，ECT对投资的促进和保护的目的要求第17条的行使还必须符合确定性、稳定性和透明度的要求。第17条的存在并不能破坏投资者合理的期待。只有这种解释能更好平衡投

① Plama Consortium Limited v. Bulgaria, (ICSID Case No. ARB/03/24), Decision on Jurisdiction, February 8, 2005, para. 159.

② Yukos Universal Ltd. v. Russia Federation (PCA Case No. AA227), Interim Award on Jurisdiction and Admmissiblity, November 13, 2009, para. 458.

③ See Loukas A. Mistelis and Crina Mihaela Baltag, *Denial of Benefits and Article* 17 *of the Energy Charter Treaty*, *Penn State Law Review*, Vol. 113, No. 4, 2009, pp. 1320-1321.

④ Plama Consortium Limited v. Bulgaria, ICSID Case No. ARB/03/24, Decision on Jurisdiction, February 8, 2005, para. 161.

资者权利和东道国主权之间的关系。①

综上，ECT 第 26 条的属人条件之一就是必须要有合格的投资者。ECT 第 1 条第 7 款对合格的投资者作出了定义，其中国籍是判断是否为 ECT 合格的投资者的重要标准之一。投资者拥有缔约国国籍是投资者享受 ECT 投资保护的重要条件。但是，在某些情况下，投资者拥有缔约国国籍，却可能不能享受 ECT 的投资保护，这个例外就是 ECT 第 17 条的拒绝好处条款。该条款被看成防止“免费乘车者”的工具，同时也是为了维护条约的互惠性。在依据 ECT 提起的案例中，Plama 案对该条款在实践中的适用作出了详细的解释。其中关于 ECT 第 17 条到底是管辖问题还是依据问题，该项权利的行使问题，以及该项权利的行使的效力问题是该问题的争论点。未来 ECT 仲裁对于该条款的解释是否还采取相似的态度还有待实践。

第四节　ECT 投资仲裁的属时管辖：临时适用

属时效力条款大多规定在条约的最后条款中，包括生效日期、有效期、条约的延展以及条约生效前的有关适用等问题。ECT 在其最后条款中规定了临时适用条款，这成为 ECT 的又一重要特点。在 ECT 过去十年的仲裁实践中，关于 ECT 的临时适用条款至少在 5 个案件中成为案件的争议点②，特别是 Yukos 案，更是让该条款成为了关注的焦点。在该案中，俄罗斯签署了 ECT，但迄今为止并

① See Holger Essig, *Balancing Investor's Interests and State Sovereignty: the ICSID-Decision on Jurisdiction Plama Consortium Ltd. v. Republic of Bulgaria*, *Oil, Gas & Energy Law Intelligence*, Vol. 5, No. 2, 2007.

② 这 5 个案件分别是 Petrobart 诉吉尔吉斯斯坦、Ioannis Kardassopoulos 诉格鲁吉亚、Yukos Universal 诉俄罗斯、Veteran Petroleum Trust 诉俄罗斯、Hulley Enterprises Ltd 诉俄罗斯。后三个案件中的申请人 Yukos Universal Ltd、Hulley Enterprises Ltd 和 Veteran Petroleum Ltd 是尤科斯公司的三个主要股东，拥有尤科斯超过 60% 的股权。这三个案件由仲裁庭合并审理，在本书中被合称为 Yukos 案（尤科斯案）。

没有批准ECT，但是俄罗斯却成为了依据ECT提起的案件中的被申请人。一般来说，根据习惯国际法，一国对于其未批准的条约是不承担法律义务的。为何俄罗斯会成为依据ECT提起的案件的当事国呢？仲裁庭对该案是否具有管辖权呢？要回答这些问题，都必须从条约的临时适用说起。

一、条约的临时适用

条约的临时适用（provisional application），也称条约的暂时适用①，是指条约生效前的适用。② 它一般针对的是需要经过批准的条约，这些条约被临时适用可能是因为所涉及问题的紧迫性，在得到谈判国批准前需要立即实施③；也可能是为了预防前后条约制度之间出现法律差异而带来适用上的困难而采取临时适用的措施，在条约生效前先行适用条约的规定④；还可能是为了避开阻碍条约生

---

① 李浩培先生的《条约法概论》将条约的临时适用称为条约的暂时适用，英文为provisional application。临时适用与暂时适用只是翻译上的区别而已。国际法委员会提交的《条约法公约》最后条文草案中使用了暂时生效（entered into force provisionally）这一措辞，许多国家认为这一措辞从逻辑上看很不严谨，因为这相当于使条约两次生效，最后就将该措辞改为条约的临时适用或暂时适用。

② 参见王铁崖主编：《中华法学大辞典》（国际法学卷），中国检察出版社2003年版，第547页。

③ 如1986年国际原子能机构（International Atomic Energy Agency）通过的两个公约《及早通报核事故公约》和《核事故或辐射紧急情况援助公约》均规定了暂时适用条款。这两个公约主要是对1986年4月发生在前苏联切尔诺贝利核电站的核事故的反应，需要各国紧急适用，避免灾难的再次发生。See Rene Lefeber, *The Provisional Application of Treaties*, in Jam Klabbers, Rene Lefeber ed., *Essays on the Law of Treaties: A Collection of Essays in Honour of Bert Vierdag*, Martinus Nijhoff Publishers, 1998, p. 83.

④ 如1994年《国际热带木材协定》也有专门的临时适用条款，目的是使该协定在生效前就取代1983年《国际热带木材协定》，防止出现法律冲突。参见朱文奇、李强：《国际条约法》，中国人民大学出版社2008年版，第159页。

效的各种政治上或其他方面的因素等。① 条约的临时适用在国际实践中的运用并不罕见，其中最为经典的就是 1947 年的《关税与贸易总协定》，临时适用长达 47 年之久。

多边条约的缔结一般要经历三个步骤：签署、批准和生效。条约的签署是表示缔约国同意受条约的约束，但并非所有签署都具有同意承受条约约束的效果。有时签署只表示初步同意缔结该条约，但还需要批准才表示接受条约的约束。② 批准是缔约国的权力机关根据其国内法对其全权代表所签署的条约的认可，表示同意受条约所载之义务约束的行为。条约的生效则是指一项条约正式发生法律上的效力，从而开始对当事国产生法律拘束力。条约何时生效取决于条约的规定，对于多边条约，通常是自一定数目的国家交存批准书或加入书之日起或之后某个特定日期生效。如 ECT 第 44 条第 1 款规定，本条约在保管处收到第 30 份缔约方递交的批准书之后的第 90 天生效。因此，对于需要批准的条约，特别是那些需要交存数量很多的批准书或加入书后才能生效的条约③，签署和生效的间隔时间往往很长。谈判国为了避开漫长而政治风险大的批准程序，将条约的全部或部分在条约正式生效以前适用，根据条约的目的和内容，在条约中规定临时适用条款。在某些情况下，拖延适用条约会导致国际社会的损失，对每个条约关系国可能产生不利的影响。

---

① 鉴于两次世界大战给世界经济造成的诸多困难，《关税与贸易总协定》的大多数国家都希望尽快排除战争时期产生的贸易障碍，尽快实施关税减让。谈判方为了避开各种政治因素的影响，尽快使《关税与贸易总协定》生效，将《关税与贸易总协定》内原先包含的作为临时文件的程序剥离出来，单独写成《临时适用议定书》。后来《关税与贸易总协定》未经签署，但对《临时适用议定书》的签署代替了对总协定的签署，这在多边条约的缔结程序中很为罕见。参见李浩培：《条约法概论》，法律出版社 2006 年版，第 216 ~ 217 页。

② 参见梁西主编：《国际法》，武汉大学出版社 2003 年版，第 291 页。

③ 如 1984 年《修订芝加哥公约议定书》需要交存 102 份批准书或加入书，由于不可能在短期内达到条约生效的条件，而条约或条约中的部分规定需要尽早执行，因此需要暂时适用。参见白桂梅：《国际法》，北京大学出版社 2006 年版，第 175 页。

为了符合缔约的宗旨和迅速开始实施条约，在最低限度内抑制这种损失与不利所想出的一种办法就是临时适用。①

临时适用条款使形式上尚未生效的条约开始发挥实质上的作用。1969 年《维也纳条约法公约》(*Vienna Convention on the Law of Treaties*，VCLT）第 25 条为这一制度提供了习惯国际法依据。第 25 条第 1 款规定：条约或条约之一部分于条约生效前在下列情形下暂时适用：（一）条约本身如此规定；或（二）谈判国以其他方式如此办理。但是第 25 条对于"临时适用"的法律效力没有作出专门说明，对于它的有效期限也没有作出硬性规定，而是将这些问题都留给缔约国自己来约定。临时适用体现了国家的缔约自由和意思自治，由此而产生的效果是完全合法的。国际法委员会就曾断言："毫无疑问，这类条款具有法律效力并使得条约临时生效。"②

1969 年《维也纳条约法公约》对于开始临时适用的日期也没有作出规定，原则上它可以是通过或签署条约的日期，也可以是谈判国另外约定的日期，对于那些在此日期前决定不欲成为条约当事国的国家例外。1969 年《维也纳条约法公约》第 25 条第 2 款规定了条约何时终止临时适用："除条约另有规定或谈判国另有协议外，条约或条约一部分对一国临时适用，于该国将其不欲成为条约当事国之意思通知已临时适用条约之其他各国时终止。"对条约本身终止临时适用一般依照条约的规定或谈判国的约定，通常是条约生效之日。但是条约的生效并不使条约的临时适用必然终止，许多条约在生效后依然可以临时适用，如俄罗斯在 ECT 生效后，并没有批准 ECT，仍然在临时适用该条约。

二、ECT 临时适用的文本分析：ECT 第 45 条

ECT 的目的是"在互补和互利的基础上，为促进能源领域的

---

① 参见[日]寺泽一、山本草二主编：《国际法基础》，朱奇武等译，中国人民大学出版社 1983 年版，第 72 页。

② *Report of International Law Commission to the General Assembly*，Vol. II，1966，p. 210. 转引自朱文奇、李强：《国际条约法》，中国人民大学出版社 2008 年版，第 161 页。

长期合作而创建一个法律框架"（ECT 第 2 条），"尽快履行和拓宽彼此之间的合作，将宪章中的承诺置于安全和具有约束力的国际法律基础之上"（ECT 前言）。为了尽快开展各国间的能源合作，各国觉得有必要使 ECT 得到尽早实施，于是在 ECT 第 45 条专门规定了"临时适用"。① ECT 的临时适用是保障 ECT 尽快得到适用的最好的方法之一，这与 ECT 的目的是一致的。

（一）第 45 条第 1 款：原则

由于条约的临时适用规避了国内的批准程序，因此很多条约都规定临时适用不得与国内法相抵触，以避免条约与国内法之间冲突的产生。ECT 第 45 条第 1 款规定，各缔约国同意在条约对该国生效前临时适用条约，但以不与本国宪法、法律以及规章制度相违背为前提。这一条款是 ECT 临时适用的原则，也被称为"国内法限制条款"。

对于该"国内法限制条款"，有学者认为，它违背了习惯国际法的一般规定。② 因为根据《维也纳条约法公约》第 27 条，一当事国不得援引其国内法规定为理由而不履行条约。但事实上，该款的规定并不是指当事国可以以国内法为由而不遵守条约义务，只是表明当临时适用与该签约国的国内法相违背时，该国可以不临时适用该条约。③ 从这一点来看，该条款与《维也纳条约法公约》第 27 条并不矛盾。但是，ECT 第 45 条第 1 款中的"国内法"的范围应当限定在条约签署之时现存的、生效的国内法，否则，签约国可能在条约签署之时同意接受临时适用，而嗣后却以临时适用与新制

---

① ECT 第 45 条共 7 款，与本书内容相关的主要是前面的第 1、2、3 款，后面的第 4～7 款主要是关于机构和行政事务方面的规定，与本书的内容联系不大，故在此不作讨论。

② See Mattew Belz, *Provisional Application of the Energy Charter Treaty: Kardassopoulos v. Georgia and Improving Provisional Application in Multilateral Treaties*, *Emory International Law Review*, Vol. 22, No. 2, 2008, pp. 748-749.

③ See Tarcisio Gazzini, *Provisional Application of the Energy Charter Treaty: A Short Analysis of Article 45*, *Transnational Dispute Management*, Vol. 7, No. 1, 2010.

定或修改的国内法不符为由，声称不能临时适用条约。这种做法显然违背了习惯国际法。①

（二）第45条第2款：声明

ECT第45条第2款a项规定，虽然有第1款的规定，任何一个签约方仍可以在其签署条约时向保管处声明不能接受临时适用条约，则第1款所涉之义务对该声明方不适用，任何作出声明的签约方也可以在任何时候书面通知保管处撤销其声明。② 签约国在作出此项声明时并不要求说明原因。签约国排除临时适用可能出于与国内法不相符的原因，也有可能出于其他的原因。

第2款b项规定，如果一缔约方根据a项作出声明，那么该缔约方及其投资者都不能享受临时适用带来的利益。这是排除临时适用后正常的、符合逻辑的结果。如果该声明被撤销，则该国仍然可以临时适用ECT。第2款c项规定，虽然签约方根据a项作出了不接受临时适用的声明，但在条约生效前，在不与该方法律和规章制度相违背的前提下，条约的第七部分（组织机构）仍然应当临时适用。也就是说，根据b项，一签约方作出不适用临时适用的声明后，不享有临时适用带来的利益，但是在不违背国内法的前提下，签约国仍然可以享受第七部分的利益，如参加能源宪章大会等。虽然第2款b项和c项的规定并不矛盾，但是如果在b项中加入“在不违背c款的情况下”(without prejudice to subparagraph c)，或者在c项中加入“尽管有b项的规定”(notwithstanding subparagraph b)，第2款b项和c项的关系会更加明确些。③

---

① See Tarcisio Gazzini, *Provisional Application of the Energy Charter Treaty: A Short Analysis of Article 45*, *Transnational Dispute Management*, Vol. 7, No. 1, 2010.

② 目前澳大利亚、保加利亚、塞浦路斯、匈牙利、冰岛、日本、列支敦士登、马耳他、挪威、波兰、瑞士和土库曼斯坦这12个国家根据第2款的a项在签署ECT时作出了不能接受ECT的临时适用声明。

③ See Tarcisio Gazzini, *Provisional Application of the Energy Charter Treaty: A Short Analysis of Article 45*, *Transnational Dispute Management*, Vol. 7, No. 1, 2010.

（三）第45条第3款：终止

ECT的第3款a项规定，签约方可以单方面书面通知保管处终止对ECT的临时适用。临时适用终止应在保管处收到其书面通知的60天后有效。根据该项规定，俄罗斯在2009年8月20日通知ECT的保管处，它不打算批准ECT。俄罗斯对ECT的临时适用的终止在保管处收到通知的60天后即2009年10月18日生效。但是，根据b项，签约方在终止条约的临时适用后，考虑到缔约方在其临时适用条约期间对其进行的投资，条约的第三部分即投资的促进与保护以及第五部分争端的解决这两个部分的临时适用应该持续有效20年。之所以这样规定，主要是因为能源项目具有投资周期长和资本高度密集的特点，为了保证在签约国临时适用ECT期间，投资者基于对ECT保护的合理信赖而进行的投资能够得到有效的保护。根据该项规定，俄罗斯对2009年10月18日前在俄罗斯所进行的能源投资，仍然受到ECT第三部分（投资保护与促进）和第五部分（争端的解决）的法律保护，直到2029年的10月18日为止。c项通过附件PA列出了不履行b项规定的临时适用义务的缔约国名单，它包括6个国家：捷克共和国、德国、匈牙利、立陶宛、波兰和斯洛文尼亚。①

关于临时适用的终止，在Petrobart诉吉尔吉斯斯坦案中，仲裁庭对该问题进行了分析。Petrobart是依据英国的海外属地直布罗陀法律成立的公司。被申请人吉尔吉斯斯坦认为，英国政府在签署ECT时，声明将临时适用的范围扩张到英国的各自治领地和海外属地，明确指出包括直布罗陀。但是，英国政府在随后的正式批准书中列举了ECT的适用范围，没有提及直布罗陀，所以英国政府已经终止了ECT在直布罗陀的临时适用。仲裁庭结合ECT第45条第1款和第3款的规定，认为临时适用的终止只存在两种情况：一是依据第45条第3款a项的规定，缔约国作出特别声明终止，二是条约对缔约国正式生效而终止临时适用状态。仲裁庭认为，由于

① 事实上，第45条第3款c项现在已经没有任何意义了，因为附件PA中所列的6个国家已经全部批准了ECT。

政治或其他原因，英国政府如果要终止ECT对直布罗陀的临时适用，应当依据ECT第45条第3款作出声明。因此，ECT在直布罗陀仍然临时适用。

通过对第45条的文本分析，可以看出，该条款体现了两种不同需要之间的平衡。① 一方面，它为投资者利益提供了足够保护，如根据第3款b项，对签约国临时适用ECT期间进行的投资的保护，可以持续到临时适用终止后的20年。这项规定保证了投资者的投资不因临时适用的终止而突然丧失ECT的保护。但另一方面，为了争取更多国家参加ECT，保证ECT尽快实施，第45条也充分尊重签约国的意志，在"小心地"维护着签约国国家主权。它主要表现在三个方面：首先，第1款规定签约国临时适用ECT以不违背其国内法为条件。其次，签约国可以通过作出声明而排除临时适用ECT。最后，签约国可以通过通知条约保管处终止临时适用。

三、ECT临时适用的实践分析：以尤科斯案关于管辖权的临时裁决为重点

2005年2月，尤科斯石油公司②三个主要股东分别向位于海牙的国际仲裁法院递交了针对俄罗斯的仲裁申请（以下简称尤科

① See Tarcisio Gazzini, *Provisional Application of the Energy Charter Treaty: A Short Analysis of Article 45*, *Transnational Dispute Management*, Vol. 7, No. 1, 2010.

② 2003年尤科斯石油公司是俄罗斯最大的石油公司，日产原油超过100万桶。2003年10月25日，尤科斯石油公司总裁霍多尔科夫斯基因被指控犯有商业诈骗、偷漏税款以及伪造文件等多项罪名而被捕。公司另一重要股东列别杰夫也因被指控犯有巨额诈骗等罪行于同年7月被捕。原告方俄国家税务机关请求法庭追缴霍多尔科夫斯基和列别杰夫作为法人偷逃的税款。在公司拖欠税款案进入执行程序后，俄联邦财产基金会于2004年12月将该公司最大的子公司尤甘斯克公司的大部分股份公开拍卖，国营的俄罗斯石油公司成为尤甘斯克公司股份的持有者。

斯案）。该案被称为史上要求赔偿数额最大①的国际投资仲裁案，在国际社会引起了广泛的关注。三个申请人声称俄罗斯对尤科斯实施歧视性待遇，进行非法征收，致使其投资遭受巨大的损失。仲裁庭将三个案件合并进行了审理。② 另外，该案是依据《能源宪章条约》第 26 条提起，按联合国国际贸易法委员会仲裁规则（UNCITRAL）指定临时仲裁庭进行审理的。2009 年 11 月 30 日，海牙国际仲裁法院根据 ECT 的有关条款，对尤科斯案的管辖权问题作出了临时裁决③，尤科斯案关于管辖权的临时裁决对 ECT 的临时适用问题进行了详细的分析，它与 ICSID 裁决的另一个 ECT 的案件——Kardassopoulos（希腊）诉保加利亚案④关于 ECT 的临时适用的分析和结论如出一辙。⑤ 该临时裁决裁定俄罗斯虽然没有

---

① 在该案中，投资者向俄罗斯提出的赔偿数额高达 1000 亿美元，这不仅在依 ECT 提起的案件中数额是最大的，而且该案在整个国际投资仲裁史上提出的赔偿数额也是最高的。

② See Andrei Konoplyanik, *ECT and the Yukos Case*, *Petroleum Economist*, July 2005, p. 36.

③ 该案的临时裁决参见 http://www.encharter.org/index.php?id=213&L=0#Yukos，最后访问日期：2012 年 4 月 16 日。

④ 该案由希腊人 Ioannis Kardassopoulos 提起，声称保加利亚对其能源管道和设施的特许权实施征收，导致其投资遭受损失，申请人依据 ECT 和希腊与保加利亚的双边投资协定（BIT）提起仲裁。希腊与保加利亚在 1994 年 12 月 17 日签署了 ECT。申请人声称的征收行为发生在 1995 年到 1997 年期间。ECT 生效时间是 1998 年 4 月 16 日。保加利亚声称所谓的征收行为由于发生在 ECT 生效前，认为仲裁庭缺乏属时管辖权。仲裁庭于 2007 年 7 月 6 日作出管辖权决定，认为希腊与保加利亚在 ECT 生效前临时适用 ECT，因此，仲裁庭对该案具有属时管辖权。

⑤ Kardassopoulos 案是对 ECT 临时适用进行系统分析的第一例，虽然该裁决不构成先例，但它确实对尤科斯案的裁决结果有着重要的影响。在尤科斯案件的管辖权裁决还没作出之前，很多学者根据 Kadassopoulos 案推断了尤科斯案关于管辖权的裁决结果。事实上，Kadassopoulos 案与尤科斯案两个案例在临时适用的情形上具有很大的相似性，区别在于 Kadassopoulo 案发生在 ECT 生效前，而尤科斯案发生在 ECT 生效之后。两个案件的首席仲裁员都是 L. Yves Fortier，这一点也决定了两个案例在这个问题上会保持一致。相比而言，虽然 Kardassopoulos 案是关于 ECT 临时适用的第一案，但尤科斯案所产生的影响更大。

批准 ECT，但根据国际法的有关原则和 ECT 的临时适用条款，俄罗斯应当受 ECT 的法律约束，仲裁庭对尤科斯案享有管辖权。

（一）尤科斯案争论的焦点问题一：第 45 条第 1 款与第 2 款的关系

尤科斯案争论的第一个焦点问题就是第 45 条第 1 款和第 2 款 a 项两个条款的关系问题。这两个条款到底是紧密联系的，还是相互独立的呢？申请人与被申请人对这个问题作出了不同的回答。

申请人认为，第 45 条第 1 款和第 2 款 a 项是紧密联系的，第 1 款是临时适用的原则，第 2 款 a 项是第 1 款的操作程序。① 如果要援引第 1 款中的限制条款，必须以向保管处作出声明为条件，如果签约国没有依据第 2 款 a 项在签署条约时作出声明，那么它就不能援引第 1 款的限制条款。在申请人提交的专家意见中，W. Michael. Reisman 教授也认为，当签约国认为本国的宪法、法律与临时适用相违背时，它应当向保管处提交声明。② 而被申请人则持相反的意见，认为第 45 条第 1 款与第 2 款 a 项是相互独立的，签约国援引第 1 款的限制条款不以提交声明为条件。俄罗斯虽然没有就临时适用作出声明，但根据 ECT 第 45 条第 1 款，仍然可以援引国内法限制条款。③

对于这个问题，仲裁庭采纳了被申请人的意见。仲裁庭从 1969 年《维也纳条约法公约》第 31 条和第 32 条关于条约的解释规则出发，对 ECT 第 45 条按照条约用语的一般意义、条约的目的

---

① Yukos Universal Limited v. the Russian Federation, PCA Case No. AA 227, Interim Award on Jurisdiction and Admissibility, November 30, 2009, Para. 251.

② See W. Michael Reisman, *The Provisional Application of the Energy Charter Treaty*, in Graham Coop, Clarisse Ribeiro ed., *Investment Protection and the Energy Charter Treaty*, JurisNet, LLC, 2008, p. 54.

③ Yukos Universal Limited v. the Russian Federation, PCA Case No. AA 227, Interim Award on Jurisdiction and Admissibility, 30 November, 2009, Paras. 256-257.

和宗旨，作出善意解释，指出这两个条款不一定存在着联系。① 接着，仲裁庭结合具体国家的实践来进一步论证这一观点。② 最后，仲裁庭得出了结论：第 45 条第 1 款和第 2 款是相互独立的两种机制，俄罗斯在没有根据第 2 款作出声明的情况下，可以援引第 1 款的国内法限制条款。③ 仲裁庭的这个结论与 Kardassopoulos 案是一致的，裁决还引用了 Kardassopoulos 案关于这两个条款之间的关系的论述支持该结论。

"第 45 条第 1 款与第 2 款没有必然的联系。根据第 2 款所作出的声明，可能基于临时适用与国内法不符，也可能出于其他的原因，此时正式的宣告是必须的。如果因为其本国法与临时适用相违背而不接受临时适用，签约国并不需要根据第 2 款作出声明。"④

（二）尤科斯案争论的焦点问题二：临时适用是否违背俄罗斯的国内法

既然第 45 条第 1 款与第 2 款 a 项是相互独立的，俄罗斯在没有作出任何声明的情况下，可以援引国内法限制条款来排除 ECT 的临时适用。但接下来的另一个问题就是，临时适用是否违背了俄罗斯的国内法。在分析该问题前，有一个先决问题必须解决，那就是第 1 款是单指"临时适用条款"是否与国内法相符，还是"临时适用整个条约"即 ECT 的所有条款是否与国内法相符。对于这个问题，申请人认为，只需要分析临时适用条款是否与俄罗斯的国

① Yukos Universal Limited v. the Russian Federation, PCA Case No. AA 227, Interim Award on Jurisdiction and Admissibility, 30 November, 2009, Para. 264.

② Yukos Universal Limited v. the Russian Federation, PCA Case No. AA 227, Interim Award on Jurisdiction and Admissibility, 30 November, 2009, Para. 265.

③ Yukos Universal Limited v. the Russian Federation, PCA Case No. AA 227, Interim Award on Jurisdiction and Admissibility, 30 November, 2009, para. 264, 268.

④ Kardassopoulos v. Georgia, ICSID Case No. ARB/05/18, Decision on Jurisdiction, 6 July 2007, para. 228.

内法是否相一致即可，即“全有或全无式的分析”(all-or-nothing approach)。而被申请人认为，应当对ECT的每一个条款是否与俄罗斯国内法一致进行分析，即零散式的分析（piecemeal approach)。对于这一问题，仲裁庭根据第45条第1款的一般意义，根据条约的目的和宗旨进行分析，采纳了申请人的解释，认为第1款应解释为“该临时适用条款是否符合国内法”。仲裁庭认为，如果分析ECT的每一个条款与签约国国内法的内容是否相符，这与ECT的目的和宗旨将背道而驰，也不符合国际法规则。① 如果一签约国国内法承认条约的临时适用，而条约中的某一或某几个条款与其国内法规定不一致，签约国以此为由排除适用条约，这无疑是违背了条约必须遵守原则和《条约法公约》第27条，也使得临时适用失去了其原有的意义。允许俄罗斯根据其国内法与条约的每一个条款的一致性来违背临时适用的义务，将会削弱临时适用所产生的法律效力。② 条约的临时适用是一个国际公法问题，国际法与国内法不应混为一谈。如果允许国内法的内容来控制国际义务，将会给国际事务带来极大的不确定性。③

根据上述问题的结论，仲裁庭最后还必须证明临时适用条款是否与俄罗斯的国内法相违背。如果该条款违背了俄罗斯的国内法，则俄罗斯不能临时适用ECT；如果该条款并未违背俄罗斯的国内法，则申请人有权依据ECT第26条对俄罗斯提起仲裁，仲裁庭对此案有管辖权。

在分析俄罗斯国内法是否允许临时适用条约时，仲裁庭主要分

① Yukos Universal Limited v. the Russian Federation, PCA Case No. AA 227, Interim Award on Jurisdiction and Admissibility, 30 November, 2009, Para. 312.

② Yukos Universal Limited v. the Russian Federation, PCA Case No. AA 227, Interim Award on Jurisdiction and Admissibility, 30 November, 2009, Paras. 313, 314.

③ Yukos Universal Limited v. the Russian Federation, PCA Case No. AA 227, Interim Award on Jurisdiction and Admissibility, 30 November, 2009, Para. 315.

析了《俄罗斯国际条约联邦法》(*Federal Law on International Treaties of Russian Federation*) 第23条，该条专门规定了国际条约的临时适用问题。该法第23条第1款规定，“国际条约在其生效前，如果条约规定或当事国协议，可以在俄罗斯联邦临时适用”。第23条第2款又规定，临时适用的决定由签署条约的机关根据第11条的程序作出。该法第11条规定，俄罗斯总统有权代表俄罗斯谈判和签署条约。很显然，俄罗斯的国内法是承认条约的临时适用的，也就是说，临时适用的条款并不违背俄罗斯的国内法。仲裁庭还考察了俄罗斯在条约临时适用方面的实践，发现俄罗斯已经对45个条约进行了临时适用①，仲裁庭断定ECT的临时适用与俄罗斯的宪法和法律是相一致的，俄罗斯临时适用ECT的所有内容，包括ECT的争端解决条款。②

综上所述，仲裁庭得出了如下结论：

（1）ECT第45条第1款与第2款之间是相互独立的。俄罗斯可以援引第1款的限制条款，无须根据第2款作出声明。

（2）尽管俄罗斯没有作出声明，也没有事先通知其他缔约方，俄罗斯仍然可以援引第1款的限制条款来排除临时适用。

（3）第1款的限制条款只有在临时适用条款本身与签约国的宪法、法律和规章制度相违背时才能予以排除。

（4）俄罗斯联邦的宪法、法律和规章制度与ECT的临时适用不存在不相符之处。

最后，仲裁庭裁决ECT在俄罗斯的临时适用直到2009年10月19日终止。条约的第三部分和第五部分（包括第26条）对于

---

① Yukos Universal Limited v. the Russian Federation, PCA Case No. AA 227, Interim Award on Jurisdiction and Admissibility, 30 November, 2009, Para. 337.

② 根据仲裁庭对ECT第45条第1款的解释，仲裁庭不必分析ECT的其他条款是否与俄罗斯法一致，但针对俄罗斯提出的ECT的争端解决条款与俄罗斯法不一致的问题，仲裁庭也进行了论证，结果发现ECT的第26条与俄罗斯的宪法、法律和规章制度并无不符之处。对这一问题的分析，进一步支持了仲裁庭的结论。

2009年10月19日前在俄罗斯所作出的投资保护到2029年10月19日为止。

（三）尤科斯案临时裁决的影响

尤科斯案临时裁决逻辑清楚，推理周密①，对临时适用这个复杂的问题作出了清晰的解释，使ECT第45条这个“谜”一样的条款②得到了一定程度上的澄清，使ECT的临时适用制度具有了一定的确定性和可预测性。从理论上说，尤科斯案的裁决不构成先例，它只约束当事方，但在以后涉及ECT的有关临时适用的类似的案例案件，为了维护国际司法的某种一贯性③，仲裁机构必然会援引尤科斯案的判决理由和结论，从而使得该案在实践上发挥“软先例”(soft precedent）的作用。④ 尤科斯案的裁决不仅对ECT未来的裁决产生直接影响，它还会推动对国际条约法上临时适用的地位、性质等问题的研究。⑤ 临时适用虽然在国际条约实践中的应用不少，在习惯国际法上也有相关的规定（主要体现在《条约法公约》第25条上），但在司法实践中一直没有相关的司法判例，

---

① See Chiara Giorgetti, *The Yukos Interim Awards on Jurisdiction and Admissibility Confirms Provisional Application of Energy Charter Treaty*, ASIL (The American Society of International Law) Insight, Vol. 14, No. 23, August 3, 2010, see http://www.asil.org/insights100803.cfm, last visited on April, 20th, 2012.

② See Michael Polkinghorne, Laurent Gouiffes, *Provisional Application of Energy Charter Treaty: The Conundrum*, in Graham Coop ed., *Energy Dispute Resolution: Investment Protection, Transit and the Energy Charter Treaty*, JurisNet, LLC, 2011, pp. 249-282. 在该文中，作者形容ECT的临时适用条款是“神秘莫测的谜”(a riddle wrapped in a mistery inside an enigma)。

③ 如尤科斯案大量援引了Kardassopoulos案的判决理由，与Kardassopoulos案的结论也保持一致。

④ See Susan D. Franck, *The Legitimacy Crisis in Investment Treaty Arbitration: Privatizing Public International Law through Inconsisitent Decisions*, *Fordham Law Review*, Vol. 73, No. 4, 2005, pp. 1611-1612.

⑤ See Alex M. Niebruegge, *Provisonal Application of the Energy Charter Treaty: The Yukos Arbitration and the Future Place of Provisional Application in International Law*, *Chicago Journal of International Law*, Vol. 8, No. 1, p. 372.

因而也没有引起足够的关注。① 尤科斯案关于临时适用的裁决必然会引起国际法学者对该制度的研究兴趣，从而成为推动国际条约法中临时适用制度发展的动力。

四、ECT 临时适用条款的缺陷与完善

尤科斯案对于临时适用的理论和实践的发展起到了推动作用，但另一方面，尤科斯案也暴露了 ECT 的临时适用条款中存在的缺陷。ECT 的临时适用条款的缺陷具体表现在以下两个方面：

第一，ECT 第 45 条对第 1 款和第 2 款 a 项的关系规定模糊，对第 1 款的国内法限制条款的援引没有规定操作程序，对“临时适用”用语的使用也相当模糊。根据第 45 条第 1 款，投资者基于对签约国临时适用 ECT 的合理信赖作出投资后，签约国在没有任何事先的声明的情况下在与投资者发生争端后却辩称，由于临时适用与本国国内法相违背，因此本国并没有临时适用 ECT。这对于投资者来说显然是不公平的，它反而增加了投资风险，不利于保护能源投资者的利益，违背了 ECT 的目的和宗旨，也不符合习惯国际法规则。基于以上的原因，第 1 款宜作如下修改：

“各签约方同意在根据第 44 条条约生效之前临时适用本条约，但应以不与本国宪法、法律以及规章制度相违背为前提。如果该临时适用条款本身与本国法律相违背，签约国应当根据第 2 款 a 项作出声明。如果签约国没有作出声明，则该签约国不得以国内法与临时适用条款不相符为由，排除条约的临时适用。”

第二，ECT 第 45 条没有对非自愿终止临时适用问题进行规定。这一缺陷容易导致签约国失去批准 ECT 的压力和动力。② 临时适用只是在某些条件下的“暂时”适用，是为了缩短签署和生效的时间间隔而产生的，批准条约，赋予条约“永久”的法律效力才

---

① 中外国际法学者对条约的临时适用的研究并不多，在有关《国际法》和《国际条约法》的教材中，对临时适用一般只是予以简单的介绍，专门研究条约的临时适用的论文也寥寥无几。

② ECT 的签约国中，目前白俄罗斯还在继续临时适用 ECT。

是最终目的。但是ECT允许签约国无限制地临时适用ECT，而且临时适用条约的签约国与正式的缔约国的权利和义务完全一样，这显然不是国际条约适用的常态。另外，无限制的临时适用也给司法实践带来一些弊端，它增加了司法负担和成本，降低了司法效率。① 因此，ECT应当在第45条第3款增加非自愿终止临时适用的条款。具体可作出如下规定：

"如果在条约生效___年后，签约国还没有通过批准的方式表示愿意受本条约的约束，也没根据本条约第45条第3款a项自愿终止临时适用，则签约国的临时适用自动终止。"

总之，完善ECT临时适用条款有助于更好地实现ECT的目的，为国际能源合作提供更加安全、稳定的法律保障。对ECT临时适用条款的理论和实践研究，有助于更好发挥临时适用的作用，进一步推动国际条约法的发展。

第五节 ECT投资仲裁适用的法律

ECT第26条对仲裁庭在解决投资者与东道国之间因为东道国违反第三部分义务所引起的争端所适用的法律进行了规定。该款规定在第26条第6款：

"根据第4款建立的仲裁庭应当根据本条约和可应用的国际法的有关规则和原则，对争端中出现的问题作出裁决。"

ECT第26条第4款提供了三种仲裁机构供投资者选择，即ICSID仲裁、SCC仲裁以及UNCITRAL仲裁。三种仲裁机构的仲裁规则都规定，仲裁庭将依照当事人指定的法律进行仲裁。② 很明显，仲裁庭在依照第26条进行裁决时适用的法律是ECT中的相关

---

① See Mattew Belz, *Provisional Application of the Energy Charter Treaty: Kardassopoulos v. Georgia and Improving Provisional Application in Multilateral Treaties*, *Emory International Law Review*, Vol. 22, No. 2, 2008, p. 745.

② See Article 42 (1) of the ICSID Convention; Article 53 (1) of the ICSID Additional Facility; Article 22 (1) of the SCC Arbitration Rules; and Article 33 (1) of the UNCITRAL Arbitration Rules.

规则和其他有关国际法规则。由于第26条的仲裁程序解决的是违反ECT中第三部分义务所适用的程序，ECT中的第三部分的有关实体规则成为投资仲裁中适用的主要法律，也是投资者依据第26条对缔约国提起仲裁的“诉由”。

条约第三部分的相关条款主要包括两个方面：征收条款和有关投资者待遇条款，分别规定在第13条和第10条第1款、第3款。① 第13条是关于征收的条款。征收问题历来是投资保护领域中的最重要的问题之一。在目前依据ECT提起的仲裁案例中，有关征收的案例占了主要的地位。第10条第1款和第3款是有关ECT投资待遇的规定，其中第1款是绝对待遇标准②，包括一系列的待遇标准：公正与公平待遇、最稳定的安全与保护、合理或非歧视待遇、不得低于国际法最低标准保护等。③ 第3款为相对待遇标

① ECT的第三部分包括第10~17条共8个条文，第10条，促进、保护投资及其待遇；第11条，主要职员；第12条，损失赔偿；第13条，征收；第14条，相关投资的转移；第15条，权利转移；第16条，与其他条约的关系；第17条，某些条件下第三部分不适用。

② 绝对待遇标准是指在国际投资协定中出现的、有别于国民待遇和最惠国待遇标准这两个具有相对性质标准的其他一些待遇标准，一般指“公正与公平待遇”、“不得低于国际法最低标准保护”和“最稳定的安全与保护”等。国民待遇和最惠国待遇是两项具有相对性质的待遇标准，其待遇高低取决于东道国法律和对外签订的协定的内容，其本身并无明确而又具体的待遇内容。当东道国国内法给予本国投资者的待遇以及在国际协定中给予他国投资者的待遇本身就很低时，国民待遇和最惠国待遇仍不足以保护外国投资者和投资。因此在国际投资协定中设定一种具有“绝对”性质的待遇标准为外国投资者和投资提供“最低限度”的保护，是发达国家长期坚持的主张。参见黄汀：《ECT中仲裁解决投资者与国家争议的法律问题研究》，湖南师范大学2010年硕士学位论文，第39页。

③ ECT第10条除了列举几条绝对待遇标准外，还规定了“保护伞条款”。这主要体现在第10条第1款最后一句：“每个缔约方应履行与其他任何缔约方投资者所达成的协议。”“保护伞条款”是指在国际投资条约中规定，缔约一方遵守就缔约另一方投资者在其境内投资所作的协议。该条款意在把外国投资者从东道国政府那里得到的承诺置于国际投资条约的保护之下，因此被称为“保护伞条款”。ECT第10条最后一句，“每个缔约方应履行与其他任何缔约方投资者所达成的协议”就是典型的保护伞条款。

准，即国民待遇和最惠国待遇。以下对 ECT 投资仲裁所适用的实体规则主要从第 13 条的征收和第 10 条有关投资待遇方面结合 ECT 的有关实践进行分析。

一、征收条款

对于外国投资而言，征收往往是最大的风险。对于能源投资来说，也是如此。ECT 的征收规则基本上照搬了美国 BITs 和 NAFTA 的规定，对征收的认定、征收的条件和补偿问题作了规定。

（一）征收的认定

征收一般有两种：直接征收和间接征收。ECT 第 13 条第 1 款规定：缔约方的投资者在任何其他缔约方境内的投资不能被国有化、征收或受到与国有化或征收具有相同效果的措施。该款中的“国有化或征收”，指的是通常意义上的征收即直接的征收，是国家基于公共利益的需要对外国企业的全部或部分资产实行征收，收归国家所有。直接征收具有明显特征，如东道国通过颁布有关法令等方式将外国投资的全部或部分收归国有。投资者的财产受到物理性的减损，而这种转移和减损是因东道国的公权力而被迫为之。时至今日，这种直接征收对东道国的投资环境带来很大的负面影响，已经较为少见。“与国有化或征收具有相同效果的措施”，也就是通常所说的间接征收（事实上的征收、逐渐征收或本地化等），是指东道国虽然没有公开宣布征收，投资财产的所有权在法律上仍然属于外国投资者，但东道国采取阻碍外国投资者行使投资财产权的措施，致使他们的投资遭受损失，甚至在实际上归于无用。① 东道国通常采取的措施如强制国有化、强制股权转让、强制转让经营权、不适当大幅度提高税率等。间接征收具有一定的复杂性和隐蔽性，在实践中往往不容易判断。

目前，在依 ECT 提起的 30 起案件中，涉及征收的案件占了大半。对于仲裁庭来说，在处理征收案件时遇到的难题就是确定是否

① 参见曾华群：《国际投资法学》，北京大学出版社 1999 年版，第 447 页。

存在征收，也就是关于征收的认定问题。① 在 Kardassopoulos/Fuchs 诉格鲁吉亚案中，被申请人通过第 178 号法令，剥夺申请人在其石油管道和相关设施的权利和利益，构成了典型的直接征收。② 在 AES Summit Generation Limited 诉匈牙利案中，仲裁庭认为，国家的许多行为或措施可能影响到投资，对现存法律的修改是最为常见的一种。但是，不能将所有对投资产生负面影响的措施都认为是征收。直接征收发生时，投资者被剥夺其投资的全部或重要的财产，或丧失了对其资产的有效控制。③ 但是，被申请人对 2001 年的电力法案的修改以及价格法案的颁布并没有影响到申请人财产的所有权或使用权，因此，仲裁庭并不认为被申请人有征收的行为。从这两个案例可知，直接征收的认定主要看国家的行为或措施是否剥夺了投资者对其投资的全部或部分所有权和控制权。

与国有化或征收有相同效果的措施，即间接征收的认定相对而言要复杂一些，它通常表现为东道国的管理行为或违约行为间接干涉投资者的经济利益。在依照 ECT 提起的案例中，绝大多数涉及的是间接征收的认定。如 Plama 诉保加利亚案中，申请人 Plama 公司认为保加利亚政府的立法、司法机构和其他国家机构的一系列行为导致 Plama 公司的破产，从而构成了对其投资的所有经济价值的间接征收。仲裁庭援引了 Tecmed 诉墨西哥案，认为认定间接征收的决定因素有三个：一是实际上完全剥夺了投资的经济使用权和控制权；二是争议措施的不可逆性和持续性；三是投资者受到经济损失的程度。④ 仲裁庭结合这三个标准对管理措施与征收作了区分，

---

① 参见蒋新、何英：《从征收条款看〈能源宪章条约〉对能源投资的保护》，载《黑龙江对外经贸》2011 年第 2 期，第 77 页。

② Ioannis Kardassopoulos and Ron Fuchs v. Georgia, ICSID Case No. 05/18 and 07/15, March 3, 2010, para. 387.

③ AES Summit Generation Limited and AES-Tisza Erömü Kft. (UK) v. Republic of Hungary (ICSID case No. ARB/07/22), September 23, 2010, Para. 14. 3. 1.

④ Plama Consortium Limited v. Bulgaria, ICSID Case No. ARB/03/24, Award, August 27, 2008, Para. 193.

认为保加利亚的一系列措施从个体或整体上都不构成征收。从以上案例可知，仲裁庭在认定间接征收时，往往会运用在实践中发展出来的标准来进行认定，将国家的管理措施与间接征收予以区分，从而平衡国家主权与投资者的利益。

（二）征收的条件和补偿

在对征收行为进行认定后，对合法的征收与不合法的征收的区分也非常重要。ECT 第 13 条对征收的条件作出了规定：（1）为了公众的利益；（2）非歧视性的；（3）根据正当的法律程序执行；（4）快速、充分和有效地支付赔偿。只有符合这四个条件的征收才是合法的征收。在 Kardassopoulos/Fuchs 诉格鲁吉亚案中，仲裁庭对这四个标准分别进行了分析。在该案中，仲裁庭认为申请人投资的石油管道设施对该地区的政治独立和经济发展具有非常重要的意义，故可以认为对申请人的征收行为符合第一个标准即公共利益标准。关于第二个标准，格鲁吉亚政府认为自己同另外一个外国投资者合作可能会有更好的交易，这主要是基于经济利益的考虑，而不是基于歧视的目的。仲裁庭经过分析也认为该项征收符合第二个条件，即该项征收是非歧视性的。关于第三个标准，仲裁庭认为被申请人的征收行为没有根据正当的法律程序执行，因为被申请人没有给予申请人合理期限的通知，也没有通过听证来给予申请人主张其合法利益的机会，因此，该征收行为不符合第三个标准。关于第四个标准，格鲁吉亚政府根本没有作出补偿，更加不可能符合快速、充分和有效的标准了。基于以上四个标准，仲裁庭认为格鲁吉亚的征收行为是不合法的，不符合 ECT 第 13 条关于合法征收的条件。①

关于征收的赔偿问题，ECT 第 13 条规定，相应的赔偿应等于投资被征收前或投资受到即将被征收影响之前的公平的市场价值（以下用估价日期表示）。这种公平的市场价值应在投资者要求下用估价日期当日的市场兑换率以可自由兑换的货币形式支付。赔偿

① Ioannis Kardassopoulos and Ron Fuchs v. Georgia, ICSID Case No. 05/18 and 07/15, March 3, 2010, para. 408.

也应包括从征收日到赔偿日这段时间的市场上的商业利率的利息。根据国际习惯规则，合法的征收与不合法的征收的赔偿标准是不同的。对于合法的征收，赔偿的标准是快速、充分和有效的，且数额相当于被征用前或投资受到损害前的公平市场价值。而对于不合法的征收，应当尽可能清除不法行为造成的所有后果，尽可能恢复原状或恢复原状不能时支付一笔相当于恢复原状所需价值的赔偿。①因此对于不合法的征收一般允许更高的恢复性赔偿，这种赔偿既估算持续性的损失，但又不能对国家施加惩罚性的赔偿。

二、ECT的有关待遇规则

（一）绝对待遇标准

ECT的绝对待遇标准规定在第10条第1款。根据该款，每个缔约方为了促进其他缔约方的投资者在其境内投资，应该鼓励并且创造稳定、公平、有利和透明的环境。这类环境应当包括任何给予其他缔约方投资者的投资公平和公正待遇的承诺。投资应当享受最稳定的保护和安全，缔约方不能以任何方式通过不合理的或者歧视性的措施损害投资者的管理、维护、使用、享用或处置。在任何情况下都不能以低于国际法（包括条约义务）所规定的待遇对待投资。

ECT第10条第1款列举了以下几种待遇标准：公正与公平待遇、最稳定的安全与保护、不得低于国际法最低标准保护、合理或非歧视待遇。和其他为发达国家所倡导的双边和多边投资立法一样，ECT既没有阐明各项绝对待遇标准的确切含义，也没有说明这几种标准之间的关系。同时，该款也没有对最低国际法标准进行解释，从该条款也看不出公正与公平待遇标准、最稳定的安全与保护以及不得低于国际法最低标准保护之间的关系。② 对于这些待遇

① 参见蒋新、何英：《从征收条款看〈能源宪章条约〉对能源投资的保护》，载《黑龙江对外经贸》2011年第2期，第78页。

② 参见王曙光：《国际投资自由化法律待遇研究》，中国政法大学2005年博士论文，第96~97页。

之间的关系存在着较大的争论，部分学者认为不得低于国际法最低标准保护实质上是公正与公平待遇加上最稳定的安全与保护这两种待遇相加的结果，但也有学者持相反的意见。如 Thomas Wälde 认为，公正与公平待遇加上最稳定的安全与保护的结果也不能达到东道国对外国人所负严格义务的水准，它们只是在某种程度上表明东道国对外国人应当承担的“适当注意”(due diligence) 义务。由于东道国是否履行了这种义务的判断标准并不是依据发达国家的有关标准来确定，而是依据东道国的具体情况来确定，而各个东道国的具体情况又大不相同，因此，东道国根据条约中的公正与公平待遇、最稳定的安全与保护这两种待遇标准为外国投资者提供的待遇可能并非总是能达到国际法最低保护标准。① Thomas 的这段话表明，在他看来，ECT 的最低国际法标准应当是一种安全阀，它可以在某些情况下补充公正与公平待遇以及最稳定的安全与保护这两种待遇标准的不足。②

ECT 也没有指出最稳定的安全与保护待遇与合理或非歧视待遇之间的关系，而是同时规定这两种待遇，这容易使问题变得复杂化。对外国投资者的明显歧视，可能会同时违反合理或非歧视待遇标准、最稳定的安全与保护标准。ECT 的这种规定使得投资者时常不知道应当援用何种标准来进行救济。

（二）相对待遇标准

ECT 第三部分关于相对待遇标准的规定方式与上述绝对待遇标准的规定不同，它采取的是间接规定的方式。ECT 第 10 条第 3 款规定，在本条款中，“待遇”是指缔约方给予的待遇，它不能低

① See Thomas W. Wälde, *International Investment under the 1994 Energy Charter Treaty: Legal Negotiating and Policy Implication for International Investors within Western and Commonwealth of Independent States/Eastern European Countries*, *Journal of World Trade*, Vol. 29, No. 5, 1995, p. 41.

② 参见王曙光：《国际投资自由化法律待遇研究》，中国政法大学 2005 年博士论文，第 96 ~ 97 页。

于缔约方给予本国的或其他缔约方投资者，或者是第三方国家的投资者的待遇中的任何一个，无论哪个都应该享受最优惠的待遇。第7款也规定，每个缔约方给予在其境内的其他缔约方投资者的投资及相关活动，包括管理、维护、使用、享用或者处置的待遇不能比给予本国或其他缔约方的投资者或第三国投资者的投资及相关活动的待遇低，无论哪个都应享受最优惠的待遇。ECT第10条第3款和第7款虽然没有直接使用国民待遇和最惠国待遇的概念，但这两个相对待遇标准已经规定得非常明显。①

基于能源在国民经济中的重要性，能源领域的国民待遇原则与其他领域的国民待遇原则相比，其实施所遇到的阻力会更大。各国为了发展本国能源行业，都或多或少会给本国投资者某些优惠，国民待遇原则也不禁止在某些方面外国投资者与本国投资者存在差异。但是，在判断是否违反了国民待遇原则时最棘手的问题就是，如何判断外国投资者与本国投资者是否处于“相似的情况”。② 对于该问题，ECT也没有明确界定何为“相似的情况”，这为该待遇的实施带来了困难。如何在具体情况下确定本国投资者与外国投资者处于“相似的情况”以及如何证实两种投资者之间的待遇的差异是合理的，并不是一件容易的事情。

能源领域里实施最惠国待遇原则同样也不是一件容易的事情，因为能源投资往往涉及东道国和投资者之间特别的投资协议。③ 从表面上看，一个投资者可以基于东道国与另一投资者达成的条件更为优惠的投资协议为理由，要求东道国根据最惠国待遇原则，修改

① 国民待遇和最惠国待遇适用的例外规定在第10条第10款，即不论本条其他条款如何规定，第3段和第7段中提到的待遇不适用于知识产权的保护；当缔约方同时也是国际知识产权保护协议的成员时，有关知识产权保护的待遇应依保护知识产权的国际协议中相应条款的规定来处理。

② See Thomas W. Wälde, *Energy Charter Treaty-based Investment Arbitration: Controversial Issues*, *The Journal of World Investment and Trade*, Vol. 5, No. 3, 2004, p. 382.

③ 参见王曙光：《国际投资自由化法律待遇研究》，中国政法大学2005年博士论文，第98页。

其与东道国之间原来达成的投资协议，但在实践中，该要求并不一定能得到满足，而且该要求也并不一定是合理的。因为不同的投资协议谈判的背景相差很大，投资者获得更优惠的待遇是以作出了更多的承诺为条件的。① 如果另一投资者片面要求给予最惠国待遇，则可能使享受优惠待遇的投资者处于不利的竞争地位。因此，对于ECT下的最惠国待遇原则不应作僵化的理解。ECT只是确立了最惠国待遇的一般义务，不应妨碍投资者与东道国自由签署特定投资协议的权利。②

（三）有关ECT待遇的案例考察

1. SCC仲裁的案例

在Nykomb诉拉脱维亚案中，申请人Nykomb控股的公司Windau与拉脱维亚控制的公司Latvenergo签署合同，由Latvenergo以双倍的利率向Windau购买电力。但Latvenergo后来没有以约定的利率购买电力，Nykomb向斯德哥尔摩仲裁院依照ECT第26条提起仲裁，声称Latvenergo的行为归于拉脱维亚，违反了ECT第10条第1款规定的公正与公平待遇、不得低于国际法最低标准保护、合理或非歧视待遇等原则。对于该案，仲裁庭认为，拉脱维亚没有保证Latvenergo按照合同约定的双倍利率来购买电力可能违反了ECT的义务。但是，由于该行为给申请人带来的损失在各种情况下都是一样的，因此，仲裁庭认为“为了确定被申请人承担的责任，只要在相关的条文中找到违反了其中一条就足够了”。③ 仲裁庭接着分析被申请人是否违反了合理或非歧视待遇原则。仲裁庭认为，被申请人确实违反了该原则，被申请人也不否认，Latvenergo确实是以双倍利率向其他两家公司购买电力，而且被申请人不能证明该差别待遇的合理性。在证明被申请人违反了合理或

---

① 参见王曙光：《国际投资自由化法律待遇研究》，中国政法大学2005年博士论文，第98页。

② 参见刘笋：《国际投资保护的国际法制：若干重要法律问题研究》，法律出版社2002年版，第153～157页。

③ Nykomb Synergetics Technology Holding AB v. Latvia, SCC Arbitration No. 118/2001, December 16, 2003, p. 34.

非歧视待遇原则后，仲裁庭认为没有必要证明该行为是否违反了ECT的其他待遇，因为这并不影响申请人"诉求"的正当性。仲裁庭没有解释为什么只选择合理或非歧视待遇原则而不是其他的待遇原则。可能最合理的解释是该原则在本案中相对而言比较容易证实和确定。仲裁庭也没有对第10条中的几项待遇标准的关系进行解释。而且仲裁庭也只是解释了"歧视性"没有解释"合理性"。这表明，仲裁庭认为"合理性"与"歧视性"也是独立的，只要证明违反了其中一项就足够了。

2. ICSID仲裁的案例

在Plama诉保加利亚案中，申请人声称保加利亚的环境修正案违反了ECT第10条第1款的公正与公平待遇原则、最稳定的安全与保护、合理或非歧视待遇原则。与SCC所裁决的Nykomb案和Petrobart案不同的是，ICSID仲裁庭结合事实对申请人的诉由逐个分析，而不是选取其中的某一个诉由。仲裁庭认为，以上几种待遇标准是紧密联系的，在分析当事人所提出的事实时，它们之间的联系非常明显，但这并不意味着每一种标准不是独立存在的。① 仲裁庭试图结合ECT以及其他投资条约的实践，根据《维也纳条约法公约》第31条有关条约解释的规则（按照条约的上下文和条约的目的与宗旨解释），结合每一种标准，给出相关的定义。② 仲裁庭接下来分析了相关的事实，认为不能支持申请人提出的被申请人违反了公正与公平待遇原则。对于最稳定的安全与保护待遇原则，也不能认为被申请人的行为违反了该原则。对于非歧视待遇原则，仲裁庭也没有找到足够的证据。③

3. 小结

从以上对SCC与ICSID仲裁的ECT案件的分析可以看出，SCC

---

① Plama Consortium Limited v. Bulgaria, ICSID Case No. ARB/03/24, Award, August 27, 2008, para. 163.

② Plama Consortium Limited v. Bulgaria, ICSID Case No. ARB/03/24, Award, August 27, 2008, para. 164.

③ Plama Consortium Limited v. Bulgaria, ICSID Case No. ARB/03/24, Award, August 27, 2008, paras. 222-223.

与 ICSID 对 ECT 第 10 条的各项待遇标准的确定上采用了不同的方法。SCC 倾向于仲裁庭在选择裁决的法律基础方面有完全的自由，可以不用顾及申请人选择的诉由，也不必对选择何种待遇作为裁决基础作出解释。这种方法依据“法官知法”原则也似乎没有不当，但是，将该原则适用于仲裁时应当注意，仲裁庭的管辖权是建立在当事人同意的基础上的，仲裁庭完全出乎当事人意料之外作出裁决是不合适的。虽然仲裁庭在仲裁案件时不必对其确定诉由的方法予以详细解释，但仲裁庭至少应当对其如何得出结论作出解释。① 从 ICSID 裁决的两个案例来看，ICSID 仲裁庭更加尊重申请人提出的诉由，承认 ECT 第 10 条的各项待遇存在联系，但并不是将这些待遇等同起来，而是根据事实逐个分析，这相对而言显得更为合理一些，也容易为当事人所接受。

总之，对 ECT 第 10 条的各项待遇的分析方法并没有固定的、“一劳永逸”的“魔法”②，在对这些标准进行分析的时候，不应当只是根据仲裁员个人的判断，而应当结合案件的事实和相关的法律文件进行分析。

综上所述，ECT 与一般的投资条约相比，具有自身的特点，它是目前唯一的政府间能源合作的多边条约。但是从目前依据 ECT 提起的 30 个案例来看，ECT 仲裁并没有“自成体系”。③ 虽然其中关于第 17 条的拒绝好处条款和临时适用的规定与其他的投资条约相比具有一定的独特性，但从其管辖权及实质问题的有关实践来看，ECT 的投资仲裁都是在顺应着投资条约仲裁的总体趋势，构

---

① See Veijo Heiskanen, “*Unreasonable or Discriminatory Measures*” *As a Cause of Action under the Energy Charter Treaty*, *International Arbitration Law Review*, Vol. 10, No. 3, 2007, p. 109.

② See Veijo Heiskanen, “*Unreasonable or Discriminatory Measures*” *As a Cause of Action under the Energy Charter Treaty*, *International Arbitration Law Review*, Vol. 10, No. 3, 2007, p. 109.

③ See Nils Eliasson, *10 Years of Energy Charter Treaty Arbitration*, http://www.sccinstitute.com/filearchive/4/41105/Report%20Ten%20Years%20of%20ECT%20Arbitration,%2030%20June%202011.pdf, last visited on April 18th, 2012.

成投资条约仲裁的一部分。①

从 ECT 的属物管辖来看，ECT 对投资下的定义是非常宽泛的。ECT 案件既可以提交 ICSID 仲裁，也可以提交如 SCC 和 UNCITRAL 商事仲裁机构管辖，但这两种仲裁为不同目的而设，对于投资的定义有所不同。从总体上而言，ICSID 仲裁对投资设定了较高的门槛，而国际商事仲裁庭，对于投资则采取广义的解释，使得更多的投资活动纳入 ECT 的管辖之下。这两种仲裁各有千秋。随着 ICSID 对于投资的概念开始采用实践中发展而来的 Salini 标准，两种仲裁对于投资的概念开始出现了某种程度上的融合。但从目前依照 ECT 提起的 30 个案件来看（其中 17 个案件提交 ICSID 仲裁），ICSID 似乎还是投资者所偏爱的机构。

从 ECT 的属人管辖来看，ECT 对于投资者的定义也是非常宽泛的。ECT 下投资者的范围非常宽泛，对于自然人而言，它不仅包括具有缔约国国籍的人，还包括缔约国国内的永久居民。对于法人而言，则主要依据法人的国籍。但是 ECT 的第 17 条却为 ECT 法人的国籍原则规定了一项例外，即拒绝好处条款。根据该款规定，虽然该法人具有缔约国国籍，但由于其实质上为非缔约国国民所有，并在其成立的缔约方没有实质性商业活动，此时东道国可以运用第 17 条的拒绝好处条款来作为抗辩理由。但是目前关于该条在实践中的适用还存在诸多问题，如 ECT 第 17 条到底是管辖问题还是依据问题？该项权利如何行使？该项权利行使的效力等。在依据 ECT 提起的案例中，Plama 案对该条款在实践中的适用作出了详细的解释。

从 ECT 的属时管辖来看，ECT 的临时适用条款成为关注的重点。条约的临时适用是为了缩短签署和生效之间的时间间隔而采取的措施。ECT 第 45 条规定了 ECT 的临时适用，对第 45 条进行文本分析是弄清临时适用制度的基础。尤科斯案关于管辖权的临时裁决是 ECT 临时适用条款在实践中的运用，也是对 ECT 的临时适用的实践分析。但尤科斯案也暴露了 ECT 临时适用条款的缺陷，对 ECT 临时适用条款的完善有利于实现 ECT 的目的和宗旨。

最后，从 ECT 案件所涉及的实质问题来看，ECT 第 13 条有关

① 平均每年提起的 ECT 案件大约 3 件，占到每年新出现的投资案件的 9%。

征收的条款和第10条有关投资待遇的条款的适用成为ECT案件争论的焦点。但这两个条款的规定，与其他的投资条款相比，并不存在独特性。对于这两个条款的分析是建立在有关的事实基础上的，每一个案件都是独特的，对于征收和有关待遇标准的判断并不存在统一的标准。如SCC和ICSID对于有关标准之间的关系就存在着较大的区别。但是，每一个ECT案件的仲裁庭只是临时成立的，它们的任务是解决争端，发展ECT的有关案例法或一个统一的法律体系并不是它们的责任。①

① See Nils Eliasson, *10 Years of Energy Charter Treaty Arbitration*, http://www.sccinstitute.com/filearchive/4/41105/Report%20Ten%20Years%20of%20ECT%20Arbitration,%2030%20June%202011.pdf, last visited on April 18th, 2012.

第四章　ECT争端解决机制（二）：国家之间争端的解决

第一节　概　　述

与ECT第26条投资者与国家之间的程序相比，ECT第27条规定的是缔约国之间争端的解决，它的范围要宽泛得多，它适用于缔约国之间关于条约的适用和解释方面的争端。但ECT第27条的适用仍然是有限制的，根据ECT第28条的规定，缔约方之间有关第5条与贸易有关的投资措施或第29条与贸易事务有关的临时条款解释和应用的争端，不适用ECT第27条。同时，对于能源过境、环境和竞争、税收等争端，ECT也专门设计了争端解决机制，而这些条款都与ECT第27条规定不同。第27条第2款也明确规定，对于第6条（竞争）和第19条（环境问题）的应用和解释，也不适用第27条。可以说，第27条是解决缔约国争端的一般条款，而其他关于过境、贸易、环境、① 竞争等争议的解决条款是有关缔约国争端解决的特殊条款。

对于缔约方之间争端的解决，缔约方首先应当努力通过外交渠道解决；其次，与投资者与缔约国之间的争端解决程序不同，缔约国之间争端的解决并没有多种选择。如果通过外交途径未能解决，任何一方都可以将争端提交特设的仲裁机构，仲裁机构适用联合国国际贸易法委员会（UNCITRAL）的仲裁规则，并根据《能源宪章

---

① 有关ECT的过境、贸易和环境的争端解决程序在本章第二、三、四节中予以详细论述。

条约》和国际法中适用的原则和规则裁决。对于仲裁裁决的执行问题，第 27 条没有明确规定，但所有 ECT 缔约国都应当遵守 ECT 的有关义务，仲裁裁决是终局的并对争端所涉及的缔约方具有约束力。目前诉诸缔约国之间的争端解决机制的情形比较少，ECT 秘书处了解到有一个成员国根据 ECT 第 27 条启动了程序，但这项争端最后通过外交途径得以解决了。

在 ECT 有关国家之间争端解决的特殊程序中，有必要提及 ECT 第 6 条第 5 款规定的竞争争端①的解决程序。第 6 条第 5 款规定，如果一个缔约方认为在另一缔约方的区域内进行的特定的反竞争行为对与此条款的宗旨相关的重要利益产生了严重的负面影响，即造成对能源经济活动的竞争不利的市场扭曲或障碍时，此缔约方应通知另一缔约方并要求另一缔约方的主管竞争机构采取适当的强制行动。被通知的缔约方或者事件可能涉及的主管竞争机构应当充分考虑通知方的要求，决定是否对被指控的行为采取执行行动，并将相关的决定告知通知方。该程序对第 27 条规定的一般程序的适用予以限制，规定只能采取第 27 条第 1 款即通过协商来解决竞争争端的方法，第 27 条的其他程序即仲裁程序在竞争争端中不予适用。

第 6 条第 5 款规定的竞争争端程序反映了 ECT 并不是旨在在所有缔约国之间建立一个共同的竞争体制，相反却确认了所有缔约国的竞争法规则的可适用性，它只是一个关于各国竞争法的解释与适用的信息交换和相互协商机制。而且这一程序充分考虑到了一个国家的竞争水平明显会受到其经济和技术水平的制约。②

第二节　ECT 下能源过境争端的解决

石油和天然气生产国、能源公司能够将能源产品无障碍地通过

① 如缔约方对其本国能源企业给予国家补贴时，可能会产生竞争争端。

② See Konolyanik A., *The Energy Charter Treaty: Dispute Resolution Mechanism—And the Yukos Case*, *Russian/CIS Energy & Mining Law Journal*, No. 3, 2005, p. 32.

过境国，对21世纪的能源工业而言是最重要的国际法律问题之一。[①] ECT将能源过境列为其四大支柱之一，并且还专门设置了一套过境争端解决机制来予以保障。ECT被认为是“目前有关能源过境问题的主要的规则体系和争端解决机制”。[②] 因此，研究ECT的过境争端解决机制，对于解决各种能源过境争端，无疑具有重要的现实意义。

一、ECT过境制度建立的基础

（一）历史基础：过境并不是“新鲜事”

能源过境制度被认为是ECT的一大创新。但“过境”这一概念自国家产生就一直存在，已经被沿用好几个世纪了。它是国家交往与合作不可或缺的内容。早在17世纪时，国际法之父“格老秀斯”在其名著《战争与和平法》中就提出，只要不对过境国产生危害，国家间的过境应该成为一项普遍的权利。[③] 著名的国际法学者劳特派特也专门写过《论国际法上的过境自由》一文。他指出，在现代国际社会，国家间的相互依赖性进一步增强，每一个国家都需要从其他国家过境，这是国家间交往的需要。习惯国际法也承认国家间为贸易、旅行和商业往来而行使的无害通过的权利，因为这

---

① See Grace Wandoo Nomhwange, *Transboundary Pipeline: What is the Role of the Energy Charter Treaty Regarding Dispute Settlement*, Dundee University Thesis 2005, p. 5. 转引自杨泽伟：《跨国能源管道运输的争议解决机制》，载《法学》2007年第12期，第85页。

② Ekpen J. Omonbude, *Cross-Border Oil and Gas Pipelines and the Role of the Transit Country: An Analysis of the Consequences of Shifts in Bargaining Powers of the Pipeline Agreement*, Dundee University Thesis 2007, p. 158. 转引自杨泽伟：《跨国能源管道运输的争议解决机制》，载《法学》2007年第12期，第85~86页。

③ See De Jure Belli ac Pacis, II, as translated in *Classics of International Law*, 1925, pp. 196-197. 转引自 E. Lauterpacht, *Freedom of Transit in International Law*, *Problems of Public and Private International Law*, Grotius Society, Vol. 44, 1958-1959, p. 320.

是国家间相互依赖的直接结果。① 然而，过境涉及过境国的领土主权，过境国出于本国利益的考虑，可以征收过境税，也可以拒绝或限制其领土上的过境运输，甚至可以中断原先允许的过境通行。②是否允许他国国民或商品过境，主要还是取决于过境国的意愿。因而，过境自由只能是一种相对的自由，它需要国家之间通过条约或者习惯来赋予。

第一个将过境制度运用到国际实践中的国际条约是1921年《巴塞罗那过境自由公约与规约》(*Barcelona Convention and Statute on Freedom of Transit*)。该规约第1条指出："如果在处于某一缔约国主权或权力之下的领土内的通过只是整个行程的一部分，且始发地或目的地均位于过境所穿越的国家境外……都将视为在该领土过境。" 它还规定了"非歧视原则"(第2、3、4条)、"合理的过境关税"(第4条) 以及"不违背协议规定，除非出现了影响过境国安全或关键利益的紧急情况"(第7条)。该规约是有关过境的第一个公约，具有习惯国际法的地位。因此，该规约是有关一般过境权的主要法律渊源。③

关于过境的另一个重要的条款是1947年《关税与贸易总协定》第5条。该条第1款指出，"过境运输是指经由一缔约方的领土通过……只要通过的路程是全部运程的一部分，而运输的起点和终点又在运输所经的缔约方的领土以外"，第2款规定了缔约方非歧视的义务；第5款规定了有关过境的费用、条例和手续方面的"最惠国待遇条款"。1994年的《关税与贸易总协定》对第5条未作任何修改。

由于《巴塞罗那过境自由公约与规约》针对的是铁路和国际

① See E. Lauterpacht, *Freedom of Transit in International Law*, *Problems of Public and Private International Law*, Grotius Society, Vol. 44, 1958-1959, pp. 320-321.

② 参见杨泽伟：《国际法析论》(第二版)，中国人民大学出版社2007年版，第414～415页。

③ See Sergei Vinogradov, *Cross-border Oil and Gas Pipelines: International Legal and Regulatory Regime*, Dundee University, 2001. p. 33.

水运①，但目前能源产品，如石油、天然气越来越多地通过管道来进行运输。对于通过管道来运输的能源过境来说，该公约根本不适用，而且该公约是关于一般过境问题的多边条约，对于能源过境这一特殊的过境问题也明显缺乏针对性。而对于《关税与贸易总协定》第5条是否适用于能源过境问题还存在着争论。有学者认为，《关税与贸易总协定》第5条应该涵盖了能源的过境问题②，能源也应当包含在GATT第5条所列的商品中，但这种观点缺乏具体的解释③，也没有得到国家实践的明确支持。即使GATT适用于能源过境问题，其中的过境条款也规定得很不详细，根本无法解决能源领域复杂的过境问题。④《巴塞罗那过境自由公约与规约》的一般性与《关税与贸易总协定》规定的模糊性，促使ECT这一专门针对能源领域的条约必须对该问题作出明确规定。⑤但这两个条约为ECT的过境条款的制定奠定了历史基础。

（二）现实基础：能源过境是能源价值链的重要环节

能源的生产与消费中心的分离，使得全球的能源消费与生产的联系越来越紧密，能源市场越来越具有全球性。由于能源分布不

---

① 《巴塞罗那过境自由公约与规约》前言中指出，“渴望实施在此通过的有关铁路或水路运输规章的规定，希望为此缔结一项公约”。该规约第2条规定：“……应当为在国际过境所用的路线上经铁路或水路自由过境提供便利”。

② See Martha M. Roggenkamp, *Transit of Network-bound Energy: The European Experience*, in Thomas W. Wälde ed., *The Energy Charter Treaty: An East-West Gateway for Investment and Trade*, Kluwer Law International, 1996, p. 499.

③ See Danae Azaria, *Energy Transit under the Energy Charter Treaty and the General Agreement on Tariffs and Trade*, *Journal of Energy & Natural Resources Law*, Vol. 27, No. 4, 2009, p. 566. 在该文中，作者通过分析2009年4月27日WTO专家组关于哥伦比亚施行指示性报价与输入港限制案的报告，得出的结论是GATT第5条很难适用于能源过境。

④ See Andreas Goldthaw, Jan Martin Witte ed., *Global Energy Governance: The New Rules of the Game*, Brookings Institution Press, 2010, p. 63.

⑤ See Sergei Vinogradov, *Cross-Border Oil and Gas Pipelines: International Legal and Regulatory Regimes*, Dundee University, 2001, p. 34.

均，能源贸易和能源过境必然会增加。能源过境运输已经成为能源供应链中至关重要的一环，世界能源经济的发展在很大程度上取决于解决能源国际过境运输问题的程度。① 世界能源贸易的规模在大幅扩张，大部分的能源又越来越多地通过第三国（过境运输国）过境，从而提高了能源出口国和进口国对可靠的能源过境的依赖程度。能源过境已经成为能源生产国与消费国之间联系的纽带。

对于能源生产国而言，它仅有能源产品是不够的，它必须能通过其他国家把其生产的能源产品（如石油，天然气等）输送到它的目标市场，这直接关系到能源供应国能否获得市场。例如，俄罗斯要通过乌克兰②的输气管道，把天然气卖给欧洲国家的（如图 4-1 所示）。

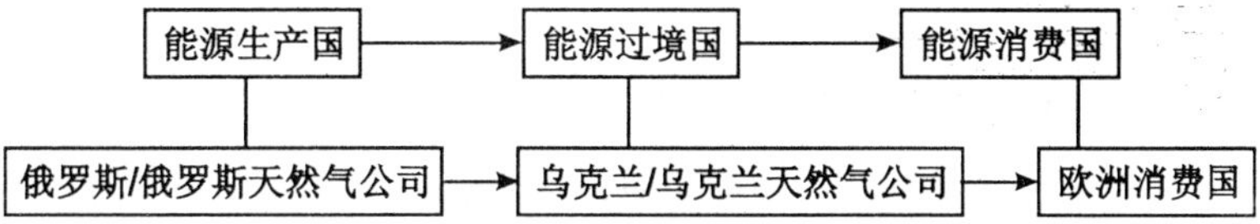

图 4-1　天然气贸易的参与方

对于能源消费国来说，能源过境是否顺畅直接关系到它能否获得能源。如 2009 年 1 月俄罗斯与乌克兰之间的“斗气”，使得俄罗斯经由乌克兰输往多个欧洲国家的天然气供应中断，直接影响到了作为能源消费国的欧洲国家的利益，许多欧洲国家出现了居民挨冻、学校停课、企业停产等现象，日损失达数亿欧元。③

对于过境国而言，提供能源过境可以为其带来巨大的经济和政治利益。如作为过境国的乌克兰从供应国俄罗斯获得天然气的价格

---

① 参见[俄]斯·日兹宁：《国际能源政治与外交》，强晓云等译，华东师范大学出版社 2005 年版，第 197 页。

② 乌克兰在俄罗斯和东欧国家之间处于重要的战略位置，是通往西欧国家的天然气主要通道。

③ See http://intl. ce. cn/gjzx/oz/200901/16/t20090116_17976170. shtml，最后访问日期：2012 年 4 月 22 日。

远远低于市场价，并且能够获得高额的过境费。

能源过境对能源生产国、消费国与过境国如此重要，通过多边条约的方式对过境问题作出相应的规定是来自现实的要求。① 能源投资、贸易、过境等问题本是能源价值链上相互紧密联系的环节，如果在 ECT 这个能源领域专门的条约里仅仅规定投资和贸易问题，而对于能源过境问题不予规定，能源价值链就显得不完整，从而可能导致能源投资和能源贸易不能顺利进行，给能源投资和能源贸易带来不利的影响。因此，在 ECT 中对能源过境予以规定，乃是遵循能源价值链规律的结果。另一方面也要看到，虽然能源过境的重要性显而易见，但它的政治风险也不容忽视。ECT 中的过境条款同时也是缔约国试图消除或减少能源过境中的政治风险的一次有益尝试。

二、ECT 中过境争端解决机制的内容

（一）ECT 中过境的原则

ECT 第 7 条是关于过境制度的主要条款，它规定在条约的第二部分“商业”(第 3 ~9 条）中。第 7 条第 10 款对过境作出了定义，ECT 中的过境并不需要所有当事国全部为缔约国，只要过境国为缔约国，起运国或目的地国至少有一方是缔约国，就符合 ECT 中的过境的概念。第 7 条为过境设定了三项原则。第一个原则是过境自由原则。第 7 条第 1 款要求每一个缔约国本着过境运输自由原则，采取必要的措施促进能源原料和产品的过境运输，并对缔约国施加了对过境请求予以准许的一般义务。第 4 款鼓励各国支持自由的过境运输，为了能源过境的顺利进行，在能源运输设施的建设等方面进行合作，建设新的设施，不对建设新的运输能力设置障碍等。第二个原则是非歧视原则。第 7 条第 1 款和第 3 款要求缔约方不得对不同来源地、目的地或所有者的能源原料和产品的过境运输实施不同的待遇，如价格歧视、无理由拖延、限制或增加费用等，同时给予过境的能源原料和产品过境运输以国民待遇，对其不得采

① See Sergei Vinogradov, *Cross-Border Pipelines in International Law*, *Natural Resources & Environment*, Vol. 14, No. 2, 1999, p. 80.

取低于对待起运于或目的地在本区域的能源原料和产品的方式。第三个原则即ECT第7条第6款中规定的“不妨碍原则”，它被认为是“过境条款”中最重要的内容之一。① 它明确指出：“能源物资和能源产品的过境通过其领土的缔约国，如果出现了由于过境引起的争端，该国不得中断或削减能源运输的数量；也不得允许其管辖范围内的任何机构从事这种行为。”根据这一原则，各国不得将过境运输当做一种政治工具来运用。它有助于防止一国利用中断或削减能源运输的方法敲诈另一国，迫使其接受一些新的过境条件或有利于它的争端解决方案。②

（二）过境争端解决程序：第7条第7款和《有关过境争端的调解行为规则》

第7条第7款规定的是过境争端解决的程序，该款包括a～f六项。根据第7款第f项，宪章大会应通过有关调解行为和对调解人的补偿的标准条款。在ECT生效后，1998年12月3—4日的能源宪章大会第2次会议通过了《有关过境争端的调解行为规则》(*Rules Concerning the Conduct of Conciliation of Transit Dispute*)(以下简称《规则》)，该规则有18条和两个附件③，对ECT第7条第7

① See Craig S. Bamberger, *An Overview of the Energy Charter Treaty*, in Thomas W. Wälde ed., *The Energy Charter Treaty: An East-West Gateway for Investment and Trade*, Kluwer Law International, 1996, p. 7.

② See J. Carver, *The Energy Charter Treaty and Transit*, in T. Waelde and K. Christie ed., *The Energy Charter Treaty: Selected Topics*, CEPMLP, 1995, pp. 71-77. 转引自杨泽伟：《国际法析论》(第二版)，中国人民大学出版社2007年版，第416页。

③ 参见能源宪章大会秘书处文件CC103 Rev 2 of 3-4 December, 1998 (Restricted)。该规则共有18条和两个附件，主要包括：（1）争端的通知；（2）调解员的任命；（3）调解员辞职、死亡和失去行为能力；（4）调解员不称职；（5）调解过程中的行为；（6）代表和协助；（7）证人和专家；（8）行政支持；（9）当事方与调解员的合作；（10）争端解决建议；（11）当事方协议；（12）调解员建议/决定；（13）调解程序终止；（14）语言；（15）费用；（16）保密；（17）调解员在其他程序中的角色；（18）可采用的证据。附件包括调解员声明和需要公布的信息列表。

款第 a、b、c 项的程序进行了补充和细化。因此，过境争端解决程序包括 ECT 第 7 条第 7 款和《有关过境争端的调解行为规则》，为有效的能源过境提供一套程序性保障。① 需要指出的是，ECT 第 7 条第 7 款规定的程序并不能被用来解决所有的过境争端，对于第 7 条涉及的过境自由和过境非歧视原则等其他的过境争端，它并不适用，而应当由 ECT 第 26 条或第 27 条的有关程序来解决。第 7 款规定的程序仅仅适用于解决第 6 款中减少或中断能源过境的争端，即涉及“不妨碍原则”的争端。

首先，第 7 款规定，涉及争议的任何一方可以将争议提交给能源宪章大会秘书长。秘书长将该争端向有关各方进行通报，并在 30 天内与争端各方协商后，任命一位调解人。② 该款表明，在任命调解员时应咨询争端方的意见，但并没有要求得到争端方的同意。因此，第 7 条第 7 款的程序只需要争端一方通知秘书处即可提起。其次，调解人应努力促使争端各方达成协议。调解员可以决定采取适当的程序，决定调解使用的语言和调解的地点，双方可以提交相关的证据和专家意见。如果一方拒绝提供涉密信息，必须说明理由，并有义务提供与程序相关的非机密信息。调解过程中所获得的证据，没有当事方的同意，不得在其他任何地方使用(《规则》第 16 条)。如果双方达成协议，则该程序终止。但是如果争端各方在 90 天内没有达成争端解决协议，调解人应对争端的解决办法或程序提出建议。最后，双方在 90 天内没有达成协议时，调解员还应当作出一个过渡期间的关税和其他期限和条件的临时性决定。根据第 7 款 d 项，缔约国应当同意遵守和保证其控制的实体遵守调解员的决定。这种临时性决定的实施期间，要么不超过 12 个月，

① See Leigh Hancher, Susann Wolgram, *The ECT Transit Conciliation Rules and Procedures*, *Oil and Gas Law and Taxation Review*, Vol. 12, No. 11, 1999, p. 367.

② 该调解人应有这方面的经验，并且不是任何争议一方的公民或在任何争议一方有固定的居所。《能源宪章条约》第 7 (7)(e) 条还规定，如果秘书长认为有关的能源过境争端已经进入了调解程序，但争端并未能解决时，秘书长也可以选择不任命调解人。

要么直到争端解决为止，但以时间最短者为限。事实上，在双方未达成协议，调解员作出一个临时裁决时，调解员此时已经转变为裁判者，程序已经由准司法程序转变为司法程序了。裁判者遵循的是法律规则，而调解员则寻求的是双方利益的平衡。① 此外，《规则》还进一步规定各争端方承担各自的费用，但对于调解的有关费用由调解员根据具体情况进行分配（第 15 条）。《规则》还允许调解员根据争端的具体情况对程序进行一定变通。在双方达成协议后，或者没达成协议，调解员作出临时决定后，调解员应当通知当事方和秘书长，由秘书长将有关情况通报给各缔约国。当然，ECT 的上述规定不能有损争端方基于习惯国际法和现存的双边或多边协议而产生的权利和义务。过境争端的特别调解机制如图 4-2 所示。

（三）过境争端解决程序与第 27 条的关系

ECT 第 27 条用于解决国家之间有关应用或解释 ECT 过程中出现的争端，过境争端并没有排除在第 27 条的适用范围之外，而且第 27 条的仲裁程序与第 7 条第 7 款的调解程序中的主体也是一致的，解决的都是国家之间的争端，但它们到底是平行的关系还是有先后顺序，由于条约并未明确规定，还存在较大的疑义。

对于第 27 条和第 7 条第 7 款的程序运用，大体存在以下三种情形。第一种情形：根据特别法优于普通法，也就是第 7 条第 7 款的特别程序优先于第 27 条的普通程序的原理，过境争端的一方直接先根据第 7 款提起调解程序。如果根据第 7 款，双方未能解决争端，当事国可以依第 27 条将争端“上诉”至仲裁解决。对于调解员作出的临时性决定是否能够提起仲裁，虽然在第 7 款中没有明确规定，但根据第 7 款 d 项，对该临时性决定应当不能提起仲裁。第二种情形：当双方当事国不能就争端解决程序达成一致意见，一方当事国根据第 7 条第 7 款提起调解程序，而另一方根据第 27 条提起仲裁程序时，即两种程序被平行提起时，此时需要当事国之间予

① See Bryan Clark, *Transit and the Energy Charter Treaty: Rhetoric and Reality*, http://webjcli.ncl.ac.uk/1998/issue5/clark5.html, last visited on April 20th, 2012.

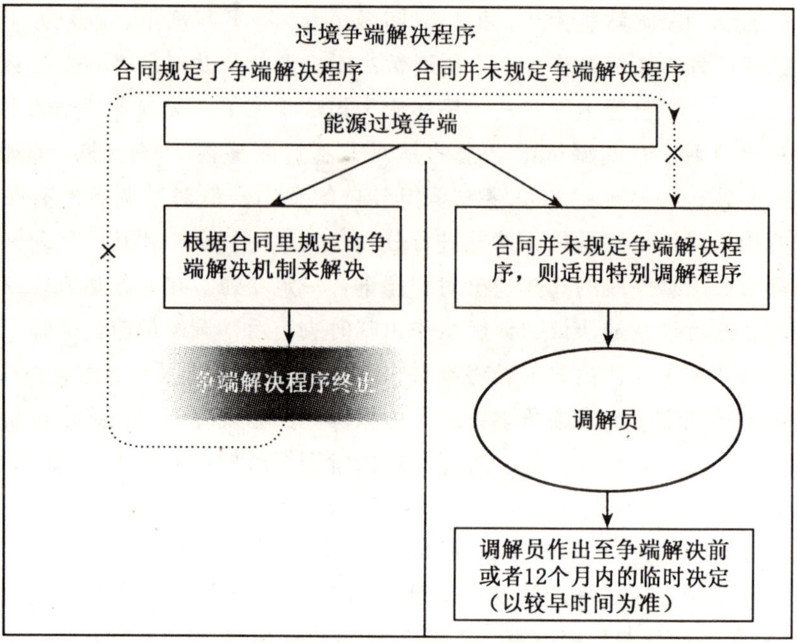

图 4-2　过境争端的特别调解机制

资料来源：A. Konoplyanik, *The Energy Charter Treaty: Dispute Resolution Mechanism—and the Yukos Case*, *Russian/CIS Energy & Mining Law Journal*, No. 3, 2005, p. 32.

以协商决定采取何种程序解决。根据第 27 条第 1 款规定，缔约方应首先努力通过外交渠道解决有关争端。此时第 7 条第 7 款的调解程序可以看成是一种外交努力，如果在调解员的主持下，双方达成解决争端的协议，此时争端解决程序终止。如果双方不能达成协议，调解员对过渡性关税等问题作出一个临时性决定，如果从调解人作出决定起的 12 个月后，争端仍然未能解决，双方可申请由仲裁庭作出裁决。① 第三种情形：当事方先依据第 27 条提起仲裁，

① See Craig S. Bamberger, *Adjudicatory Aspects of Transit Dispute Conciliation under the Energy Charter Treaty*, *Oil, Gas & Energy Law Intelligence*, Vol. 4, No. 1, 2006.

在仲裁庭作出裁决后，又根据第 7 款提起调解程序。这种情形从表面上看似合理，在理论上也可能存在，而且根据第 7 款，争端方应先用尽当事方在合同中达成的争议解决程序，第 27 条的仲裁程序也可能规定在合同的争端解决条款中。但在实践中，如果根据第 27 条先提起仲裁，这已经使得第 7 款的调解程序没有了存在的基础，第 7 款调解程序的快捷性优势也不能体现，因为仲裁程序解决争端相比第 7 款的调解程序，往往花费的时间会更长。而且仲裁裁决是最终的，具有法律约束力，如果在作出有约束力的仲裁裁决后再提起调解程序，这在逻辑上也是矛盾的。① 根据以上三种情形，前面两种情形都存在合理性，但第三种情形不能合理解释两个条款之间的关系。

三、对 ECT 的过境争端解决机制的评价

（一）创新性

能源过境制度是 ECT 整个法律体系的一大亮点，也是最具创新性的制度。有学者称赞 ECT 的过境条款是“20 世纪能源领域取得的最重要的外交成果之一”②。国际能源署（IEA）的前法律顾问克雷格·班伯杰（Craig S. Bamberger）认为，ECT 第 7 条关于过境的条款是 ECT 最具创新性和开拓性的条款（the most innovative and ground-breaking provision）。③ 尽管过境并非新鲜事，但 ECT 是第一个将过境运输应用于能源领域的多边条约。ECT 的过境争端解决程序的创新性更加明显，它巧妙地将非强制性的调解程序与有约束力的争端解决机制巧妙结合起来，发展出了一种创新性的非司

① See Leigh Hancher, Susann Wolgram, *The ECT Transit Conciliation Rules and Procedures*, *Oil and Gas Law and Taxation Review*, Vol. 12, 1999, p. 365.

② William Fox, *The United States and the Energy Charter Treaty: Misgivings and Misperceptions*, in Thomas W. Wälde ed., *The Energy Charter Treaty: An Ease-West Gateway for Investment and Trade*, Kluwer Law International, 1996, p. 197.

③ See Crag S. Bamberger, *Adjudicatory Aspects of Transit Dispute Conciliation under the Energy Charter Treaty*, *Oil, Gas & Energy Law Intelligence*, Vol. 4, No. 1, 2006.

法性争端解决程序。① 在整个 ECT 的争端解决机制中，与其他争端解决程序相比，它的创新性也非常突出，如 ECT 在投资争议解决方面，它主要来自于各国双边投资条约的实践，在投资争端解决机构的选择方面，借用了现存的争端解决机制，采用现在发展比较成熟的解决投资争端国际中心（ICSID）、斯德哥尔摩仲裁院、联合国国际贸易法委员会（UNCITRAL）等机构及其程序。对于贸易争端的解决，ECT 借鉴了 WTO 的经验，采取类似 WTO 专家组程序，同时对于 ECT 成员同为 WTO 成员时，直接使用 WTO 的争端解决程序。与能源过境争端解决程序相比，ECT 的投资争端解决与贸易争端解决不具有创新性，而只有过境争端解决机制并非借助于其他的争端解决机构，而是建立一项特有的调解机制，它是国际争端解决领域的一大创新。国际能源署（IEA）也评论说它是一个"独一无二"的机制。②

（二）快捷性

ECT 的第 7 条第 7 款是一个高效、快捷的程序。它设定了严格的时间限制，调解程序为 4 个月，执行期最长为 12 个月。也就是说，整个程序从开始到终止，最长的期限是 16 个月。之所以在能源过境方面设计如此快捷的程序，是因为能源过境的中断可能会危及某些国家的整个国民经济，同时快捷的程序有利于保障在相关的合同没有明确规定争议解决机制的情况下，与争议相关能源产品的运输不会在争议解决期间被中断，从而影响各方的利益。虽然 ECT 第 7 条第 6 款规定了不妨碍原则，但一项义务如果没有相应的程序予以保障只能是一项意愿的表达，至多只能在一方违约时施加政治压力，不利于争端的迅速解决。③ 而且第 7 款的调解程序与第 27

---

① See Sergei Vinogradov, *Cross-Border Oil and Gas Pipelines: International Legal and Regulatory Regimes*, Dundee University, 2001, p. 46.

② See A. Konoplyanik, *The Energy Charter Treaty: Dispute Resolution Mechanisms—and the Yukos Case*, *Russian/CIS Energy & Mining Law Journal*, No. 3, 2005, p. 32.

③ See Rainer Liesen, *Transit under the 1994 Energy Charter Treaty*, *Journal of Energy & Natural Resources Law*, Vol. 17, No. 1, 1999, p. 69.

条的仲裁程序相比更加快捷，并且能够促使争端在友好的气氛中解决。① 这一程序是 ECT 争端解决机制的一大特色与独创，之所以对过境争端采取这一调解程序，其目的在于在相关的合同没有明确规定争议解决机制时，相关能源产品的运输不会在争议解决期间被中断，从而影响各方的利益。

（三）预防性

条约从生效至今，ECT 的过境争端解决机制虽然还没有得到过完整的实践，但在最近几年的过境争端如俄罗斯与乌克兰的能源过境争端的解决过程中，该套程序已经在发挥其威慑性和预防性的作用，它促使争端方在调解程序开始前迅速解决。事实上，ECT 的过境争端解决机制的最终目的也就在于保障过境争端的迅速解决。② 2006 年 1 月 1 日发生的俄罗斯③和乌克兰的"断气"争端就属于 ECT 第 7 条第 7 款管辖的范围。④ 俄罗斯和乌克兰在此次过境争端解决过程中都多次援引 ECT 的第 7 条，2006 年 1 月 3 日，能源宪章大会秘书长建议俄乌两国启用第 7 款的程序。1 月 4 日俄罗斯天然气公司和乌克兰天然气公司达成了协议后，俄乌过境争端才得以解决。⑤ 2009 年俄乌再次发生天然气"断气"争端，2009 年 1 月 9 日，秘书长重申了第 7 条的有关规则，提醒当事方采用第 7 条的争端解决程序。他还提议由国际天然气联盟前主席乔治・温伯格

---

① See Rainer Liesen, *Transit under the 1994 Energy Charter Treaty*, *Journal of Energy & Natural Resources Law*, Vol. 17, No. 1, 1999, p. 69.

② See Danae Azaria, *Energy Transit under the Energy Charter Treaty and the General Agreement on Tariffs and Trade*, *Journal of Energy & Natural Resources Law*, Vol. 27, No. 4, 2009, p. 584.

③ 虽然俄罗斯并没有批准 ECT，但俄罗斯同意根据 ECT 第 45 条临时适用 ECT。直到 2009 年 8 月 20 日，俄罗斯通知 ECT 保管机关，它无意成为 ECT 的缔约国。根据第 45 条第 3 款，俄罗斯临时适用 ECT 直到 2009 年 11 月 18 日终止。

④ See Jonathan Stern, *Natural Gas Security Problems in Europe: The Russia-Ukrainian Crisis of 2006*, *Asia-Pacific Review*, Vol. 13, No. 1, 2006, pp. 50-51.

⑤ A *Newsletter from the Energy Charter Secretariat*, Spring 2006, p. 9. See http://www.encharter.org, last visited on April 20th, 2012.

（George Verberg）担任调解员。① 1月10日，欧盟、乌克兰和俄罗斯签订协议设立一个监督委员会来保障过境于乌克兰的天然气运输，俄方恢复过境乌克兰对欧洲供气。但由于俄乌未就过境费率等问题达成一致，过境天然气未达欧洲。② 2009年1月19日，两国签署了天然气购销合同和过境合同后，"斗气"风波才算告一段落。

在俄罗斯与乌克兰过境争端的解决过程中，虽然第7款的调解程序没有正式启动，但这丝毫没有减损第7款调解程序的价值和效力。它促使俄乌两国在启动程序前达成协议，防止了争端进一步恶化。从这一点来看，第7款的调解程序已经发挥了其作用，达到了其目的，因为ECT的过境争端解决机制的作用和目的也就在于保障争端方迅速达成协议，解决争端，减少争端带来的损失。

（四）局限性

首先，ECT过境争端解决程序的适用范围有限。ECT第7条第7款的调解机制仅仅在第6款所涉及的中断或减少能源供应时适用，对于其他类型的过境争端，如过境税率的上涨、第1款和第3款的过境自由与非歧视原则等引起的争端都不适用。在涉及此类争端时，只能通过第27条或第26条的有关程序来解决。另外，只要争议双方通过其达成的特定的、强制性的争议解决机制如诉讼或仲裁等解决了争议，那么ECT第7条第7款的调解机制就不予适用，第7条第7款的调解机制也不是针对合同中争议解决机制的一个"上诉机制"。而且双方还可以直接通过第27条的仲裁机制来解决过境争端，这就使得第7条第7款的程序适用范围更为狭窄了。事实上，这一程序的设计也有其历史原因。前苏联解体后，前苏联国家内部在合同法领域处于崩溃状态，几乎所有的过境运输合同都没有专门设定争议解决机制，第7款的程序在当时起到了补缺的作

① Russia-Ukraine Gas dispute: Secretary General Appeals for Conciliation Efforts. Energy Charter Secretariat Press Release, 14 January, 2009, see http://www.encharter.org, last visited on April 20th, 2012.

② See http://www.encharter.org/index.php?id=21&id_article=167&L=0, last visited on April 20th, 2012.

用。经过十几年的努力后，这一情况已经得到改善。数据显示到2001年之后，几乎所有的过境运输合同都规定了争议解决机制，因此ECT的过境争端解决机制的适用范围就非常狭窄了。①

其次，ECT的过境制度包括其争端解决机制还存在缺陷，需要进一步完善。缔约国也认识到了这一问题，能源宪章大会秘书处也在进一步完善过境制度及其争端解决机制，秘书处正在努力说服各国尽快通过《能源宪章过境议定书》(*The Energy Charter Transit Protocol*) 草案。② 在《能源宪章过境议定书》草案的谈判过程中，还专门制定了过境运输协议的示范协议。③ 《能源宪章过境议定书》草案的通过和《示范协议》的制定对于过境争端的解决无疑会起到积极作用。但就ECT目前的过境制度来说，它确实还存在诸多不完善的地方。④ 具体就ECT的过境争端解决机制来说，至少有以下两点还需要完善。第一，对于第7条第7款和第27条的争端解决机制的关系需要进一步厘清。第二，如果双方在执行临时决定的12个月内仍然无法达成协议时，此时应当明确规定双方是应当根据第27条的仲裁程序来解决争端还是可以再次适用第7款的程序。

最后，ECT的过境争端解决机制发挥的作用有限。能源过境是一个非常敏感的问题，它与经济利益直接挂钩。因此，经济上的限制成为过境争端频发的主要原因之一。最为典型的例子就是俄罗

① See A. Konoplyanik, *The Energy Charter Treaty: Dispute Resolution Mechanisms—and the Yukos Case*, *Russian/CIS Energy & Mining Law Journal*, No. 3, 2005, p. 32.

② 从1999年12月起，缔约国开始了《能源宪章过境议定书》的谈判，试图将ECT第7条过境问题进一步细化和扩大。现有的议定书草案第六部分争端解决第21条对ECT过境争端解决条款的关系作了规定，“如果缔约方之间对于本议定书或者能源宪章条约的适用或解释出现争议，在合理的期间内不能通过外交途径解决，争端的任何一方可以用书面的形式通知另一争端方，并按照ECT第27条第3款的程序，将争端提交临时的仲裁法庭”。

③ 该协议旨在为缔约国的谈判提供指导。该协议虽然没有强制的法律性质，但在签订具体的过境运输合同时可以当做范本使用。

④ 出于本书结构上的整体安排，有关ECT过境争端解决机制的完善将在第五章第三节予以详细论述。

斯乌克兰的过境争端。一方面俄罗斯要依赖乌克兰的天然气管道，另一方面乌克兰又依赖俄罗斯的天然气，拖欠俄罗斯很多债务。俄乌争端往往是以俄罗斯切断或减少乌克兰的能源供应开始，乌克兰又以截留过境能源为手段，最后又以乌克兰当局作出付款承诺，俄罗斯不得不恢复供气为结束。虽然俄乌争端有一定的政治原因，但其根源还是在于乌克兰的经济限制，这并不是第7款的调解程序所能解决的问题。

总之，该机制是一把“钝刀子”(blunt weapon)。① 一方面，它具有创新性、快捷性和预防性，有利于解决过境争端，在某些关键时候能够发挥“刀子”的作用。但另一方面，它“更像是一个在中间人监督下的谈判过程，最终以双方的协议或者一个临时决定来解决问题的机制”。② 而且，由于其适用范围和作用有限，这个“备受赞誉”的机制在很多情况下只是一把“钝刀子”，很难达到预期的效果。如在俄乌过境争端中，它虽然在一定程度上能促使争端尽快得到解决，但它却没能阻止“断气”事实的发生。③

第三节　ECT下能源贸易争端的解决

ECT作为能源领域唯一的多边条约，能源贸易规制自然是其重要组成部分。和ECT其他方面内容不同的是，ECT对能源贸易的规制，不论在争端解决程序还是其适用的实体规则方面，都采取了一种“参照WTO”(WTO by reference)的立法方式，直接将WTO的规则应用到ECT的能源贸易领域。这种立法方式无疑有利于减少规则之间的冲突，有利于将能源贸易纳入WTO体制，促进能源贸易的自由化。

① See Rainer Liesen, *Transit under the 1994 Energy Charter Treaty*, *Journal of Energy & Natural Resources Law*, Vol. 17, No. 1, 1999, p. 71.

② Rainer Liesen, *Transit Under the 1994 Energy Charter Treaty*, *Journal of Energy & Natural Resources Law*, Vol. 17, No. 1, 1999, p. 71.

③ See Chris Flynn, *Russian Roulette: the ECT, Transit and Western European Energy Security*, *International Energy Law & Taxation Review*, No. 1, 2007, p. 15.

一、ECT 与能源贸易

ECT 的目的之一就是在成员方之间建立一个稳定的、可预见和非歧视性的跨越国界的自由能源市场，创设一个稳定透明的能源贸易框架。在进行谈判之时，ECT 谈判方认为这一机制应当建立在 GATT（1991 年到 1994 年进行 ECT 谈判时，WTO 还没正式建立）所体现的多边贸易规则的基础上。但是当时 ECT 的谈判方中大半没有加入 GATT，于是 ECT 的能源贸易直接参照 GATT 规则的方案获得通过，也就是在 GATT 和非 GATT 成员间的能源贸易参照适用 GATT 规则，在 GATT 成员之间直接适用 GATT 的有关规则。① 这一方案体现在 ECT 的第 29 条及相关的附件中（ECT 与 WTO 的关系，参见图 4-3）。到 1998 年，考虑到 WTO 已经成立，根据 ECT 第 30 条②，缔约方在 WTO 规则和实践发展的基础上，对 ECT 第 29 条和相关附件作出了适当的修正，这就是 1998 年 ECT 的贸易修正案。目前该修正案已经于 2010 年 1 月 21 日正式生效。

ECT 旨在促进缔约方之间能源市场的自由化，能源原料、产品和能源设备贸易的自由化。③ 这一点和 WTO 促进贸易自由化的目的是一致的。但是能源贸易却一直不是 GATT/WTO 关注的重点。GATT 早期的能源贸易基本上是游离于多边贸易体制之外的。④ 其后在 1973 年和 1979 年的谈判中，当时有关国家达成了“君子协

---

① See Energy Charter Secretariat, *Energy Charter Treaty: A Reader's Guide*, p. 12. http: //www. encharter. org/fileadmin/user_upload/Publications/ECT_Guide_ENG. pdf，最后访问日期：2012 年 4 月 23 日。

② ECT 第 30 条规定，缔约方承诺依照乌拉圭回合多边贸易谈判达成的最终结果，对条约作出了适当的修正。

③ 能源原料和产品包括核能源、煤、天然气、石油和石油产品、电力和其他能源（如燃料和木炭）。电力和核能也被包含在 ECT 的能源原料和产品之列，但这两种能源 WTO 规则并不涵盖。根据 1994 年欧洲能源宪章大会的最终决定，核能并不包含在本研究中。

④ 参见余敏友、唐旗：《论 WTO 构建能源贸易规则及其对我国能源安全的影响》，载《世界贸易组织动态与研究》2010 年第 3 期，第 8 ~ 9 页。

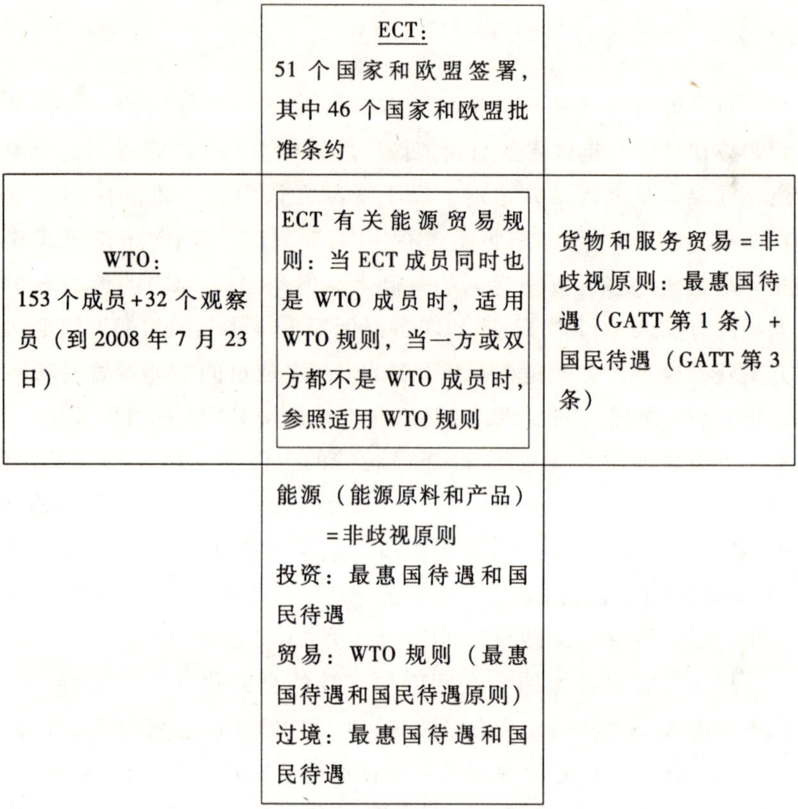

图4-3　ECT与WTO的关系图

资料来源：A. Konoplyanik, *The Energy Charter Process: Its Objective Character, History and Development*, http://www.encharter.org/fileadmin/user_upload/DSG/Presentations/2003/1-E-ECS-20.01..pdf，最后访问日期2012年4月19日。

定”，将石油问题排除在GATT之外，能源贸易问题仍然没能纳入谈判议题。到1982年部长会议上，缔约方将自然资源产品问题纳入讨论范围，但这些产品主要包括有色金属、矿物质、林产品和渔产品，能源产品依然被排除在GATT之外。直到1989谈判方才专门设立了一个自然资源产品谈判组，开始讨论能源产品的市场准入问题。然而，GATT成员对于将能源产品如何纳入到GATT的整体框架以及是否应当就能源产品设立专门的规则不能达成一致意见。

时至今日，WTO 未能就能源和能源产品贸易作出专项性的规定，但国际社会已经普遍认为现存的 WTO 规则及其内含协定、附件同样适用于能源产品。① 但是很明显，GATT/WTO 规则并没有考虑到能源贸易的特殊性，这些规则在规范能源问题上显得力不从心。②

能源贸易和其他普通商品贸易相比，具有较强的特殊性。如能源在国民经济中的重要地位、能源资源在全球分布严重不均衡、能源商品严重依赖传输网络（尤其是电力与天然气）、能源行业的垄断性和政治属性等。③ 这些特殊性决定了 WTO 规则在适用于能源贸易时，和其他普通商品贸易有所不同，在目前 WTO 建立专门的能源贸易规则困难重重的情况下，ECT 也没能创造性地作出能源贸易的专项性规定，但能源宪章大会秘书处对如何在能源领域内，结合能源贸易的特殊性来适用 WTO 规则，作了一些专门性的指导，对于未来能源贸易规则的发展具有重要的参考意义。④

二、ECT 的贸易争端解决程序

ECT 被称为能源领域的 WTO，对于第 29 条与贸易有关的事务⑤和

---

① See Yulia Selivanova, *The WTO and Energy: WTO Rules and Agreements of Relevance to the Energy Sector*, at http://ictsd.org/downloads/2008/05/the20wto20and20energy.pdf, last visited on April 8th, 2012.

② 参见余敏友、唐旗：《论 WTO 构建能源贸易规则及其对我国能源安全的影响》，载《世界贸易组织动态与研究》2010 年第 3 期，第 8～9 页。

③ See Energy Charter Secretariat, *Trade in Energy: WTO Rules Applying under the Energy Charter Treaty*. http://www.encharter.org/index.php?id=173&L=0, last visited on April 18th, 2012.

④ 能源宪章大会秘书处专门就如何在能源领域适用 WTO 规则编写了一份报告（*Trade in Energy: WTO Rules Applying under the Energy Charter Treaty*）。该报告指出了 WTO 规则适用于能源领域存在的问题和可能的解决方法。

⑤ 第 29 条位于第六部分临时条款部分，被称为“有关贸易事务的临时条款”，也就是说，该条款的适用是临时的。由于第 29 条只适用于缔约方中至少有一方不是 WTO 成员的情况，因此，如果所有的成员方都加入了 WTO，则该条款将停止适用，附件 D 所规定的争端解决程序也不再适用。根据 ECT 第 4 条，由于本条约的部分缔约方同时也是 WTO 的成员，因此 ECT 不会背离目前应用于 WTO 缔约方的有关 WTO 和相关文件的条款。

第5条与贸易有关的投资争端，ECT也参照WTO的争端解决方式，提供了一种以GATT/WTO专家组模式为基础的争议解决机制（具体规定在附件D中），这一争议解决机制适用于争议双方缔约国至少有一方不是WTO成员的争端。① 如果争议的双方都是WTO的成员，ECT则要求它们之间的贸易争议按照WTO的相关规定解决。这样既避免了WTO与ECT争端解决机制之间的“撞车”，同时也为非WTO的成员加入WTO提供了一定的过渡条件。在缔约方中至少一方不是WTO的成员时，双方的能源贸易争议只能运用第29条第9款和附件D的争端解决机制来解决，而不能适用第27条的仲裁机制了。当然，如果争议缔约国另行达成仲裁协议，该贸易争议以及与贸易有关的投资争议也可以提交第27条的仲裁机制，同时，投资者也可以将与贸易有关的投资措施争议提交投资者与缔约国之间的争端解决程序解决。

附件D中的贸易争议解决机制是以WTO专家组模式为蓝本制定的。首先，缔约方在提出协商要求后的60天内，缔约方没有解决其争端或不同意通过调解、斡旋、仲裁或其他方法解决问题，任何一个缔约方可以向秘书处提交申请建立一个专门小组。秘书处应在收到申请的45天内，组建专门小组。② 专门小组成立后，秘书处立即通知所有缔约方。专门小组审理的程序尽可能与WTO一致，同时专家组以WTO协定及相关文件的解释作为指导。专门小组在成立后的180天内完成全部的程序，包括最终报告的提交。宪章大会应在秘书处向所有缔约方提供该报告后至少30天后采纳该报告。对报告有反对意见的缔约方应在宪章大会就该报告进行审议之前至少10天向秘书处递交其反对意见的书面理由。③ 专门小组的报告最终应得到宪章大会缔约方简单多数支持后方为有效。如果

① 另外，根据附件TFU，已经依照或满足第29条第2款（b）项和附件TFU的要求进行通报，或者根据GATT第34条建立了自由关税区或关税同盟时，也不适用附件D的程序。

② 专家组由3名成员组成，由秘书长从成员名册中选出。专家组成员主要来自于WTO的专家组。

③ 附件D并没有规定如何处理缔约方的反对意见。

缔约方在一段合理的时间内没有遵守被宪章大会采纳的最终报告，受损方可以向不遵守条约的缔约方递交书面申请，就有关补偿问题进行协商。如果双方在 30 天内没有达成一致，受损方可以以书面形式请求缔约大会中止履行第 5 条或第 29 条中规定的它对不遵守报告义务的当事方的义务。在暂时中止缔约方义务前，受损害方应向不遵守报告义务的当事方通报其义务履行中止的程度和性质。如果不遵守报告义务的当事方就义务履行中止的程度向秘书长提交书面反对意见，该反对意见可以由专门成立的仲裁小组进行仲裁，仲裁小组应在成立后 60 天内递交书面决定。仲裁小组的决定在递交宪章大会 30 天后成为最终决定并具有约束力，届时受损方以适当的程度中止履行义务。虽然附件 D 中的争端解决程序是以 WTO 专家模式为基础的，但相对来说，该程序显得简单灵活得多。它与 WTO 的争端解决程序最大的不同在于它没有上诉机构，而且对于专家组报告，WTO 采取的是“反向协商一致”的原则，而 ECT 专门小组报告只需要简单多数支持就可以通过了。

三、ECT 贸易争端解决程序适用的实体规则

基于能源贸易的特殊性，并不是所有的 WTO 协定在 ECT 的能源贸易中都能予以适用。ECT 贸易修正案专门通过附件 W①，列举了不适用于能源贸易的 WTO 规则，主要包括：（1）组织规定——能源宪章大会应履行 WTO 协定赋予 WTO 相应组织的所有职责；（2）最后条款——包括条约的生效、加入和撤销等，因为 ECT 有自己的最后条款；（3）争端解决程序——ECT 建立了自身的争端解决程序，规定在第 29 条第 9 款和附件 D 中；（4）有关关税和关税谈判的规定——ECT 能源进口关税问题规定了“最大努力”条

---

① 附件 W 对 WTO 的有关协议采取“否定式”的列举，列举了不适用的文件和条款。根据能源宪章大会的要求，能源宪章大会秘书处还专门将 ECT 中与能源贸易有关的条款以及适用的 WTO 协议进行了整理，采取“肯定式”的列举方式进行了明确。参见 *Energy Charter Secretariat*：*Applicable Trade Provisions of the Energy Charter Treaty*，http：//www. encharter. org/index. php? id=168&L=0，last visited on April 8th，2012.

款；(5) 给予发展中国家特殊和差别待遇的条款（普惠制除外）；(6) 农产品协议、卫生与动植物检疫协议、纺织品与服装协议等多边贸易协定——这些内容不在 ECT 讨论的范围之内；(7) 服务贸易协定和与贸易有关的知识产权协议；(8) 与贸易有关的投资措施——该协议的内容已经被 ECT 第 5 条所吸收。

根据 ECT 第 29 条和附件 W 的规定，结合 WTO 的有关规则，ECT 贸易争端解决程序适用的实体规则主要有：

（一）最惠国待遇与国民待遇

最惠国待遇和国民待遇原则是 WTO 体系中最重要的两大原则，这两大原则被纳入到 ECT 体系。最惠国待遇原则对于能源贸易来说，意味着所有 ECT 的缔约国，在其能源政策方面，不应对能源原料和产品等因其进口产地或出口目的地不同而受到歧视或不同的待遇。在实践中，有些尚未成为 WTO 成员的能源出口方对不同能源市场征收不同的出口税，造成能源价格差别极大。① ECT 将此原则纳入到能源贸易，适用于非 WTO 的成员，可以在一定程度上减少这种现象。最惠国待遇适用于能源贸易很大程度上是一个“自我执行”的原则，因为能源贸易如石油和天然气的价格基本上是由国际市场来定价，而电力贸易则主要是区域性的，能源行业资金密度高、能源企业资金投入大，能源价格遵从国际市场定价，而且有关国家对能源贸易收入的严重依赖，都使得能源贸易方不可能长期给予另一方单方面的优惠待遇，但是，作为政治上的工具，一些国家可能会给予其贸易伙伴以特别优惠待遇，但此时，仍然要受到最惠国待遇原则的调整。②

国民待遇原则要求在一成员方的货物进入到另一成员方的市场

① See Pierro S, *Exploring Certain Trade-Related Aspects of Energy Trade under GATT/WTO*, *International Trade Law & Regulation*, Vol. 5, No. 1, 1999, pp. 26-27. 转引自唐旗：《WTO 体制与能源贸易问题》，载《法学评论》2008 年第 4 期，第 97 页。

② See Francis N. Botchway, *International Trade Regime and Energy Trade*, *Syracuse Journal of International Law and Commerce*, Vol. 28, No. 2, 2001, pp. 7-8.

后，进口货物的待遇不得低于该WTO成员同样产品的待遇。这一原则适用在ECT的能源贸易上，它要求有关国家对进口能源和国内能源征收同样的国内税；国内的各项能源法令条例和规定应当对国内能源和进口能源同样对待；地方政府同样也应遵守国民待遇原则。但是GATT的国民待遇原则主要强调商品进口，对于出口问题却关注很少。同样，国民待遇适用于能源贸易时，如果仅仅是用于能源进口，那么，能源出口国可以对用于出口的能源产品与用于国内消费的能源产品区别对待，比如对前者征收更高的国内税，这在实践中屡见不鲜，因为能源出口税往往构成能源出口国的主要财政来源。① 因此，与最惠国待遇在国际贸易中自动起作用完全不一样，国民待遇原则在适用于国际能源贸易时往往不太容易。

（二）一般禁止数量限制

除了最惠国待遇和国民待遇两大原则外，与能源贸易密切相关的另一重要原则是一般禁止数量限制条款。GATT第11条规定，任何缔约国除征收税收或其他费用以外，不得设立或维持配额、进出口许可证或其他措施以限制或禁止其他缔约国领土的产品的输入，或向其他缔约国领土输出或销售出口产品。该条规定的非歧视原则与第3条规定的国民待遇原则不同，数量限制主要针对的是边境措施，而国民待遇原则适用于跨越边境以后进入缔约方的流通市场时。虽然这条主要针对的是进口，但能源出口也应当适用该条的规定。但是该条也规定了非常详细的例外规定。其中与能源贸易最为相关的例外之一是第11条第2款第1项为防止或减轻出口缔约国其他必需品的严重短缺而临时实施的禁止出口或限制出口。能源产品应该属于“必需品”之列，但是这些限制应该是暂时性的，一旦严重短缺情况减缓后，应当予以解除。与能源贸易相关的第二个例外是第11条第2项第2款规定的为实施国际贸易上商品分类、分级和销售的标准及条例，而必须实施的禁止进出口或限制出口。这一例外在缔约国旨在实施某一产品的质量标准，当某种商品不能

① 参见唐旗：《WTO体制与能源贸易问题》，载《法学评论》2008年第4期，第97页。

达到该种标准，为维持国内市场平衡时采用。对于能源贸易来说，当能源出口国认为能源出口使得其不能维持某种质量标准，如果不加禁止，可能会影响其在国际市场上的份额时，可以援引该项例外。例外之三就是为了维持国际收支平衡而实施的数量限制。由于能源进口对能源进口国来说非常重要，进口国可能会以此为由减少进口。与此相关的是第 12 条第 3 款 b 项，按本条规定实施限制的缔约各国，可以对不同进口产品或进口产品的不同类别确定不同程度的限制，使比较必需的产品能够优先进口。能源产品显然属于必需品之列。

（三）一般例外与安全例外

第 20 条规定的“一般例外”和第 21 条的“安全例外”是与能源贸易密切相关的两个条款。第 20 条具体规定了可以免除成员义务的 10 种一般例外措施，其中与能源密切相关的主要有两种例外。例外之一就是为保障人类和动植物的生命或健康所必须采取的措施。如对以非环境友好方式生产的能源产品征收更高的税收；例外之二就是对可能枯竭的天然资源采取保护措施。这一例外在能源出口国可能以能源枯竭为由而限制能源出口，或者因为开采技术不够先进而避免能源损失时被广泛适用。ECT 第 18 条也规定，各国有权决定其境内进行能源开采与开发的地理区域、资源优化恢复、耗竭或开采速度……管理在其境内的关于开采、开发和恢复等环境与安全问题。

除了第 20 条的一般例外，第 21 条还规定了安全例外。第 21 条（b）项阻止任何缔约方采取其认为对保护其基本国家安全利益所必需的任何行动：（ⅰ）与裂变和聚变物质或衍生这些物质的物质有关的行动；（ⅱ）与武器、弹药和作战物资的贸易有关的行动，及与此类贸易所运输的直接或间接供应军事机关的其他货物或物资有关的行动。根据这一例外，ECT 成员可以对核能和其他能源产品实施出口限制，但是该国必须证明该项限制是基于军事安全所必需的。根据该条第 3 款，阻止任何缔约方为履行其在《联合国宪章》项下的维护国际和平与安全的义务而采取的任何行动。如联合国安理会对某个国家实施石油禁运，则 ECT 的成员应实施该项禁运，禁止从该国进口石油。根据该项例外，这并不构成对第11条禁止数量限制的违反。① 这条成为能源问题长期以来游离于WTO体制之外的原因之一，因为能源产品经常被某些国家冠以“国家安全物资”。②

（四）国营贸易企业

GATT第17条将缔约方“建立或维持的国营企业”以及“在形式上或事实上给予独占权或特权”的企业归为“国营贸易企业”，要求缔约方保证其境内在其有关进口或出口的购买和销售方面的行为，应符合非歧视待遇的一般原则。③ 虽然GATT/WTO规则针对的是政府行为，但由于各国大量存在的国有能源企业，在能源市场处于垄断地位，或为政府所有，或为政府控制，并享有某些特权或专有权，为政府达到某种政策目的。为了避免ECT的成员通过其国有能源企业来逃避有关义务，有必要对有关国营贸易企业的行为进行规制。④ 在某些情况下，国有能源企业的行为可能会归因于政府的行为，如成员国授予国有能源企业规制私人能源贸易的权力，这种情况下该国有企业的行为等同于国家行为。ECT第22条关于国有和特许企业的条款也有类似的规定。

（五）技术贸易壁垒协定

GATT已经逐步取消了关税壁垒，但目前还存在各种非关税壁垒，其中一种非关税壁垒就是技术壁垒，旨在在技术标准的伪装下保护本国生产者。也就是说，技术规章与技术标准以及合格评定程

---

① 参见曹志敏：《能源贸易与WTO体制》，苏州大学2010年硕士学位论文，第20页。

② See WTO Secretariat, Energy Service Background Note, S/C/W/52, 1998, para. 31. 转引自唐旗：《WTO体制与能源贸易问题》，载《法学评论》2008年第4期，第98页。

③ 参见唐旗：《WTO体制与能源贸易问题》，载《法学评论》2008年第4期，第98页。

④ See Energy Charter Secretariat, *Trade in Energy: WTO Rules Applying under the Energy Charter Treaty*, p. 46. http://www.encharter.org/index.php?id=173&L=0, last visited on April 8th, 2012.

序也成为了妨碍自由贸易的因素。技术贸易壁垒协定要求技术规章、技术标准以及合格评定程序不应对贸易造成不必要的障碍。对于能源原料和能源产品来说，经常被使用的是环境保护标准，因为环境保护直接与能源的生产、运输和贸易相关。能源进口国对进口能源有较高的环境标准。技术贸易壁垒协定的义务包括：非歧视原则、不对国际贸易造成不必要的障碍、和谐与对等以及透明度要求。

（六）关税义务

ECT 附件 W 排除了 GATT 的具体关税承诺，专门在第 29 条第 3～8 款用大量的篇幅对关税义务问题进行了专门的规定，这是 ECT 的贸易机制与 WTO 贸易条款唯一不同的条款。然而，成员方在谈判中对关税水平很难达成一致意见，最终也没有达成有约束力的关税义务。ECT 第 29 条第 3 款规定，ECT 成员应当向秘书处提交各种进出口能源原料和产品以及能源相关设备的所有关税和相关的或强制性的收费单，标明该日这些关税和收费的水平。对于非 GATT 的 ECT 成员，应当向秘书处通报，对于 WTO 的成员，应当按照 WTO 的有关要求来进行通报（附件 W 第 8 条）。第 29 条第 4 款规定了“尽最大努力”义务，规定 ECT 成员应该尽量不提高与进出口相关的关税及费用。对于 WTO 的 ECT 成员，不能将关税或其他费用提高到超出清单中设立的水平。而对于不是 WTO 成员的 ECT 成员，对于有关能源产品的关税，不能将关税或其他费用提高到超出最近向秘书处通知的水平。根据最惠国待遇原则的无条件实施，WTO 成员必须对 ECT 成员实施对 WTO 成员的优惠待遇。因此，根据第 29 条第 2 款 a 项，ECT 成员也能享受 WTO 成员的关税优惠待遇。根据第 29 条第 5 款，缔约方提高关税及费用有两个例外：第一个例外是对于关税或其他与进口有关的强制性费用，如果这种行为不违背 WTO 协定的相关条款，而非 WTO 协定附件 W 中所列的条款时，可以提高关税及费用。第二个例外是缔约方在其法律程序允许的最大限度内，向秘书处提交了提高这些税率的提案，并给其他有利害关系的缔约方合理的机会对此条进行协商，并对上述缔约方的意见给予了充分的考虑的情况下，可以提高关税及费用。很显然，相较于WTO严格的关税义务，ECT的关税义务是对GATT/WTO的关税义务的软化。

综上所述，目前WTO的主要规则和各种例外在适用能源贸易时并不具有很好的兼容性，在调整能源贸易关系上存在较大的局限性，难以满足与适应国际能源贸易当前的形势。① 尽管WTO的核心规则和条款可以同样适用于能源领域，但是由于能源产品的特殊性质导致这些规则或是难以对国际能源贸易产生影响，或是在其发挥作用的领域根本很难发生违反WTO相关原则或规则的状况。相反，在国际能源贸易极易引发争端的问题上，如国有化、资本转移、跨境运输、双重定价、出口限制、出口关税等方面，WTO却没有作出确切的规定。② 这就可能使WTO争端解决机制和ECT贸易争端解决机制一般无法在国际能源贸易容易发生争端的问题上发挥作用，在国际能源争端领域的管辖空间非常狭窄，在对相关争端行使管辖权时感到无所适从。

四、对ECT贸易争端解决机制的评价

（一）ECT贸易争端解决机制具有一定的积极作用

首先，能有效避免管辖冲突。ECT贸易争端解决机制最大的贡献之一就是它能有效避免管辖冲突，在一定程度上减轻了国际法碎片化的现象。ECT贸易争端解决机制规定，该争端解决机制仅仅适用于争端一方或者争端双方为非WTO成员之时。当争端双方为WTO成员时，该争端解决程序不予适用，此时应当直接适用WTO的争端解决程序，这既解决了ECT与WTO之间贸易争端解决的管辖冲突，也避免当事方“挑选法院”。

其次，为ECT的非WTO成员加入WTO提供了过渡条件。ECT对GATT的贸易规则和其他WTO协议进行了大胆的借用，充

① 参见唐旗：《WTO体制与能源贸易问题》，载《法学评论》2008年第4期，第100页。

② 参见王铁坚：《〈能源宪章条约〉与WTO争端解决机制管辖重叠问题研究》，中国政法大学2009年硕士学位论文，第18页。

分借鉴了 WTO 的经验，有利于 ECT 成员在能源领域进行必要的改革，为 ECT 的非 WTO 成员加入 WTO 提供了过渡条件。① ECT 签署时，大部分成员都处于过渡转型期，很多国家都不是 GATT 的成员或者正在申请加入 GATT。ECT 的能源贸易规则借用 WTO 使得这些成员熟悉 GATT 规则，为顺利加入 WTO 打下了基础。ECT 是融入世界经济尤其是加入 WTO 的理想的第一步。②

再次，它是 WTO 争端解决机制的补充和延伸。WTO 争端解决机制只能对 WTO 成员方行使管辖，其对于非成员方之间及成员方与非成员方之间的争议无权过问。ECT 贸易争端解决机制将非 WTO 成员也纳入到 WTO 体系，在能源贸易争端解决方面，ECT 贸易争端解决机制是 WTO 争端解决机制的延伸。在现实中，在国际能源贸易领域发生的争端大多牵涉到某些非 WTO 的 ECT 成员，ECT 的争端解决机制事实上将 WTO 的争端解决机制延伸到了非 WTO 成员。特别是贸易争端借鉴 WTO 争端解决模式的做法，使得具备强制性的 WTO 争端解决机制实质上适用于所有 ECT 缔约方之间的能源贸易争端，如此规则化的处理方式对于进口国的能源供给安全无疑影响深远。

最后，它有利于促进 WTO 有关能源贸易规则的进一步完善。ECT 在能源贸易方面参照 WTO 规则的立法方式，也成为在 WTO 框架下开展新一轮能源谈判的动力之一。③ 欧盟及欧盟国家是新一轮能源谈判的重要推动者，同时他们也是 ECT 的主要成员，其在

---

① See Olivia Q. Swaak-Goldman, *The Energy Charter Treaty and Trade: A Guide to the Labyrinth*, *Journal of World Trade*, Vol. 30, No. 5, 1996, p. 163.

② See Steivan Defilla, *Energy Trade under the ECT and Accession to the WTO*, *Journal of Energy & Natural Resources Law*, Vol. 21, No. 4, 2004, p. 446.

③ 目前在 WTO 框架下开展能源贸易谈判的动力已经日益充足，欧美发达国家正积极推动设定专门的能源贸易规则，WTO 的总干事拉米也在呼吁成员方推动确定专门的能源贸易规则，但是能源贸易已不单纯是贸易事务，在各国政治考虑的重压之下，要建立专门的全球性能源规则并非易事。参见余敏友、唐旗：《论 WTO 构建能源贸易规则及其对我国能源安全的影响》，载《世界贸易组织动态与研究》2010 年第 3 期，第 10 页。

WTO的新一轮的能源谈判必然会参考ECT的有关条文。① 因为WTO有关能源规则的建立和完善也意味着ECT规则的建立和完善。在能源贸易规则方面，WTO和ECT是一致的，ECT是WTO能源贸易规则的追随者。ECT第4条明确规定，不违背WTO规则是ECT现行的基本原则之一。②

（二）ECT贸易争端解决机制发挥的作用有限

ECT的贸易争端解决机制主要来自于WTO的争端解决机制，虽然它能减少管辖权冲突的情况，但事实上，ECT争端解决机制的适用范围十分有限，因为该程序只适用于至少一方为非WTO成员的ECT成员之间，只是一个过渡性的补充机制，是在为数不多的几个ECT成员加入WTO之前的一个临时机制。如果所有的ECT成员都加入了WTO（目前仅有8个ECT成员未加入WTO），这一程序将完成它的使命。对于WTO成员来说，“ECT的贸易机制就是WTO机制”。③ 另外，ECT作为能源领域的专门性条约，采用了“参照WTO”的立法方式，虽然有利于促进能源贸易自由化，但ECT放弃了针对能源贸易制定适用于能源贸易的专项性条款的机会。与WTO相比，ECT其实应该更加容易就能源贸易规则方面创造出适合能源贸易的规则。ECT相比于WTO要灵活紧凑、决策便捷，虽然缺乏全局性，但完全可以在区域内具有更大的优势，从局部来看，能更好地维护成员国的能源安全。④ 因此，在笔者看来，ECT的这种立法方式创造性显得十分有限。很明显，WTO的核心原则及条款针对的是普通的货物贸易，并没有考虑到能源贸易的特

① See Susan L. Sakmar, *Bringing Energy Trade into the WTO*, *Indiana International and Comparative Law Review*, Vol. 18, No. 1, 2008, pp. 98-99.

② 参见于宏源、李威：《创新能源机制与国际能源法》，海洋出版社2010年版，第242页。

③ See Melaku Geboye Desta, *The Organization of Petroleum Countries*, *the World Trade Organization*, *and Regional Trade Agreements*, *Journal of World Trade*, Vol. 37, No. 3, 2003, p. 539.

④ See Shih Wen-Chen, *Energy Security*, *GATT/WTO*, *and Agreements*, *The Natural Resources Journal*, Vol. 49, No. 2, 2009, p. 479.

殊性，这些规定适用在能源贸易方面存在诸多的困难，不具有专项针对性。WTO 争端解决机制在频发的国际能源贸易争端面前也显得力不从心。而 ECT 作为能源领域的专门性条约完全可以在部分参照 WTO 规则的情况下，针对国际能源贸易的问题和特点，创造出适合能源贸易的规则，为 WTO 日后进行能源贸易规则谈判提供成功的经验。虽然 WTO 进行能源谈判的动力日益充足，但困难重重①，在短期内很难达成适合能源贸易的相关规则。② 国际能源贸易的建设不能完全寄托于 WTO 的多边谈判，必须从国际能源贸易的特点入手寻找解决国际能源贸易问题的根源。③

第四节　ECT 下能源环境争端的解决

能源价值链的各个环节包括开发、生产、运输和消费都可能对环境产生负面的影响，因此，ECT 将环境规范也纳入其中，并为其规定了相应的争端解决程序，这套程序也构成 ECT 争端解决机制的重要组成部分。与 ECT 的其他争端解决程序不同的是，由于环境规范与生俱来的软法性缺陷，ECT 的环境争端解决程序也带有浓厚的软法性特点，它使得 ECT 的环境争端解决程序发挥的作用还十分有限。但是，由于能源投资、能源过境和能源贸易活动都深深受到了环境问题的影响，环境争端在能源领域里从来都不是孤

---

① 在目前正在进行中的多哈回合谈判中，能源贸易不是专门的谈判议题，而是在其他的谈判议题中分散进行。目前关于能源贸易服务和可再生能源贸易的谈判已经取得了实质性进展，但传统的能源贸易事项（如出口国能源政策、双轨定价、出口限制与出口税等事项）依然没能取得任何进展。参见余敏友、唐旗：《论 WTO 构建能源贸易规则及其对我国能源安全的影响》，载《世界贸易组织动态与研究》2010 年第 3 期，第 12 页。

② See Yulia Selivanova, *The WTO and Energy*: *WTO Rules and Agreements of Relevance to the Energy Sector*, http://ictsd.org/downloads/2008/05/the20wto20and20energy.pdf，最后访问日期：2012 年 4 月 20 日。

③ 参见于宏源、李威：《创新能源机制与国际能源法》，海洋出版社 2010 年版，第 255 页。

立存在的，它往往伴随着能源投资、能源过境和能源贸易争端，从而增加了这些争端的复杂性，这一点在能源投资领域表现得尤其突出。因此，与环境有关的能源投资争端的解决也成为研究 ECT 环境争端解决机制时应当考虑的一个重要方面。

一、ECT 的环境规范

ECT 作为能源领域里唯一的多边条约，它是第一个将环境规范纳入能源领域的国际法律文件。它的环境规范，集中体现在三个部分：ECT 序言、ECT 第 19 条和 PEEREA(《能源效率与相关环境问题议定书》)。

（一）主要内容

1. ECT 序言

序言条款虽然没有法律拘束力，但它在一定程度上能体现条约的宗旨。ECT 在其序言中指出："……参照《联合国气候变化框架公约》、《远距离大气跨界污染公约》及其议定书和其他与能源有关的国际性环境协议，并承认日益紧迫的环境保护的需求，包括能源装置的退役、废物处置的需要以及为此目的的国际公认的目标和标准。"该序言里表明环境问题将成为 ECT 的一个重要方面，而且该序言中提到了具体的国际环境公约，将这些公约作为参考文件，这在当前环境问题和气候变暖等问题成为国际社会共同关注的焦点的背景下，ECT 努力做到在方向上和政治上正确①，从而消除了长期以来对法律没有重视能源在解决环境问题中作用的批评。② 这让 ECT 受到了更多的关注和支持。因为能源在所有行业中，尤其是

---

① See Thomas W. Waelde, *Sustainable Development and the 1994 Energy Charter Treaty: Between Pseudo-action and the Management of Environmental Investment Risk*, Friedl Weiss, Erik Denters and Paul de Waart ed., *International Economic Law with a Human Face*, Kluwer Law International, 1998, p. 236.

② 参见杨洪：《论〈能源宪章条约〉中的环境规范》，载《法学评论》2007 年第 3 期，第 88 页。

在能源消费价值链上，往往是造成环境问题的最主要的“罪魁祸首”。①

2. ECT 第 19 条

ECT 第 19 条是 ECT 环境问题的核心条款，它规定在 ECT 的第四部分其他条款里面。该条分 3 款，第 2 款是争端解决方式，第 3 款是关于能源周期、环境影响、提高能源效率和成本效益这几个概念的定义。只有第 1 款是有关环境问题的实质方面的内容。首先，该款明确将“可持续发展”作为条约追求的目标之一。但这并不具有强制性，每个缔约方只需要努力以经济有效的方式，减少其境内能源活动周期的所有活动对其境内外环境产生的有害影响，并且应考虑其安全性。每个缔约方应以成本效益的方式来行动。从这条可以看出，条约的谈判方本着实用主义思想，在污染控制方面将重心放在成本效益上，某种程度上策略地承认缔约方在决定是否履行环境义务时必须考虑其商业利益。② 其次，该款规定了预防原则。第 19 条要求各国应努力采取预防性的措施来防止或减少环境的恶化，这一要求对于条约所强调的经济效率而言具有重要的意义。环境事故造成的影响往往是不可挽回的，采取预防措施是防止环境事故发生最为廉价的方法。然而，这一原则在 ECT 的环境规范里也并不具有强制性，缔约国也只需要“努力采取预防性措施”即可。再次，该款规定了污染者付费原则。第 19 条要求所有缔约方区域内的污染者应该承担污染（包括跨境污染）的成本。但是它的适用却是“原则上的”，而且还要“适当顾及公共利益而且不扭曲能源周期或国际贸易中的投资”。最后，该款规定了为达到环境目标，缔约方应采取的 11 项措施，如在制定和实施能源政策中考虑

① See Thomas W. Waelde, *Sustainable Development and the 1994 Energy Charter Treaty: Between Pseudo-action and the Management of Environmental Investment Risk*, Friedl Weiss, Erik Denters and Paul de Waart ed., *International Economic Law with a Human Face*, Kluwer Law International, 1998, p. 224.

② See Clare Shine, *Environmental Protection under the Energy Charter Treaty*, in Thomas W. Wälde ed., *The Energy Charter Treaty: An East-West Gateway for Investment and Trade*, Kluwer Law International, 1996, p. 526.

环境因素、促进能源周期中反映环境成本和效益的市场价格构成、鼓励在实现宪章环境目标和能源周期中的国际环境标准方面合作、重视提高能源效率等。

3.《能源效率与相关环境问题议定书》(*Protocol on Energy Efficiency and Related Environmental Aspects*, PEEREA)

考虑到能源效率对于环境保护的重要性，ECT 谈判国专门通过了《能源效率与相关环境问题议定书》(以下简称《议定书》)。该议定书的目的之一在于推行与可持续发展一致的能源效率政策，同时该议定书也旨在创造一个“更充分反映环境成本和收益的机制”能源市场。《议定书》共有 22 条，其中第一部分是引言，包括议定书的范围、目的和意义，实质性条款主要集中于第二部分“政策原则”，第三部分是国际合作，第四部分是有关行政和法律安排，第五部分是最终条款。在整个《议定书》中，第 3 条、第 5 条和第 8 条是《议定书》的核心。就第 3 条而言，它列举了 8 项原则，但这些原则的实施被限定于“努力通过能源链获得能源效率的全面利益”，以及“应尽最大努力制定和实施能源效率政策”，由此使得上述义务变得模糊，在实践中也缺乏可操作性。第 5 条要求各缔约方应该努力制定提高能源效率的战略和政策目标，但该条又规定各国可以根据自身的能源状况，使各国成为自己行动合理与否的裁决者。第 8 条列举了缔约国国内能源效率计划可以包括的十种行为，但是这一规定是可以选择的，而不是“应该”实施的行为。

（二）评价

1. 它代表国际能源法向环境目标迈出了重要的一步

传统上，环境法关注的是能源使用的负面影响，但是却极大地忽略了能源本身。也就是说，环境法往往关注的是环境污染的后果如何处理，然而却忽视了环境污染产生的原因。① ECT 第 19 条和

① See Bradbrook A, *Energy Law: A Neglected Aspect of Environmental Law*, *Melbourne University Law Review*, Vol. 19, No. 1, 1993, p. 1.

《议定书》第一次在国际法领域里关注能源本身，条约承认能源价值链的每一个环节都对环境可能产生不利的影响，主张从环境问题产生的源头上解决问题。它第一次表明全球环境问题的立法从针对能源利用所造成的环境负面后果的末端控制转而思考从能源选择、开采、生产、运输、贮存、分配以及使用的源头及全过程进行立法控制，是"国际社会第一次在国际能源法的向度上思考和处理全球环境问题"。① 另外，由于 ECT 主要是关于能源投资方面的条约，它也被认为是首开在投资规范中强调环境保护重要性的先河，它促进了能源投资贸易与环境保护的协调，满足了投资者和东道国的现实需要。就投资者而言，东道国环境法规和政策的改变是投资者面临的主要风险②，投资者为实现其投资利益，必然也关注东道国环境政策的变化以及对其投资的影响。对东道国而言，为避免利益驱动下的投资行为，主权国家也倾向于接受环境规范。③ 因此，ECT 的环境规范使能源投资行为适应全球环境保护的趋势，顺应国际社会要求人类经济活动实现可持续发展的普遍要求，它是人类向生态正义迈出的重要一步。

2. 国际软法属性

但是 ECT 的环境规范也因为其明显的软法性而饱受批评。它最大的缺陷就是，无论是 ECT 第 19 条还是《议定书》都没有包含具有法律约束力的、可执行的实质义务，在实践中缺乏

---

① 参见杨洪：《论〈能源宪章条约〉中的环境规范》，载《法学评论》2007 年第 3 期，第 87 页。

② See Thomas W. Waelde, *Sustainable Development and the 1994 Energy Charter Treaty: Between Pseudo-action and the Management of Environmental Investment Risk*, Friedl Weiss, Erik Denters and Paul de Waart ed., *International Economic Law with a Human Face*, Kluwer Law International, 1996, p. 245.

③ 参见贺艳：《国际能源投资的环境法律规制——以〈能源宪章条约〉及相关案例为研究对象》，载《西安交通大学学报（社会科学版）》2010 年第 4 期，第 76 页。

可操作性。① 条约和《议定书》中的规定仅仅只是一种倡导，是一套支持良好的环境习惯做法的总结，它不能在任何一个国际平台上被强制执行。② 具体来看，首先，这些环境条款软化空洞，用语软弱松散而且含糊，大量出现“力争”、“努力”、“鼓励”、“提高”以及“促进”、“最小化”等词语，既没有参照标准，也没有实施保障，使得这些措施只能成为良好行为的指引。③ 其次，它反复强调“以经济效率为标准”、“以成本效益的方式来进行”、“不能破坏能源投资和国际贸易”等，这类规定令人感到疑惑，难道政府必须先考虑经济成本，再决定其环境义务是否履行？抑或政府可以自行选择成本优先还是环境优先？对此，ECT并未给出明确的答案。④ 最后，条约和《议定书》也没有解决发展中国家提高能源效率、处理日益恶化的环境问题的资金缺乏问题。能源效率措施要产生经济效益，往往在前期需要大量的资金，而对于能源效率的投资却超出许多国家的财政能力范围之外，因此，这些国家往往会使用高污染的能源（如煤炭）来满足日益增长的能源需求。对于该问题，ECT仅在其《议定书》的第6条里提到了融资和经济激励措施，没有对发展中国家资金缺乏的问题予以更多关注。⑤ 对于这些国家来说，他们需要的不仅仅是良好的建议，他们更需要的是大量的资金投入以解决由能源引起的日益严重的环境问题。基于

① See Clare Shine, *Environmental Protection under the Energy Charter Treaty*, in Thomas W. Wälde ed., *The Energy Charter Treaty: An East-West Gateway for Investment and Trade*, Kluwer Law International, 1996, p. 544.

② See A. J. Bradbrook, *Significance of the Energy Charter Treaty*, *Applied Energy*, Vol. 64, No. 9, 1999, p. 260.

③ See Clare Shine, *Environmental Protection under the Energy Charter Treaty*, in Thomas W. Wälde ed., *The Energy Charter Treaty: An East-West Gateway for Investment and Trade*, Kluwer Law International, 1996, p. 528.

④ 参见贺艳：《国际能源投资的环境法律规制——以〈能源宪章条约〉及相关案例为研究对象》，载《西安交通大学学报（社会科学版）》2010年第4期，第77页。

⑤ See A. J. Bradbrook, *Significance of the Energy Charter Treaty*, *Applied Energy*, Vol. 64, No. 9, 1999, p. 261.

上述原因，ECT 中的环境规范经常被称为“无牙”的国际软法。①

二、ECT 第 19 条有关环境争端的特殊解决程序

ECT 环境规范的软法性决定了其相应的争端解决方式也必然具有软法性。第 19 条第 2 款专门规定了有关第 19 条环境争端的解决方式。该款规定，在一个或几个缔约国的请求下，当本条款中的规定在应用或实施中产生争端时，在对此类争端的处理没有其他合适的解决方法时，由能源宪章大会谋求解决。根据该款和条约的其他争端解决条款的规定，首先，第 19 条的环境争端被排除在第 27 条和第 26 条的争端解决程序的最终保障机制之外。ECT 第 27 条第 2 款明确规定，第 19 条有关的应用和解释，不适用第 27 条的缔约方之间的争端解决程序。也就是说，当事国在产生此类环境争端时，既没有义务将争端通过外交方式解决，更不能将争端提交仲裁。第 26 条第 1 款规定：“缔约一方与投资于其地域范围内的缔约另一方的投资者之间有关前者违反第三部分义务的投资争端……”明确投资者与国家之间的争议解决方式只适用于缔约方违反协定第三部分关于投资义务规定的争端，而第 19 条“环境方面”是属于第四部分“杂项条款”中的内容，所以第 26 条的争端解决方式不适用于国家违反环境义务的情况。其次，这一争端解决程序与第 27 条和第 26 条相比，明显要弱。能源宪章大会只能在当事国没有其他解决方式时（如争端双方是其他环境条约的成员时，应当优先采用该环境条约的争端解决方式），可以谋求由能源宪章大会解决。在这种规定下，即便是条约范围内的环境争端，也有可能排除条约的使用，而由其他的国际机构来解决。该款也没有规定，当另一争端解决机构对于该环境争端有管辖权，但是拒绝管辖时，该程

① See Thomas W. Waelde, *Sustainable Development and the 1994 Energy Charter Treaty: Between Pseudo-action and the Management of Environmental Investment Risk*, Friedl Weiss, Erik Denters and Paul de Waart ed., *International Economic Law with a Human Face*, Kluwer Law International, 1998, pp. 240-245.

序是否适用。即使能源宪章大会对于该争端可以审查，但也只是限于“谋求解决”，争端双方必须都同意接受大会的结论和建议，这种解决的方法注定不是高效的。① 再加上 ECT 第 19 条的软法性和其标准的模糊性②，当事国很难证明另一当事国违反了第 19 条的规定而将其诉至某一争端解决机构。因此，ECT 第 19 条第 2 款的争端解决方式只是为环境争端的解决提供了一个多边的论坛或协商机构，该方式决定了 ECT 第 19 条环境争端的解决不具有预期性和结果性。

那么 ECT 第 19 条规定的环境义务的实施真的没有任何保障吗?不尽然。ECT 第 34 条组织机构部分“能源宪章大会”第 3 款 b 项授予宪章大会“监督、促进宪章的原则及本条约议定书的条款的贯彻执行”的权力。根据该款规定，宪章大会还设立了秘书处，履行条约和其他议定书以及宪章大会所指定的各项职能，代表大会处理日常工作。目前，能源效率和环境问题也是秘书处工作的一个重要方面。除此之外，能源宪章大会建立了一系列的附属机构来协助其工作，在环境工作方面，其常设工作组是“能源效率与相关环境问题工作组”。就环境领域而言，目前在 ECT 体制下，已经形成了以工作组为主体、秘书处负责、定期向宪章大会报告的组织和工作程序。

和能源宪章进程中的其他方面不同的是，能源效率与相关环境问题工作组的工作并非建立在强制性的法律基础上，它是建立在提高能源效率的政治承诺的实践基础上的。它主要通过成员国之间在政策上的讨论和经验的交流来实施，并邀请相关的专家或其他国际组织进行评论。通过对《议定书》的实施，能源宪章为成员国在能源效率方面提供政策建议和交流的平台。在这个平台里，能源效

① See Robin Griffith, *The European Energy Charter and the Treaty and the Environment*, in Zhiguo Gao ed., *Environmental Regulation of Oil and Gas*, Kluwer Law International, 1998, p. 191.

② 如前所述，ECT 的环境规范大多建立在一些模糊的标准如“公共利益”、“成本效益”等基础上，这些标准在实践中很难证明。

率战略，如能源税收、能源价格和能源补助以及其他资助提高能源效率的机制得到特别的关注。能源效率与相关环境问题工作组是专门处理有关能源效率等问题的机构，目前该机构已经发展成为政策讨论和经验交流的重要论坛，同时，许多转型国家会利用这一机制来发展其能源效率方面的政策和立法以及其他相关措施。另外，ECT形成了一种独特的、对缔约国履行《议定书》义务进行常规监督的体系，这种程序被称为能源效率评估程序，它主要有定期评估和深度评估两种形式。定期评估主要是由缔约国填写一份标准形式的表格，主要分为两个部分：第一部分是有关能源效率的立法；第二部分是有关能源和能源效率的数据分析。深度评估则主要由成员国自愿进行，主要由3～4个国家和秘书处来进行同行评估，分析该国的经济和能源环境、能源使用方式、能源效率政策和组织机构等，同时还包括对国内能源效率政策和项目提出具体建议，这些建议主要由工作组进行讨论和起草，2～3年后再由该成员对这些建议的实施作出报告。① 这些评估程序虽然不具有强制性，但通过该程序，促进了成员国对《议定书》所定义务的履行和落实，并促使其在实施过程中获得更加深入的认识而得以不断修正，在解决能源效率问题的同时及时获得帮助，促使其国内能源效率得到提高。所以该程序不仅对缔约方的履约行为产生了压力，同时也带来了动力，从而最终确保了《议定书》的能源效率和环境规范得到适用。② 从严格意义来讲，能源效率评估程序不能被称为争端解决程序。③ 但是该评估程序相比传统的争端解决方式（侧重于事后救

---

① 参见ECT官方网站，http：//www.encharter.org/index.php? id = 42，最后访问日期：2012年4月20日。

② 参见杨洪：《论〈能源宪章条约〉中的环境规范》，载《法学评论》2007年第3期，第91页。

③ 在笔者看来，该评估程序有些类似于环境条约（如《蒙特利尔议定书》）中的不遵守情势程序，只不过ECT体制下的评估程序由于其环境规范的软法性特点，使得该程序并不具有强制性，而是建立在成员国自愿的基础上的。

济），更加符合环境争端的特点。① 该评估程序侧重于对缔约国履行条约的情况进行监督和鼓励，在一定程度上保障 ECT 环境规范的实施，同时也在预防国家之间环境争端的产生方面发挥了一定作用。从目前的实践来看，这种评估程序比第 19 条第 2 款规定的争端解决程序更具优越性，在实践中运行良好，在促进能源与环境保护的协调性方面发挥的作用更大。

三、ECT 与环境有关的投资争端的解决

（一）ECT 环境规范与投资争端解决机制的关系

1. 东道国的环境规制是能源投资面临的主要风险之一

虽然 ECT 为缔约国创设的环境义务是国际软法义务，但各国享有环境规制的主权，东道国提高其环保标准或通过新的环保立法，是东道国行使主权的行为，但这些环境规制却可能会对能源投资者的利益造成影响。事实上，许多投资争端都是因为东道国采取特定的环境措施而产生的。由于能源和环境的关系十分密切，这种现象在能源投资领域表现得尤为突出。东道国环境法规和政策的变化或者某些具体行政行为的不可预期的改变都是能源投资项目中将要面临的主要风险。这主要是因为能源投资者的私人利益和东道国的公共利益经常会产生冲突。投资者关注的是其投资产生的商业利益，而东道国出于公共健康和环境保护的目的，通过或修改其环保法规，而这些法规可能影响到投资者的利益，从而引发投资保护争端。目前与环境有关的投资争端已经不在少数，如 NAFTA 下就出现了几例东道国环保法规与投资者利益冲突的案例。② 另外，东道国可能会由于环保人士或非政府组织的反对而改变其决策和具体行政行为，例如，在能源投资进行的过程中，由于环保组织的反对，

---

① 环境义务的不履行往往带来的是巨大的和不可挽回的损失，传统的争端解决程序往往注重事后的救济，这使得传统的国际争端解决方法常常在面临环境争端时产生“失灵”的情况。因此，注重事前预防的不遵守情势程序受到了广泛的关注并越来越多地在多边环境条约中得到运用。

② 如 Ethyl Corporation v. Government of Canada，S. D Myers Inc. v. Government of Canada，Methanex Corp. v. United States 等。

东道国取消能源投资者的采矿许可证或者援引环境法规来阻止项目的进行；或者东道国要求外国投资者为过去造成的环境损害承担责任等。① 因此，如何兼顾投资者利益与东道国公共政策的实施，这是 ECT 的争端解决机制所面临的问题。

2. ECT 的投资仲裁机制为投资者通过仲裁应对环境风险提供了最重要的保障

虽然 ECT 第 19 条的环境争端不能直接通过仲裁的方式解决，但这并非意味着所有与环境有关的争端都不能提交仲裁。ECT 并不排斥将与环境有关的投资争端提交仲裁，因为它本质上还是属于投资争端，只是这种投资争端是由东道国的环境政策引起的，因此，这种争端和其他的投资争端一样，仍然由投资者依据第 26 条提起。② ECT 为投资者应对这种环境风险提供了强有力的保护。如 ECT 第 10 条规定的促进、保护投资及其待遇，为投资者应对与环境有关的风险提供了法律依据。同时根据第 10 条第 1 款的保护伞条款，即使是东道国违反合同的行为，也可以成为投资者提交仲裁的根据。根据 ECT 第 13 条，缔约方的投资者在任何其他缔约方境内的投资不得被国有化、征收或者受到与国有化或征收相同效果的措施。根据该条的规定，如果缔约国的环境管制、立法或行政行为影响投资者的利益而被视为间接征收时，投资者可以依据该条规定提起仲裁，要求获得充分、及时有效的赔偿。此外，根据 ECT 第 22 条和第 23 条，国有和特许企业、地方政府或权力机关的某些行为也可能归因于国家，从而对该国提起仲裁，要求该国承担国家责任。总之，ECT 为投资者应对环境风险，提供了严格的保护。

---

① See Thomas W. Waelde, *Sustainable Development and the 1994 Energy Charter Treaty: Between Pseudo-action and the Management of Environmental Investment Risk*, Friedl Weiss, Erik Denters and Paul de Waart ed., *International Economic Law with a Human Face*, Kluwer Law International, 1998, pp. 246-247.

② 从这个方面也可以看出，虽然与环境有关的投资争端表现的是能源投资者的私人利益和东道国的公共利益的冲突，但很显然，ECT 站在了能源投资者的利益这边，因为促进能源领域的投资是 ECT 的首要目标，环境保护只是 ECT 的第二位目标。

3. ECT的环境规范在投资仲裁中的适用问题

投资者将与环境有关的投资争端提交仲裁的依据主要是ECT的有关投资规则。环境规范如前所述，主要都是软法规则，无法直接作为投资仲裁的法律依据。但这并不意味着ECT的投资仲裁绝对排除环境规则。事实上，ECT的环境规则在投资仲裁中是可以发挥作用的。环境保护也是ECT的目标之一，仲裁庭依据ECT进行仲裁时，不得不将这一目标纳入考虑的范畴，从整体上解释条约，考虑ECT目标的整体性，平衡解释条约的目标。同时，ECT的环境规范也可以作为被诉国提出抗辩的理由，虽然ECT的软法性质可能影响其作用的发挥，但软法也是法律的形式，不能否认它仍然是具有法律意义的，即便是软法或者良好行为的宣告也可能产生法律效果，成为指导各国具体行动的指南。它对投资保护依然存在一定的制约作用，能在一定程度上平衡投资保护与环境保护的冲突。

4. ECT的投资目标与环境目标的协调

ECT为投资者应对环境风险提供了救济方式，它反对以环保为借口的保护主义，但并不反对东道国良好的环境做法。对于符合ECT环境规则或国际环境标准的做法，即使是投资和贸易至上的ECT，也不能轻易否认正当的环境价值的存在。① 环境目标与投资目标并不总是冲突的，这两个价值目标也可能协调发展，ECT能够通过支持能源国际投资从而为可持续发展作出贡献，如积极鼓励投资者投资于节能减排的清洁能源项目，这类项目不仅资金密集，同时技术含量很高，涉及大量的固定资产投资，项目周期长，这些都要求东道国有一个稳定的国际投资法律框架。② 这类清洁能源项目的投资可以同时实现ECT的投资目标和环境保护目标。从这一

① 参见贺艳：《国际能源投资的环境法律规制——以〈能源宪章条约〉及相关案例为研究对象》，载《西安交通大学学报（社会科学版）》2010年第4期，第79页。

② 参见张庆麟、马迅：《论〈能源宪章条约〉投资规则的可持续发展》，载《暨南学报（哲学社会科学版）》2009年第2期，第93页。

角度讲，ECT的环境规范有利于促进国际能源投资活动更加符合生态正义的要求，为可持续发展作出贡献。

（二）ECT与环境有关的投资争端解决的实践

ECT第19条为环境争端制定了特定的解决方案，它是适应ECT的软法规范制定的争端解决程序，但目前还未有公布的直接依据第19条的案例，但是依据第26条的案例从2001年出现第一例起，现在逐年增加，目前已经达到了29起，其中涉及能源投资中的环境问题的有两个。

案例一：Plama Consortium Limited诉保加利亚案。申诉人Plama Consortium Limited（以下简称PCL）是一家塞浦路斯公司，2002年12月24日向ICSID提出针对保加利亚的仲裁申请，认为保加利亚政府在其收购保加利亚国有炼油厂Nowa Plama的过程中设置了种种障碍，从而造成了PCL的投资遭受巨大损失。其中PCL特别提出，保加利亚1999年的环境法修正案排除了保加利亚政府对Nowa Plama既往环境损害的国家责任，而要求Nova Plama承担既往环境责任，违反了ECT第10条的法律义务，即未能给予PCL投资"公正与公平的待遇"以及"最稳定的保护和安全待遇"，没有遵守保加利亚政府与PCL缔结的私有化协议。该协议于1998年11月缔结，明确规定PCL对协议缔结前的环境污染不承担责任。因此，PCL主张应当由保加利亚政府承担对PCL收购前的环境责任。同时，PCL也主张1999年的环境法修正案导致了其收购项目失败，构成ECT第13条意义的征收行为。① 经过审理，仲裁庭最终驳回了申诉方的请求，主要理由是：（1）保加利亚1999年的环境法修正案要求Nowa Plama承担既往环境责任，而不是PCL；（2）PCL与保加利亚政府缔结的协议中仅规定PCL对既往环境损害不承担责任，并没有将Nowa Plama承担的责任转嫁给保加利亚政府承担；（3）保加利亚政府并未强制要求Nowa Plama承担环境损害责任，实际损害并不存在。最终，仲裁庭由此认

① Plama Consortium Limited v. Bulgaria, ICSID Case No. ARB/03/24, Award, August 27, 2008, paras. 194-206.

定，保加利亚的1999年环境法修正案并没有违反ECT的有关条款，保加利亚政府也没有违反其与PCL的协议①，因此，仲裁庭驳回了申诉方PCL的所有诉求，并要求其承担全部仲裁费用以及被告的法律费用及成本。

案例二：Vattenfall Group（大瀑布能源公司）诉德国案。大瀑布能源公司是一家瑞典国有股份公司。2009年3月30日，该公司与其子公司——欧洲瀑布公司和瀑布发电公司提交了针对德国的仲裁。2004年，瀑布发电公司计划在德国汉堡设立燃煤发电厂，鉴于其可能对环境造成破坏，德国公众对此表示反对。2007年，汉堡政府在与大瀑布签署的临时合同中包含了一些环境限制条款，但发电厂的设立和运营还要经过汉堡城市发展和环境管理局颁发许可证。2008年9月，瀑布发电公司获得了许可证，但其中又增加了额外的环境限制条款，如用水量、水温和含氧量等限制。这些额外的环境限制成为了该案争议的焦点问题。② 瀑布发电公司认为其电厂的项目得到了初步许可，也开始了部分施工，汉堡市的这些额外的环境限制给其投资造成了损害，使其电厂项目无利可图。申诉方认为这些额外的环境限制违反了ECT第10条第1款以及第13条的规定，并提出了高达14亿欧元的赔偿要求。本案双方于2011年3月11日达成了和解协议。③

以上两个案例都涉及能源投资中的环境保护问题，说明能源投资中的环境风险是投资者面临的主要政治风险，东道国的环境法规和政策的变化可能会引发投资争端。如Plama案中，双方的争端主要是保加利亚的环境法规的变化引起的，Vattenfall案中，双方的

---

① Plama Consortium Limited v. Bulgaria, ICSID Case No. ARB/03/24, Award, August 27, 2008, paras. 212-228.

② See Nathalie Bernasconi, *Background Paper on Vattenfall Group v. Germany Arbitration*, *International Institute for Sustainable Development*, www. iisd. org/pdf/2009/background_vattenfall_vs_germany. pdf，最后访问日期：2012年4月20日。

③ See http://icsid. worldbank. org/ICSID/FrontServlet，最后访问日期：2012年4月16日。

争端主要由于公众及舆论的压力对政府的决策产生的影响，使得政府不得不改变其环境政策而引发争端。在这类案件中，一般来说，公正与公平待遇与征收等问题是案件争论的焦点。如 Plama 和 Vattenfall 案都是以被诉方违反 ECT 第 10 条第 1 款和第 13 条为由提起仲裁的。在与环境有关的投资仲裁中，ECT 的环境规则虽然是软法形式，但 ECT 的投资仲裁机制并没有排除第 19 条环境规则的适用。在 Plama 案中，仲裁庭虽然没有直接援引第 19 条的环境规则，但仲裁庭在仲裁过程中也综合考虑了环境因素，仲裁庭认为，保加利亚的环境法修正案并没有违反投资者的合理预期，未给投资者带来实际损失，最终，仲裁庭驳回了投资者所有诉求。该案证明，仲裁庭在保护投资者利益的同时，也为合理的环境保护留有空间，借以平衡投资者的合法权益和社会公共利益。① 但在 Vattenfall 案中，由于仲裁的私密性，而且该案最终以和解结案，其中的过程不得而知，但可以想象，投资者的投资利益与环境保护在该案中又一次发生碰撞，如何平衡投资者权益与公共利益也是本案的一大难题。

四、结论

作为能源领域唯一的多边条约，ECT 的首要目标是促进能源领域的投资与贸易自由化，环境保护和可持续发展只是它的次要目标，因此，ECT 通过其序言、第 19 条以及《能源效率与相关环境问题议定书》等表达了其对环境问题的关注，但这些环境规范存在软法性缺陷。相对应于这些软法规范，其环境争端解决程序也具有软法性特点，它只是为争端解决方在没有其他解决方式的情况下，提供一个多边的论坛或协商的机构。虽然 ECT 的环境规范及其争端解决程序存在缺陷，但不能否认的是，这些软法性规范也能发挥一定的作用，它是指导各国具体行动的行为指南。在实践中，

① 参见贺艳：《国际能源投资的环境法律规制——以〈能源宪章条约〉及相关案例为研究对象》，载《西安交通大学学报（社会科学版）》2010 年第 4 期，第 79 页。

ECT 通过建立评估制度促进了这些软法性规范的实施，从而使国际能源投资活动更加符合可持续发展的需求。

一方面，ECT 为缔约国创设的环境义务是国际软法义务，而另一方面，各国本身又享有环境规制的主权，在这种情况下，东道国的环境规制就成为了能源投资者面临的主要风险之一。ECT 的投资仲裁机制为投资者应对该类环境风险提供了重要保障。目前在 ECT 的仲裁实践中，已经有 Plama 案和 Vattenfall 两个案例涉及与环境有关的投资争端的解决。ECT 的环境规则虽然无法直接作为提起仲裁的依据，但仲裁庭在处理与环境有关的投资争端时，可以通过合理解释，综合考虑 ECT 的环境规范。在 ECT 的环境立法存在软法缺陷的情况下，仲裁庭在一定程度上应当承担起协调 ECT 的投资目标与环境目标的责任，合理解释投资保护条款和环境条款，借以平衡投资者权益与社会公共利益。

除了 ECT 第 26 条规定的投资者与国家之间的争端解决程序外，ECT 的争端解决机制还规定了缔约国之间的争端解决程序，它主要规定在 ECT 的第 27 条。第 27 条规定了缔约国通过仲裁解决争端的程序，适用于解决 ECT 的适用和解释方面的争端。但是该条的适用也是有限制的，ECT 将某些类型的争端排除在第 27 条的适用范围之外，如能源贸易争端和环境方面的争端。ECT 第 27 条并没有将过境争端排除在其适用范围之外，但 ECT 专门为过境争端的解决规定了解决的程序。可以说，第 27 条是解决缔约国争端的一般条款，而其他关于过境、贸易和环境争端的解决是缔约国之间争端解决的特殊条款。

ECT 的能源过境制度是该条约最引人注目的制度，它的建立存在着历史基础和现实基础。ECT 的第 7 条第 7 款和《有关过境争端的调解行为规则》构成过境争端解决机制的主要内容。该机制具有创新性、快捷性以及预防性，但同时也带有无法避免的局限性。

ECT 对能源贸易的规制，在争端解决程序和适用的实体规则方面，采取的是“参照 WTO”的立法方式，直接将 WTO 规则应用到 ECT 的能源贸易领域。这种立法模式对于减少 ECT 与 WTO 的管辖权冲突具有重要的意义，同时它为非 WTO 成员加入 WTO 提供了条件，是 WTO 争端解决机制的补充和延伸，有利于促进 WTO 有关能源贸易规则的进一步完善，但随着 ECT 的成员纷纷加入 WTO，这一机制发挥的作用越来越有限。

ECT 对能源环境方面的规制，无论是环境规范还是其争端解决程序，采取的都是一种软法性的机制。这种软法性机制并不表明它不能发挥作用，它是指导各国具体行动的行为指南。在实践中，ECT 通过建立评估制度促进了这些软法性规范的实施。虽然 ECT 为其成员创设的是软法性的环境义务，但缔约方的环境规制却有可能面临能源投资者提起投资仲裁，目前 ECT 的投资仲裁案例中 Plama 案和 Vattenfall 案涉及与环境有关的投资争端的解决。ECT 并不排除能源投资者将与环境有关的投资争端提交仲裁，也不排除仲裁庭在与环境有关的投资仲裁中援引 ECT 的环境规范来平衡东道国与投资者之间的利益。

第五章 ECT 争端解决机制的特征与前景

要对 ECT 的争端解决机制有一个比较全面综合的了解，一个比较可行的方法就是把 ECT 的争端解决机制和目前其他相关的争端解决机制进行横向的比较研究。因为一种制度的根本性质是该制度区别于其他同类制度的标签之一，是该种制度具体运作过程中的活的灵魂。① 为此，在分析 ECT 争端解决机制的特征与前景时，有必要分析它与其他争端解决机制的区别所在。而目前，在解决国际投资与贸易争端方面比较有代表性的有世界贸易组织下的争端解决机制（以下简称 WTO 机制）以及《解决国家和他国国民之间投资争端公约》(即《华盛顿公约》) 所确立的 ICSID 规则（以下简称 ICSID 机制)。本章对 ECT 的争端解决机制与世界贸易组织下的争端解决机制（WTO)、ICSID 争端解决机制进行比较研究，以期从比较中探寻 ECT 争端解决机制的特征及其存在的缺陷，进而为探讨该机制的完善奠定基础和前提。

第一节 ECT 与 WTO 争端解决机制的比较

WTO 争端解决机制被喻为 WTO "皇冠上的宝石"(crown jewel)，它是 WTO 法律体系中最为重要的制度之一。WTO 争端解决机制建立了自身（in-house）专门的争端解决机构，它以各成员方共同接受的 WTO 协议作为解决纠纷的法律依据。它 "是一种融政治方法与法律方法于一体的综合体制。虽然该机制中的各种具体

① 参见毛燕琼：《WTO 争端解决机制的问题与改革》，华东政法大学 2008 年博士学位论文，第 19 页。

方法，无论是政治的，还是法律的，作为单个的方法或程序在国际法和国际关系实践中早已存在，但是将各种解决争端的方法通过协定的形式结合为一种综合机制的确是国际争端解决法律及其实践的独特贡献”。① WTO 的争端解决机制是国际争端解决领域中的里程碑，它对国际争端解决产生了重要的影响。ECT 被称为“能源领域的 WTO”，它的争端解决机制也大量借用和借鉴了 WTO 争端解决机制，如 ECT 关于能源贸易争端的解决就是以 WTO 争端解决机制为蓝本制定的，但两种争端机制又存在诸多的不同之处。从表面上看两者的不同在于，WTO 争端解决程序主要解决的是国际贸易争端，适用 WTO 规则，有自身的争端解决机制，只有成员方才可以提起，个人、国际组织，无论是政府间还是非政府组织都无资格启动该机制。而 ECT 的争端解决机制以解决投资争端为主，适用 ECT 规则和有关国际法规则，ECT 主要依靠外部现存的国际仲裁规则和机制，个人是 ECT 争端解决机制中的重要主体。但这些区别都只是两种争端解决机制的表面上的区别，两种争端解决机制真正的、深层次的区别在于它们的目的和性质上的不同。

一、目的不同

（一）WTO 争端解决机制的目的

根据《关于争端解决规则与程序的谅解》(简称 DSU) 第 3 条第 2 款规定：“WTO 争端解决体制是为这个多边贸易体制提供保障和可预测性的中心环节。各成员认识到该体制适于保护各成员在适用协定项下的权利和义务，及依照解释国际公法的惯例澄清这些协定的现有规定。”因此，WTO 的争端解决机制的目的是通过解决因 WTO 法律下的权利义务而产生的争端，来保证多边贸易体制的可靠性和可预测性，保障国际贸易市场逐步走向自由化。解决成员方因 WTO 法律下的权利义务而产生的纠纷是 WTO 争端解决机制实现目标所采取的手段和途径。

---

① 邵沙平、余敏友：《国际法问题专论》，武汉大学出版社 2002 年版，第 131 页。

在 WTO 争端解决机制下解决成员方争端时，如专家小组或上诉机构得出一项措施不符合某些 WTO 协议的结论，则它应建议有关成员（即专家小组或上诉机构建议所指向的当事国）使该项措施符合该适用协定。WTO 争端解决机构的首要目标通常是确保撤销这些措施。补偿只有在不能立即撤销该项违反协定的措施、并且作为在撤销该措施之前的一种临时措施才能援用。中止减让或其他义务是最后手段，但它是临时的，且只有在一定条件下才能采用。如在 1995 年欧共体诉日本酒类税案中，欧共体认为日本酒类税法①不符合 GATT1994 第 3 条第 2 款的规定，于是向 WTO 的争端解决机构（简称 DSB）投诉。专家组经过审查得出结论，认为日本的做法违反了 GATT1994 第 3 条第 2 款的义务。日本对专家组的结论提出上诉，上诉机构裁定："日本应当使其酒类税法符合 WTO 协议的义务。"② WTO 争端解决机制作出的裁决主要是以要求当事国撤销不符合 WTO 协议的措施为主，以经济补偿为辅，授权受害国对被控国进行报复则是最后手段。

（二）ECT 投资者与国家之间争端解决机制的目的

WTO 争端解决机制解决的主要是国际贸易争端，而 ECT 的争端解决机制解决的则主要是国际投资争端。从贸易争端与投资争端解决的历史上看，在 1960 年以前，国际法上对贸易争端和投资争端的解决并未作出区分，这两种争端都通过相关的国家来解决，不涉及私人投资者或贸易方的参与。如美国在 18 世纪签订的一系列的《友好通商航海条约》中同时规定了投资和贸易问题，但争端解决条款直到"二战"后才出现，大多规定，有关争端，不论贸易争端还是投资争端，均提交国际法院解决。19 世纪 60 年代以来，一些欧洲国家开始双边投资条约的谈判，主要目的是为了促进

---

① 日本酒类税法适用于日本消费的酒精类（酒精度不低于 1 度）饮料，不管是国内酒还是进口酒。该税法将酒精类饮料分为十大类（其中有次级分类），适用不同的税率。

② WTO Appellate Body Report: Japan—Tax on Alcoholic Beverages (Japan-Alcoholic Bevergates). WT/DS8/AB/R, WT/DS/AB/R, WT/DS11/AB/R (96-3951), 4 October 1996, at I. (a).

和保护投资，和《友好通商航海条约》不同的是，这些新的双边投资条约省去了贸易和其他一些非投资的事项，在争端解决机制方面，这些条约一般要求缔约国之间通过仲裁的方式来解决争端。

国际争端解决机制排除私人的参与反映了传统的国际法的观点。传统国际法认为只有国家才是国际法的主体，只有国家才能享受国际法上的权利，承担国际法上的义务，才有资格使用国际法上的救济方式。这种传统观念直到“二战”后随着国际刑法的发展和推动才得以改变。个人开始在国际法的许多领域享有国际法地位，这在国际投资法领域表现得尤其突出。1965 年《解决国家与他国国民之间投资争端公约》(以下简称《华盛顿公约》) 建立了一个解决投资争端的国际中心（ICSID)，规定通过调解和仲裁的方式来解决私人投资者与投资东道国之间的投资争端。私人投资者从此拥有一个专门解决其与东道国投资争端的舞台。接下来的数十年，各国在签订双边投资协定时纷纷在协定里规定将有关的投资争端提交 ICSID 管辖。当某一国家并非 ICSID 的成员国时，有关国家在协定里还规定可以将有关争端提交其他争端解决机构来解决，如斯德哥尔摩仲裁院（SCC）或者根据按联合国国际贸易法委员会仲裁规则（UNCITRAL）设立的仲裁机构解决。到目前为止几乎所有的双边投资协定中都规定有投资者与国家之间的争端解决程序。

为何国际投资法为私人投资者提供救济，而在国际贸易法上却没有相关的制度，究其原因，大概有以下几点：第一，由于贸易流向是双向的，一方不法的贸易行为可以通过另一贸易方的贸易报复来得以补偿。然而，投资通常是单向流动的，如很多国家认为自己主要是资本输入国或者资本输出国。当资本输出国面临资本输入国的国有化等措施时，很难采取相应的反措施。第二，一般来说，一国在另一国的投资者的数量并不多，投资者母国并不希望因为个别的投资者而破坏与东道国的关系。资本输出国更加愿意投资争端通过法律途径来解决。投资者也不希望将投资争端“政治化”。相比之下，不法的贸易措施给贸易伙伴带来的影响会大很多，贸易伙伴通常认为通过采取报复才能给不法方压力。相比投资争端，贸易争端更容易被政治化，最终通过政治方法来解决。第三，对投资采取的不法行为往往带来的是投资的部分或全部的损失。一旦采取了不法的措施，投资现状不能再得到维持。因此，投资者只是希望自己的损失能得以赔偿。但是错误的贸易措施，不论其贸易流向如何，却有可能被恢复原状。错误的贸易行为是可逆向的，而错误的投资行为是不可逆的，但它是可补偿的。①

基于以上的因素，国际贸易法认为贸易争端主要通过国家之间的程序，受害国要求改变错误的贸易行为来解决。而到20世纪八九十年代，通过非政治化方法解决国际投资争端已经成为共识，虽然投资者母国对于争端的解决结果可能会感兴趣，在必要的时候也可以采取国家之间的争端解决程序，但投资者与国家之间的争端解决程序已经成为解决国际投资争端最普遍采用的方法。

投资争端与贸易争端解决方式不同的主要原因在于国际投资法关注的重点在于投资后的保护，而国际贸易法则重点强调市场准入。对于私人来说，根据合同享有的经济价值要求经济补偿是他们最为关注的问题，而市场准入问题，是第二位的问题，主要由投资者母国来完成。虽然就投资者与东道国之间的合同来看，投资者与东道国双方平等，但事实上，东道国享有行政权力，甚至可能对本国的争端解决机构存在很大影响从而造成不公平的现象，因此，投资条约常常赋予投资者提起国际投资仲裁的权利。

能源领域的外国投资往往都是由东道国和外国投资者签订合同，因为东道国对其本国能源资源享有主权。因此，能源投资争端往往是由东道国不遵守合同引起的，此时投资者往往寻求的是私法保护而不是公法保护，即通过投资者与国家之间的仲裁的方式来解决争端。在ECT下，投资者根据第26条来解决争端具有更大的优势，投资者可以选择ICSID、UNCITRL或斯德哥尔摩仲裁院仲裁。如ECT的第13条规定了征收的问题，当一个ECT投资者在另一

① See Kenneth J. Vanedevelde, *Arbitration Provisions in the BITs and the Energy Charter Treaty*, in Thomas W. Wälde, *The Energy Charter Treaty: An Ease-West Gateway for Investment and Trade*, Kluwer Law International, 1996, pp. 409-413.

ECT 东道国作出投资后，东道国对该投资者实施了征收，东道国向投资者支付公平的市场价格补偿后，投资者母国虽然在理论上有权提起另一个不同的诉求（ECT 第 27 条对于国家之间的争端包括投资争端就规定了仲裁程序，该程序可以被认为是投资争端解决的备用程序），但投资者母国在投资者已经获得补偿的情况下，一般也不会寻求该类争端的解决。对于非法的征收行为，仲裁庭也不会裁决东道国给投资者支付惩罚性赔偿。① 可见，投资保护条约中的争端解决机制的目的主要在于补偿投资者的经济损失。在目前依照 ECT 提起的投资仲裁案件中，就已经作出的裁决来看，至少有 3 起案件中的投资者获得了经济补偿，如 Nykomb 诉拉脱维亚案、Petrobart 诉吉尔吉斯斯坦案、Ioannis Kardassopoulos 诉格鲁吉亚案。

与贸易条约相比，有约束力的争端解决程序对投资条约来说更为重要。贸易条约是为了寻求条约各缔约方在关税减让或减少非关税壁垒过程中的国家间利益平衡；而投资条约主要是为投资者服务，直接涉及“私”方利益。投资条约着眼于规则的遵守而非缔约国之间的利益平衡，因此有必要为投资者提供程序法上的安全保障，赋予他们直接针对东道国对其利益的损害请求国际救济的权利。目前大多数的国际投资条约都规定了投资争议解决程序。ECT 作为能源领域的唯一多边条约也不例外。

二、性质不同

（一）WTO 争端解决机制中的“平行性”

国际法的渊源主要有两类：国际条约和国际习惯。国际条约，包括 WTO 协议双边投资协议、NAFTA 以及 ECT 等。② 某一争端解决机制只适用某一条约是很正常的现象。WTO《关于争端解决规

---

① See Patrick M. Norton, *Back to the Future: Expropriation and the Energy Charter Treaty*, in Thomas Wälde ed., *The Energy Charter Treaty: An Ease-West Gateway for Investment and Trade*, Kluwer Law International, 1996, pp. 373-374.

② See Joel P. Trachman, *The Domain of WTO Dispute Resolution*, *Harvard International Law Journal*, Vol. 40, No. 2, 1999, p. 348.

则与程序的谅解》(DSU) 第 1 条第 1 款及其附录 1《谅解所涵盖的协定》规定，WTO 制定法体系是争端解决机构的法官断案的唯一法律渊源。这意味着 WTO 争端解决机制只适用 WTO 协议，这在 WTO 的有关案例中得到了证实。在欧共体家禽制品进口限制案中，巴西认为与欧共体缔结的双边油菜子协定适用于该案。专家组注意到双边油菜子协定是依 GATT 第 28 条进行谈判的协定，为确定欧共体在 WTO 协定下对巴西的义务，专家组决定考虑该双边协定。上诉机构对此表示反对并指出，油菜子协定是欧共体与巴西谈判的双边协定，不是 DSU 第 1 条中所指的 WTO 涵盖协定，因此，双边油菜子协定不能作为解决该争端的法律依据。但同时上诉机构又注意到油菜子协定是基于 GATT 第 28 条进行谈判的结果，而欧共体在油菜子协定中承诺给予冰冻家禽配额，并将之纳入 GATT1994 关税减让表，因此，根据《维也纳条约法公约》第 32 条的规定，该双边协定可以作为解释欧盟关税减让表的补充工具。即非 WTO 协定的油菜子协定不能作为 DSU 确定争端各方实体权利义务关系的适用法律，但可以作为解释减让表含义的补充工具。①

（二）ECT 投资者与国家争端解决中的“垂直性”

当一个投资者决定在某一东道国进行投资时，他可能会考虑国家之间平行的承诺，包括东道国和母国之间的条约。虽然投资者不能成为某一平行的条约的主体，但如果没有该平行的承诺，投资者可能不会选择在该东道国投资。虽然投资者不能运用国际争端解决机制来让东道国改变其不符合政府间平行的承诺的措施，但投资者有权要求损害赔偿。投资者可能会声称国际法与国内法或者两个国际条约之间存在冲突，因为国际法与国内法都对其都有纵向的影响。在两个条约之间存在冲突的情况下，投资者将有关争端提交国际仲裁时，如果投资者和东道国政府分别依据不同的条约抗辩，投

① WTO Appellate Body Report: European Communities—Measures Affecting the Importation of Certain Poultry Product, WT/DS69/AB/R (98-2688), 13 July 1998, paras. 81, 83.

资者不可避免地会对两个平行的条约采取纵向的观点。① 因此，投资者作出投资后的争端解决机制可能同时适用几个条约，而 WTO 专家组和上诉机构只允许适用 WTO 法。

ECT 的投资者与国家之间的程序适用的法律不仅包括 ECT，还包括其他可适用的国际法规则。ECT 第 10 条第 1 款规定，在任何情况下都不能以低于国际法，包括条约义务所规定的待遇对待投资。每个缔约方应履行与投资者达成的协议（保护伞条款）。根据该款，依据 ECT 提起的仲裁案件中，仲裁庭适用的不仅 ECT 本身和有关的其他条约，甚至还包括缔约国与投资者之间的合同（根据 ECT 第 10 条第 1 款最后一句规定的保护伞条款）。

ECT 第 16 条对 ECT 与其他条约产生冲突的情况作出了规定。第 16 条规定："当两个或更多的缔约方以前或今后都签署了某个国际条约，只要它的条款涉及本条约第三部分（投资保护与促进）和第五部分（争端的解决），不论这些条款对投资者或投资是否有利：（1）不能以本条约的第三部分或第五部分中的任何条款取代其他条约的条款或在其条约下解决争端的权利；（2）不能以其他条约中的条款取代本条约的第三部分或第五部分的条款或在本条约下解决争端的权利。"

第 16 条旨在解决 ECT 与其他条约之间的冲突，根据该款，每个条约是平等适用，一条约不受另一条约的影响，投资者可以分别依据相关条款来行使权利。两类条约平行适用，一投资者可以同时根据两个条约提起仲裁。在 Kardassopoulos 诉格鲁吉亚案中，投资者就是依据 ECT 和希腊与格鲁吉亚的双边投资协定来提起仲裁的。仲裁庭分别依据 ECT 和该双边投资协定来分析仲裁庭的管辖权问题以及仲裁庭适用的有关实体法。② 可见，仲裁庭将 ECT 与该双

① See Sumio Kozawa, *Depoliticization of International Dispute Settlement: A Comparison of the Dispute Settlement Provisions of the WTO and the Energy Charter Treaty*, *The Journal of World Investment*, Vol. 3, No. 5, 2002, pp. 793-829.

② Ioannis Kardassopoulos v. Georgia, ICSID Case No. ARB/05/18 Decision on Jurisdiction, 6 July, 2007. Ioannis Kardassopoulos and Ron Fuchs v. Georgia, ICSID Case No. ARB/05/18 and ARB/07/15, award, March 3, 2010.

边投资协定同等对待。另外，在Plama诉保加利亚案中，申请人同时依据ECT和塞浦路斯与保加利亚的双边投资协定向ICSID提起仲裁，认为根据塞浦路斯与保加利亚签署的BIT中的最惠国待遇条款，保加利亚签署在其他BIT中的向ICSID提起仲裁的条款也适用于塞浦路斯和保加利亚之间。仲裁庭根据ECT第26条成立。ICSID仲裁庭认为，根据塞浦路斯和保加利亚的BIT，仲裁庭对于本案没有管辖权，因为塞浦路斯与保加利亚签订的BIT中的最惠国待遇条款并不能被解释为保加利亚同意将有关争端提交ICSID仲裁，投资者不能将保加利亚其他BIT中的争端解决条款运用到本案中。① 但是，本案中仲裁庭仍然根据ECT的有关条款成立了，这表明ECT中的条款与其他条约中的有关条款是独立的。ECT第16条意味着ECT的第三部分和第五部分不受其他条约相关条款解释的影响。②

确实，在依据ECT提起的案件中，会存在ECT与其他国际条约如国际环境条约相冲突的情况。如某一东道国单方面颁布了耗费臭氧层物质的生产禁令，一外国投资者依据ECT对该东道国提起了投资者仲裁，因为东道国的这项禁令违反了ECT的义务。仲裁庭可能在本案中不考虑《蒙特利尔议定书》，直接作出要求东道国作出赔偿的裁决。即使该生产禁令是根据《蒙特利尔议定书》作出的，仲裁庭可能仍然会作出相同的裁决，因为ECT的争端解决程序对投资者而言，具有“垂直性”。但是，如果该案是在WTO争端解决机制下予以解决，WTO争端解决机构可能最终会利用《臭氧层公约》进行解释，最终援引GATT有关环境例外条款。但是，根据ECT第26条，仲裁庭在裁决投资者与国家之间的争端时有“垂直的”权利来适用一个以上的条约，作出最终的有约束力的裁决，这类裁决往往只限于经济上的损害赔偿，不涉及要求政府

① Plama Consortium Limited v. Bulgaria, (ICSID Case No. ARB/03/24), Decision on Jurisdiction, February 8, 2005, para. 227.

② See Thomas Roe, Mattew Happold, *Settlement of Investment Disputes under the Energy Charter Treaty*, Cambridge University Press, 2011, pp. 34-35.

的行为符合某一条约。

ECT 有一套完整的争端解决机制，为能源贸易、能源投资和能源过境分别制定了争端解决条款。尤其是在解决能源投资争端方面，ECT 有投资者与国家之间的程序和国家之间的程序两套方案。这套机制吸收了双边投资协定以及 GATT 和 WTO 在贸易争端解决方面的优势。ECT 争端解决机制中的投资者与国家之间的程序对于促进投资后的保护和避免政治化发挥了重要作用。

WTO 有一套自己专门的争端解决机制，虽然它主要处理贸易事务，但它也是一个集知识产权、服务行业和与贸易有关投资措施的一体化的争端解决机制。这一体系通过解释 WTO 协议和平衡全球不同行业的具体承诺来发挥其作用。该套机制只适用于其成员方，私人被排除在外，因为 WTO 争端解决机制的主要目的是保证政府的措施符合 WTO 协议，而不是赔偿个人的经济损失。

如果一套法律机制侧重于其投资后的保护，ECT 的争端解决机制是较为合适的。因为投资后的争端解决机制的目的是对投资者因东道国的措施造成的损失进行赔偿，投资者与国家之间的程序可以使得争端的解决“去政治化”。如果一套法律机制侧重于投资前（市场准入）保护，WTO 的争端解决机制是更为适合的方式，因为它的目的旨在促进市场的逐步自由化，而且自身专门的争端解决机制适合进一步发展和澄清模糊的法律框架。

第二节　ECT 与 ICSID 机制的比较：以投资仲裁程序为重点

为了有效解决投资者与国家之间的投资争端，1965 年在世界银行的主持下，一些国家包括发展中国家和发达国家缔结了《解决国家与他国国民之间投资争端公约》(《华盛顿公约》)，同时依照公约设立“解决投资争端国际中心”(ICSID) 作为实施公约的常设性机构。公约于 1966 年生效，到 2011 年 5 月 9 日为止，共有 157 个国家签署了该公约，其中 147 个国家批准了该公约。ICSID 机制是专门用来解决投资者与国家之间争端的机构，它与传统的外交保护、东道国救济、国际法院诉讼等救济方式相比，可以有效避免投资争议政治化、东道国可能的不公和当事人不适格等诸多的弊端。① ICSID 机制作为传统投资仲裁机制的代表，是发达国家与发展中国家相互妥协的产物。为了协调发达国家与发展中国家之间的矛盾，ICSID 赋予了发展中东道国一系列自卫权，如“逐案审批同意权”、“当地救济优先权”、“东道国法律适用权”等。② 这一系列自卫权是以 ICSID 为代表的传统投资仲裁机制的特征。

ECT 作为第一个赋予投资者直接针对条约缔约国违反条约义务提请仲裁的全球性多边条约，它完全否定了 ICSID 机制赋予东道国的上述一系列自卫权，以“强制仲裁权”取代“逐案审批同意权”，以“随时仲裁权”取代“当地救济优先权”，以“国际法排他适用权”取代“东道国法律适用权”。③

一、“强制仲裁”与“逐案审批同意权”

ICSID 公约第 25 条第 1 款规定，ICSID 的管辖权适用于缔约国和另一缔约国国民之间直接因投资而产生的任何法律争端，而该项争端须经过双方书面同意提交给 ICSID，ICSID 仲裁庭才有权受理。双方表示同意后，不得单方面撤销其同意。根据该款规定，任何缔

① 参见梁开银：《论 ICSID 与 WTO 争端解决机制的冲突与选择：以国家和私人投资争议为视角》，载《法学杂志》2009 年第 8 期，第 90 页。

② 以上三种权利，另外加上“重大安全例外权”，这四种权利被称为 ICSID 机制赋予吸收外资的发展中国家用以避免重大风险的四大“安全阀”。其中，“重大安全例外权”源于《维也纳条约法公约》中的“情势变更”原则，主要是指东道国为保护其重大安全利益或在特殊紧急情况下，如发生重大金融风险或经济危机时，东道国有权所采取的紧急措施的权利。参见陈安：《区分两类国家，实行差别互惠：再论 ICSID 体制赋予中国的四大“安全阀”不宜贸然全面拆除》，载《国际经济法学刊》2007 年第 14 卷第 3 期，第 56～98 页。

③ 参见蒋新、周林峰：《ECT 投资仲裁与 ICSID 机制比较研究》，载《湘潭大学学报（哲学社会科学版）》2009 年第 3 期，第 46～49 页。该论文借用了陈安教授关于 ICSID 机制中的四大“安全阀”的观点，对 ECT 的投资仲裁与 ICSID 进行了比较，阐述了 ECT 投资仲裁条款的特征。

约国在没有表示同意之前，并不因为其批准、接受或认可《华盛顿公约》的事实，而被认为其有义务将任何特定的争端交由ICSID管辖。同意是ICSID管辖的基础。该种同意可以表现为东道国与投资者达成仲裁协议或者仲裁条款，也可以由东道国在其国内法中表示以及其与相关国家签订的双边投资保护协定中约定同意接受ICSID管辖，还可以通过签署和批准多边条约来表示同意接受ICSID管辖。根据ICSID《执行董事报告书》的解释，东道国在其有关投资促进的立法中发出要约，将由某些类型的投资而产生的争议提交“中心”管辖，而投资者则以书面接受该项要约的方式表达其同意。①

但是ECT第26条却全面取消了ICSID体制中的“逐案审批同意权”，授予投资者强制仲裁权。第3款a项规定：根据本条款的规定，每个缔约国应无条件地将争端提交给国际仲裁或调解机构。传统意义上仲裁需要建立在当事人协商同意的基础上，而该款规定完全排除了传统意义上需要争端双方签订仲裁协议方可将争端提交仲裁的做法，它无须投资者与ECT的缔约国事先达成仲裁协议或者争端发生后达成仲裁协议，也无须在具体的投资协议中写明这样的仲裁条款，投资者都可以直接提起国际仲裁程序。换言之，如果ECT缔约方违反了ECT第三部分条款项下的义务，不论国家是否同意接受仲裁，投资者都可以直接启动投资仲裁机制，投资者只需要依据第26条的规定，就可以直接援引ECT的条约文本提交书面仲裁申请。根据ICSID公约第25条第1款的规定，ICSID管辖权适用于缔约国和另一缔约国国民之间直接因投资而产生的任何法律争端，而该争端须经双方书面同意提交给ICSID，ICSID仲裁庭才有权受理，东道国对于一项投资争端是否同意国际仲裁有完全自主的

① ICSID Reports，Vol. 1，1993，p. 28. 转引自陈安主编：《国际投资仲裁：“解决投资争端国际中心”机制研究》，复旦大学出版社2001年版，第107页。

权利。① 但是根据 ECT 的第 26 条，投资者直接根据 ECT 将争端提交国际仲裁的权利，东道国无条件接受仲裁，投资者只需要以书面形式向国际仲裁机构提交申请即可。

在依照 ECT 向 ICSID 提起的案例中，ICSID 仲裁庭尊重 ECT 第 26 条为投资者设立的强制仲裁权，允许投资者在不经东道国同意的情况下，直接向 ICSID 申请仲裁。如在 Plama 诉保加利亚案中，申请人 Plama 认为，保加利亚签署和加入 ECT 就符合 ICSID 第 25 条第 1 款关于“书面同意”的要求，ECT 第 26 条包含一缔约国向另一缔约国投资者发出的一个“长期的、公开的要约”(standing, open offer)，投资者根据第 ICSID 第 25 条第 1 款提交书面申请就意味着投资者“接受”了该要约，仲裁庭根据 ECT 第 26 条和 ICSID 第 25 条建立了其管辖权。ICSID 仲裁庭接受了申请人对 ECT 第 26 条和 ICSID 第 25 条的分析，进一步指明：第一，ECT 第 26 条第 3 款 a 项规定缔约国给予投资者与国家仲裁无条件的同意，作为 ECT 的缔约国，保加利亚已经无条件地以书面方式同意接受该项仲裁。第二，ECT 第 46 条规定对 ECT 不得有任何保留，保加利亚事实上也没有作出该项保留，因此，保加利亚的同意也是“毫无保留”的。第三，ICSID 第 25 条第 1 款规定当事方不得单方撤销其同意，因此，保加利亚的该项同意在申请人提交仲裁之日就不得撤销了。② 基于以上原因，ECT 第 26 条给予投资者的几乎是史无前例的救济，它是 ECT 投资机制最重要的特征，是投资者从国际法的客体向主体转变迈出的重要一步。③ 从以上 ICSID 仲裁庭的分析中可以看出，当 ECT 的强制仲裁权与 ICSID 的逐案审批同意权发生冲突时，ICSID 仲裁庭采用的是 ECT 的高标准和严要求，承认和支持投资者的强制仲裁权。

---

① 参见蒋新、周林峰：《ECT 投资仲裁与 ICSID 机制比较研究》，载《湘潭大学学报（哲学社会科学版）》2009 年第 3 期，第 46 页。

② Plama Consortium Limited v. Bulgaria, ICSID Case No. ARB/03/24, Decision on Jurisdiction, February 8, 2005, para. 140.

③ Plama Consortium Limited v. Bulgaria, ICSID Case No. ARB/03/24, Decision on Jurisdiction, February 8, 2005, para. 141.

二、"随时仲裁权"与"当地救济优先权"

当地救济优先权是国家主权和属地管辖权的表现形式之一。ICSID 机制给予东道国事先用尽当地救济的充分的权利，尊重了东道国的主权。ICSID 公约第 26 条规定，"除非另有规定，双方同意根据本公约交付仲裁，应视为同意排除任何其他补救办法而交付上述仲裁。缔约国可以要求用尽当地各种行政或司法补救办法，作为其同意根据本条约交付仲裁的一个条件"。换言之，在将有关争端提交国际仲裁庭之前，东道国有权要求优先用尽当地各种行政或司法补救措施。① 但是，ICSID 中的当地救济优先权是 ICSID 赋予东道国的一项权利，而不是投资者申请 ICSID 仲裁之前必须履行的当然义务。东道国行使该项权利必须要作出明示的约定才有效，如无约定，则视为放弃当地救济优先权。这与外交保护中的用尽当地救济不同，外交保护的当地救济是投资者母国实行外交保护的必要条件之一。

在 ECT 的争端解决机制中，当地救济优先原则被全面否定。ECT 投资者享有随时仲裁权，即使是投资者已经寻求当地救济，仍然可以随时依据 ECT 提起国际仲裁，而不需要寻求当地救济。当然，ECT 的这种随时仲裁权也不是绝对的。ECT 第 26 条中设立了"岔道口"条款（fork-in-road clause），即争端双方在寻求和平解决争端 3 个月后未果时，投资者可以寻求东道国当地救济，也可以根据先前同意的争端解决程序解决，还可以提交国际仲裁。但是如果 ECT 允许缔约国声明不受"无条件仲裁"的约束，将自己列入附件 ID 中。也就是说列入附件 ID 中的国家不同意投资者将已经提交给东道国国内机构或按照先前约定的方式解决的争端，又提交到国际仲裁机构进行仲裁了。除了附件 ID 中列出的国家外，投资者可以在其他没有列入该附件中的缔约国尽情寻求救济。他们可以

① 参见陈安：《区分两类国家，实行差别互惠：再论 ICSID 体制赋予中国的四大"安全阀"不宜贸然全面拆除》，载《国际经济法学刊》第 14 卷第 3 期，北京大学出版社 2007 年版，第 56～98 页。

先寻求东道国国内法院的救济，如果救济失败，还可以再申请国际仲裁①，甚至可以随时中断当地救济，再行申请国际仲裁。不论缔约国是否将自己列入附件ID中，有一点是可以肯定的：ECT并不要求用尽当地救济才能将争端提交仲裁，也没有赋予东道国要求用尽东道国救济的权利。如何解决投资者与东道国之间的争端，完全由投资者单方面决定。而ICSID公约第26条规定在将有关争端提交国际仲裁前，东道国有权要求用尽当地各种行政或司法补救方法。而ECT第26条规定投资者只要在3个月内未能与东道国以和平的方式解决争端，就可以依据ECT提起国际仲裁，根本无须用尽当地救济。这完全剥夺了东道国要求优先适用当地救济的权利，即废除了东道国在一定时期内优先实行本国管辖的权利。② 同时，它极大地限制了东道国的经济主权，约束了东道国管理经济的权利。一旦对外资造成损害，即使东道国的行为具有正当性，也很可能被国际仲裁庭裁决给予“及时、充分、有效”的补偿。③

三、“国际法排他适用权”与“东道国法律适用权”

ICSID公约在第42条第1款中规定：“仲裁庭应根据当事双方协议的法律规范解决争端，如无此种协议，仲裁庭应适用作为争端当事国的缔约国的法律（包括它的法律冲突规范）以及可以适用的国际法规范。”根据该款规定，ICSID尊重当事人双方合意选择的法律解决争端，关于选择的范围，可以是东道国国内法，也可以

---

① See Thomas W. Wälde, *International Investment under the 1994 Energy Charter Treaty: Legal Negotiating and Policy Implication for International Investors within Western and Commonwealth of Independent States/Eastern European Countries*, *Journal of World Trade*, Vol. 29, No. 5, 1995 p. 58.

② 参见陈安：《中外双边投资中的“安全阀”不宜贸然拆除——美、加型BITs谈判范本关键性“争端解决”条款剖析》，载《国际经济法学刊》第13卷第1期，北京大学出版社2006年版，第13～15页。

③ 参见王海浪：《落后还是超前？——论中国对ICSID管辖权的同意》，载《国际经济法学刊》第13卷第1期，北京大学出版社2006年版，第147页。

是其他国家的国内法，还可以是国际法。在当事双方没有选择法律时，适用的法律为东道国国内法和国际法规范。可见，ICSID 并没有把东道国法律排除在外，东道国国内法仍然是应当适用的准据法之一。

但是 ECT 第 26 条第 6 款明确规定，仲裁庭应根据 ECT 条款和可适用的国际法规则和原则对争端中出现的问题作出裁决，完全将东道国国内法排除在外，甚至还排除当事人意思自治原则在国际投资仲裁中的适用。当 ECT 案件提交到 ICSID 仲裁时，ICSID 仲裁庭就会依据第 42 条第 1 款的规定，认为当事人选择的法律是 ECT 的有关条款和可适用的国际法规则和原则。① 如在 AES 诉匈牙利案② 中，申请人声称匈牙利的价格法案违反了 ECT 下的有关义务，被申请人匈牙利认为其价格法案是根据《欧盟竞争法》颁布的，欧盟法在本案中得到适用，并进一步指出 ECT 的目的之一就是促进欧盟能源市场的自由化和自由竞争，因此，欧盟法不应当独立于 ECT 之外。③ 仲裁庭援引 ICSID 第 41 条第 2 款和 ECT 第 26 条第 6 款，认为该案应当适用 ECT 和相关的国际条约和国际法原则。仲裁庭认为，《欧盟竞争法》已经由匈牙利转化为其国内立法，而国内立法在国际仲裁中只能被当成案件的事实，被申请人不能以国内法为由来违反其国际义务。④ 在 ICSID 仲裁的另一个案件 Ioannis Kardassopoulos 诉格鲁吉亚案中，被申请人格鲁吉亚以其国内法为

---

① See Philippe Pinsolle, *The Dispute Resolution Provisions of the Energy Charter Treaty*, *International Arbitration Law Review*, Vol. 10, No. 3, 2007, p. 84.

② 依据 ECT 提起的第一起仲裁案件是 2001 年 AES 诉保加利亚案，后来该案在 2002 年以和解结案。2007 年 AES 针对保加利亚又提起新的仲裁，ICSID 仲裁庭于 2010 年作出裁决。

③ AES Summit Generation Limited and AES-Tisza Erömü Kft. (UK) v. Republic of Hungary, ICSID Case No. ARB/07/22, Award, September 23, 2010, para. 7. 2. 2.

④ AES Summit Generation Limited and AES-Tisza Erömü Kft. (UK) v. Republic of Hungary, ICSID Case No. ARB/07/22, Award, September 23, 2010, para. 7. 6. 6.

由，认为申请人所在的公司与格鲁吉亚的一国有企业签订的石油管道建设合同无效，申请人的投资不能依照 ECT 得到保护。ICSID 仲裁庭在参考了以前的案例后认为，该案应当适用的是 ECT 和相关国际条约和国际法原则，而不是东道国的国内法，申请人的投资根据 ECT 应当获得保护。从以上两个案例可以看出，当 ECT 案件提交到 ICSID 仲裁时，仲裁庭适用的是 ECT 和其他可适用的国际法原则，东道国的国内法只是被当做案件的事实。ICSID 第 42 条第 1 款规定，仲裁庭应先根据当事方合意选择的法律规范来裁决争端，如果当事方之间未选择法律，则东道国的国内法以及可适用的国际法并列作为裁决依据。可见，ICSID 并没有排除适用东道国法，而 ECT 第 26 条第 6 款明确规定仲裁庭应根据 ECT 条款和可适用的国际法规则和原则对争端中出现的问题作出裁决。它完全排除了东道国国内法的适用效力，甚至还阻碍当事人意思自治原则在国际投资仲裁中的适用。其所适用的国际法多是反映发达国家（资本输出国）的利益，对亟需资金的发展中国家（资本输入国）的利益考虑不周——因而这些“国际法”往往未为后者所公认。①

四、小结：ECT 的强制性投资仲裁与未来投资仲裁的发展趋势

从以上的分析可以看出，ICSID 机制赋予东道国的“安全阀门”已经被 ECT 机制一一打开了。ECT 的投资仲裁机制完全排除了 ICSID 机制的“逐案审批同意权”、“当地救济优先权”和“东道国法律适用权”，代之以“强制仲裁权”、“随时仲裁权”和“国际法排他适用权”。② ICSID 仲裁庭在审理依照 ECT 提起的案件时，依照的是 ECT 的高标准和严要求，在该类案件中，ICSID 只是审理 ECT 案件借用的争端解决机构，ICSID 的有关规定只是该类案件的“门槛”。

---

① 参见魏艳茹：《论我国晚近全盘接受 ICSID 仲裁管辖权之欠妥》，载《国际经济法学刊》第 13 卷第 1 期，北京大学出版社 2006 年版，第 129 页。

② 参见蒋新、周林峰：《ECT 投资仲裁与 ICSID 机制比较研究》，载《湘潭大学学报（哲学社会科学版）》2009 年第 3 期，第 46～49 页。

ECT的强制性仲裁机制已成为国际投资争端解决的趋势，代表了国际投资法发展的方向。它完善了国际投资争端解决的法律制度，综合了仲裁制度与国际条约的双重优势，给国际投资争议的有效解决提供了更大的确定性。① 它构成了国际投资争端解决法律体系的重要组成部分，从而可以给争议当事方提供更多的争议解决办法，由当事方根据案件的具体情况选择采用，这样更能体现商事领域的当事人自治原则。② 但是，投资争端解决机制毕竟是一把"双刃剑"。对于东道国而言，ECT的强制仲裁是一把非常锋利的"双刃剑"，它赋予外国投资者直接对东道国提起仲裁的权利，对东道国的国家主权也构成了严重的挑战。

第三节　ECT争端解决机制的前景

一、ECT争端解决机制的特点

《能源宪章条约》的争端解决机制丰富了国际争端解决的理论和实践，同时，由于它针对的是能源领域，毫无疑问，它对目前存在的各种能源问题的解决起到了重要的作用。具体来看，该争端解决机制主要具有以下几个特点：

（一）分散性与完整性

ECT的争端解决机制的特点之一就是其分散性。在这一点上，它与WTO的争端解决机制完全不同。WTO设立的是统一的争端解决机制，在WTO体制下，所有的争端都是由一套统一的争端解决程序来解决。而ECT根据ECT所涉领域内的不同争端解决事项设置不同的争端解决机构和争端解决程序，呈现出明显的分散性。到

---

① See David R. Sedlak, *ICSID's Resurgence in International Investment Arbitration: Can the Momentum Hold? Penn State International Law Review*, Vol. 23, No. 1, 2004, pp. 148-150.

② 参见杨文滔：《外国投资者与东道国间强制性仲裁研究》，湖南师范大学2007年硕士学位论文，第70页。

底是统一的模式好，还是分散的模式好？这不能用肯定或否定来回答，因为两种模式都各有其优缺点。设立统一的争端解决机制，当争端的事项有重叠时，就可避免潜在的程序冲突，如WTO有关争端在货物、服务、知识产权等方面时常出现重叠时，同一专家组对特定争议所涉及的所有WTO相关规定进行合并考虑，大大提升了争端解决机制处理争议的能力和效率。但是，不同类型的争端往往有其特殊性，要设计一套统一的争端解决机制来解决各类争端，往往难度很大，有时甚至不现实。而分散的争端解决机制针对不同类别的争端设立争端解决机制，其针对性强，可能更有利于争端的解决。ECT的争端解决机制是分散性争端解决机制的代表①，它没有统一的争端解决机构。因为在能源这样一个特殊的领域，各方经济利益被高度放大，投资者与东道国、发达国家与发展中国家，各方因为立场的不同而对任何一项争端解决条款的规定变得尤其敏感和警觉，在这个领域整合出一个统一的专门性争端解决机制，简直是天方夜谭。在这种背景下，ECT只能选择分散型的争端解决机制，针对能源投资、能源贸易、能源过境和能源环境问题分别设立争端解决程序，将多种方式和多种机制融合在一起。分散性争端解决机制往往容易被割裂开来，其整体性得不到认可，如ECT的争端解决机制往往容易成为ECT投资仲裁机制的代称。不可否认的是，在ECT争端解决机制中，能源投资领域的争端解决机制确实处于核心的地位，其他的争端解决程序如能源过境争端的解决、能源贸易争端的解决以及环境争端的解决程序，无论从受到关注的程度还是实际被运用的频率来看，都大不如能源投资争端解决程序。但这并不意味着这些程序不重要，因为ECT的争端解决机制是一套完

---

①　NAFTA的争端解决机制是分散型争端解决机制最为突出的代表。NAFTA体系共有9套争端解决程序：分别是投资者与东道国的投资争端解决程序；与环境有关的争端解决机制；与劳工有关的争端解决机制；反倾销反补贴的争端解决程序；为解决上述所有争端外的争端所设立的ADR解决机制这5套自身创制的争端解决程序。此外，NAFTA还包括四套借用的程序规则，即WTO争端解决机制和3套国际仲裁程序规则，即ICSID仲裁规则、ICSID附加便利规则和UNCITRAL仲裁规则。

整体制，缺少其中的一个环节，都显得不完整。这套机制设立的基础是完整的能源价值链。因为能源产业和其他产业有所不同，它包括一个完整的价值链。ECT 针对能源产业中的不同链条的特点，如贸易、投资、过境、环境等，规定了不同的争议解决方法，使得这条价值链上的每个环节都有相应的争端解决程序。这些不同的争端解决方法看似各不相同，但它们共同服务的是整个能源价值链的各个链条，而且它还针对各个链条的特点，采取不同的争端解决程序。对于投资者与缔约国之间的投资争端，ECT 则采取了强制性的投资仲裁形式。ECT 采用国际仲裁的方式来解决投资者与东道国之间所产生的能源投资争议，是因为用国际仲裁方式解决投资争端和其他的争端解决形式相比，具有明显的优越性。① 针对能源贸易，借鉴了目前运行相当成功的 WTO 争端解决机制；对于环境问题，针对其软法性质，采取了不具强制性的解决机制。ECT 的争端解决机制是多种方式和多种机制的融合。而且这套机制硬法与软法并存，任择性与强制性相结合。它使 ECT 的各项法律制度紧密链接在一起，成为不可分割的整体。

（二）继承性与创新性

ECT 的争端解决机制继承了以往争端解决机制的主要成果，特别是其中最引人关注的投资者与国家之间的强制仲裁程序。强制仲裁程序并不是 ECT 的首创，它主要来自于 NAFTA 第 11 章 B 节。ECT 的投资者与国家之间的争端解决程序与 NAFTA 第 11 章 B 节

① 仲裁方式与司法方式（包括外国法院诉讼和东道国救济）相比，具有如下优点：（1）仲裁程序具有简便、快捷、保密性高的特点。（2）基于仲裁制度的自治性、中立性和准司法性的特征，它为投资者提供了一个不受东道国控制的、中立的纠纷解决机制，它是外国投资者为抵御某些政治风险而采取的、具有强制力的救济方式之一。它既有利于争议的公正解决，又有利于维护东道国与投资者及其本国的正常关系。（3）仲裁裁决可能比外国法院判决更容易执行，因为越来越多的公约对承认与执行商事仲裁裁决作出了规定，如 1958 年《承认与执行外国仲裁裁决公约》、1961 年《欧洲国际商事仲裁公约》、1965 年《解决国家与他国国民之间投资争端公约》等，而且这些公约参加的国家也较多，这也有利于进一步保证仲裁裁决的执行。

的投资者与国家之间的争端解决程序改变了以 ICSID 为代表的传统的国际投资争端解决方式。① 传统的国际投资仲裁是建立在当事方之间同意的基础上的，而 NAFTA 和 ECT 规定的投资者与东道国之间的强制仲裁程序，突破了以协议为基础的传统仲裁制度，几乎是为投资者对东道国的诉求提供了史无前例的救济，是当今世界上最严格的投资争端解决机制，在国际投资方面走在最前列，代表了国际投资仲裁发展的最新方向，大大促进了国际投资自由化的发展。② ECT 虽然不是第一个设计并采用这种强制仲裁机制的国际协定，但与 NAFTA 相比，它具有更大的影响力。NAFTA 的缔约国只有三个：美国、墨西哥和加拿大，只能勉强称为多边条约，而 ECT 的缔约国达到了 46 个，就 ECT 成员国的范围和影响力来说，NAFTA 是无法比拟的。而且 ECT 调整的是作为国民经济基础的能源行业的投资，"比之制造业或服务业而言，能源跨国投资似乎总是处在自由化进程与各种形式的保护主义交锋的风口浪尖之上，称得上是政治敏感度最高的领域"。③ 在 ECT 中采用这种先进的强制仲裁程序是能源这个资金密集风险大的行业所必需的。④ 它能有效促进能源投资的国际流动，建立能源投资者的信心，从而在一定程度上维护国际能源安全。ECT 可称得上是第一个赋予投资者直接

① See Anna K. Myrvang, *An Illustration of How Traditional Arbitration is Being Changed by Modern International Investment Law: Investor-State Arbitration under NAFTA XI and the Energy Charter Treaty*, http://www.dundee.ac.uk/cepmlp/journal/vol13/article13-11.pdf，最后访问日期：2012 年 4 月 19 日。

② 2004 年北美自由贸易区成立十周年时，所有的数据表明，NAFTA 是较为成功的自由贸易协定。单从投资来看，从 1994 年到 2003 年，美、加、墨三国国内的外国直接投资的增长超过了 1.7 万亿美元。这与 NAFTA 中有效的投资争端解决机制不无关系。

③ 余敏友：《国际能源法的演进》，载《人民法院报》2007 年 10 月 18 日，第 5 版。

④ 参见叶玉：《石油贸易措施的国际法规制》，复旦大学 2007 年博士学位论文，第 52 页。

针对条约缔约国违反条约义务提请仲裁的全球性多边投资条约。① 它最引人注目的地方在于其第 26 条的仲裁规则，该条赋予投资者对仲裁程序发起的单方面选择权，且不需要任何现实存在的仲裁协议，缔约方无条件同意将有关争端提交国际仲裁。② ECT 允许投资者提请国际仲裁的规定，实际上已经突破了传统仲裁法要求仲裁必须建立在当事人相互同意的基础之上的通行规则，它进一步削弱了东道国在投资争议解决方面的管辖权和减少了东道国法律适用的机会。③ 它将“无协议仲裁”(arbitration without privity) 推至极致④，使得 ECT 的投资保护条款成为投资者频频挑战东道国国家主权的利剑，好比“东道国被蒙上了眼睛，坐上了投资者驾驶的汽车，不得不任由投资者摆布，没有任何选择的余地”。⑤ ECT 是发达国家主导的多边经济合作的蓝本，在东欧和前苏联国家亟需资金发展经济的时候，西欧发达国家在 ECT 谈判中占据优势地位，取得了胜利。⑥ 很明显，ECT 的投资仲裁机制保护的是发达国家投资者的利益。

---

① 参见刘笋：《国际投资保护的国际法制：若干重要法律问题研究》，法律出版社 2002 年版，第 278 页。

② See Thomas W. Wälde, *International Investment under the 1994 Energy Charter Treaty: Legal Negotiating and Policy Implication for International Investors within Western and Commonwealth of Independent States/Eastern European Countries*, *Journal of World Trade*, Vol. 29, No. 5, 1995 p. 58.

③ 参见刘笋：《国际投资保护的国际法制：若干重要法律问题研究》，法律出版社 2002 年版，第 51 页。

④ See Jan Paulsson, *Arbitration without Privity*, in Tomas Wälde ed., *The Energy Charter Treaty: An East-West Gateway for Investment and Trade*, Kluwer Law International, 1996, p. 441.

⑤ A. F. M Maniruzzaman, *Energy Charter Treaty Arbitration (Investor-State) in the Asia-Pacific Context: An Overview*, *International Energy Law & Taxation Review*, No. 4, 2004, p. 102.

⑥ See A. F. M Maniruzzaman, *Energy Charter Treaty Arbitration (Investor-State) in the Asia-Pacific Context: An Overview*, *International Energy Law & Taxation Review*, No. 4, 2004, p. 102.

在继承以往争端解决机制所取得的成果的同时，ECT 的争端解决机制也进行了一定的创新。ECT 针对能源领域，将该领域中的各种争端解决程序融合在一个机制里，这本身就是一种创新。ECT 包含的内容很多，它通过其争端解决机制将各项内容串联成一个整体。同时，ECT 是第一个将具有法律约束力的解决国际争端的方案作为总则的多边条约，可见争端解决机制在 ECT 中的重要性。从具体的程序来看，ECT 的能源过境运输争议中的调解机制将调解机制创造性地运用到过境争端的解决中，虽然该程序实际发挥的作用还十分有限，但就其程序的设计和解决的争端类型来看，具有较强的创新性。

（三）依赖性与独立性

ECT 的争端解决机制充分吸收了现行各种条约中的争议解决机制，因此能被很多国家接受。如在投资争议解决方面，ECT 的争端解决机制来自于双边投资条约的实践和 NAFTA 的投资争端解决机制；在争端解决机构的选择方面，ECT 没有另起炉灶，而是采用现在已经发展得比较成熟的解决投资争端国际中心（ICSID）、斯德哥尔摩仲裁院（SCC）、联合国国际贸易法委员会（UNCITRAL）等机构和程序，在一定程度上减少了由于争端解决机制的无限制扩大造成的“碎片化”。对于贸易争议，它充分借鉴了 WTO 的经验，采取类似于 WTO 的专家组程序，同时规定，在 ECT 成员同为 WTO 成员时，直接适用 WTO 的争端解决程序，这些做法都尽量避免了“挑选法院”①，避免和其他条约发生冲突②。应该说，ECT 的争端解决机制在最大限度地利用现存的争端解决机制，这在一定程度上有利于减轻国际法“碎片化”的现象。

从 ECT 的争端解决程序和机构来看，它对现存的争端解决机

① 参见马迅：《浅析国际能源争议解决机制——以〈能源宪章条约〉为例》，载《生态经济》2009 年第 4 期，第 61 页。

② See Olivia Q. Swaak-Goldman, *The Dispute Resolution Procedures of the Energy Charter Treaty: Made to Measure*, *The American Review of International Arbitration*, Vol. 6, No. 4, 1995, p. 337.

制具有较强的依赖性，但就其所解决的争端的领域来看，它又具有相对的独立性。ECT 的争端解决机制专门解决的是能源领域的国际性争端，虽然它只限于解决缔约国之间和缔约国与缔约国投资者之间的能源争端①，但由于 ECT 是能源领域唯一的多边条约，它的影响远远超出 ECT 的成员国之间，它不仅是解决 ECT 缔约国之间及缔约国及其投资者之间争端的可现实适用的规范，同时它也成为其他非缔约国及其投资者解决能源争端重要的参考模式。

总之，ECT 的争端解决机制是国际争端解决的重要组成部分，虽然它所采用的具体的争端解决方式是国际争端解决法上早就存在的，但它将各种争端解决方式进行了有机的组合，针对能源领域的特点，进行具体应用，成为目前解决各种国际能源争端的典范，在 ECT 生效的 10 多年以来，它确实在解决能源争端方面发挥了重要的作用。

二、ECT 争端解决机制的完善

（一）能源投资争端解决程序

ECT 的投资者与国家之间的争端解决机制一方面为促进能源的国际合作、改善能源投资环境作出卓越的贡献，为国际能源争端解决的非政治化作了相当大的努力。但另一方面，ECT 的投资者与国家之间的争端解决程序在实践中又存在着较大的局限性。关于 ECT 的投资者与国家之间的争端解决机制的完善是一个重要的问题。对这一问题的讨论关系到 ECT 争端解决机制的前景。由于 ECT 的投资者与国家之间的争端解决程序是国际投资仲裁机制的

① 除了投资者与国家之间的争端和国家之间的争端以外，还有一类争议是公司之间的争议。但公司之间的合作是商业行为，其中可能出现的问题很多，例如，买卖合同争议、财产争议、知识产权争议、雇佣合同争议以及一般的侵权争议等。其法律性质属于平等主体之间的纠纷，属于国际私法所管辖的国际民商事争议，一般涉及私法领域，有时也需要适用国际公约，如《联合国国际货物销售合同公约》。但目前对于此类纠纷的解决一般由有管辖权的法院依照本国的冲突规则的指引，以国内法为准据法，某些情况下，也可以根据双方的协议，将双方的商事争议提交国际商事仲裁。

最新发展成果之一，因此，对 ECT 争端解决机制完善的讨论离不开目前对投资仲裁机制改革的讨论的背景。目前关于国际仲裁机制的讨论最多的是其存在的“正当性危机”(或称“合法性危机”，legitimacy crisis)①，危机集中体现在两个方面：其一是数量众多的国际投资仲裁裁决之间缺乏一致性，其二是国际投资仲裁的一些裁决在否定东道国正当行使公共管理的权力。② ECT 的投资仲裁机制作为投资仲裁机制的一部分，也难免存在这样的“危机”，但是对于这一问题的解决并不是讨论 ECT 争端解决机制的完善要解决的问题。③ 具体到 ECT 第 26 条，至少有以下几个方面需要进行完善。

首先，延长第 26 条第 2 款规定的为期 3 个月的“冷静期”(或称为“和解期”)。ECT 第 26 条单方面赋予投资者提起该程序的权利，如果投资者滥用诉权，随意发起“骚扰”性仲裁④，短短 3 个月根本不能让投资者“冷静”，更加不能对投资者滥用诉权进行有

---

① See Susan D. Frank, *The Legitimacy Crisis in Investment Treaty Arbitration: Privatizing Public International Law through Inconsistent Decisions*, *Fordham Law Review*, Vol. 73, No. 4, 2005, pp. 1521-1625.

② 对于这一危机的解决，一大批美国学者主张将上诉机制引入投资仲裁程序。在美国 2002 年出台的《贸易促进授权法案》中首次要求美国对外签订自由贸易协定时须“考虑建立一个上诉机构或类似机制以促进协定之解释与适用的一致性”。美国在接下来签订的一些自由贸易协定中也有所反映。但该机制快速大规模地推广的条件还不具备。在主权国家层面，各国之间仍存在分歧，就投资界来说，目前也没有获得广泛的支持。虽然投资仲裁机制的“合法性”危机对整个国际投资仲裁体制带来了冲击，但大多数学者认为，仲裁仍然是解决投资争端的主要方法，但它要进行一系列改革来化解危机，不能因为晚近投资仲裁出现的问题而轻言废弃。参见刘笋：《建立国际投资仲裁的上诉机制问题述评》，载《现代法学》2009 年第 5 期，第 122 ~ 130 页。

③ 此处主要讨论 ECT 第 26 款的有关细节的完善，并不讨论整个国际投资仲裁机制的改革问题。

④ 由于投资者与东道国投资争端解决机制的设计存在一些制度性缺陷，仲裁庭本身倾向于私益保护，使投资者挑战国家公共政策领域立法权的成功概率比较大，这就鼓励了更多的投资者将这种本来只能作为消极防御“盾牌”的机制作为积极进攻的“利剑”，甚至在诉讼成本不高的情况下，投资者不惜发动骚扰性诉讼来要挟东道国政府，使后者要以很大精力应付诉讼。

效拦截，投资者很容易进入到仲裁程序。如 NAFTA 第 11 章 B 节中规定了 6 个月的“冷静期”其实就是为了减少乃至杜绝一些喜欢“找茬”的投资者（trigger-happy investors）。① 由于能源行业的特殊性以及能源在国民经济中的重要性，能源领域的争端往往相比其他行业的争端要复杂许多，客观来说，ECT 规定的 3 个月根本不够国家对有关的能源争端作出反应，单一争端尚且如此，更不用说国家的一个行为导致多个投资者不满的多主体争端，3 个月的“冷静期”往往成为投资者提起仲裁前“走过场”的程序。② 事实上，某些争端若有适当的时间，投资者与相关国家完全有可能在不诉诸争端解决机制的情况下通过修改或调整有关措施，以化解争端，达成和解。过短的和解期只会令国家呼吸紧迫，并不利于争端的妥善处理，也容易造成司法资源的浪费。③ 因此，有必要将 ECT 第 26 条第 2 款规定的“冷静期”，由 3 个月延长至 6 个月。

其次，为了保证 ECT 裁决的一致性，对于同一时期处理的两个或多个案情相同、相似或紧密相连的争端交由同一仲裁庭进行合并审理。④ 不同仲裁机构审理的相似的 ECT 案件，在其中一个仲裁机构审理

---

① See Jan Paulsson, *Arbitration without Privity*, in Thomas W. Wälde ed., *An East-West Gateway for Investment & Trade*, Kluwer Law International, 1996, p. 434.

② ECT 第 26 条规定的 3 个月的和解期是所有投资协定中规定得最短的，大多数双边条约都规定了 6 个月的和解期。

③ 参见余钰：《能源国际合作开发争端解决机制研究》，武汉大学 2008 年硕士学位论文，第 41 页。

④ NAFTA 第 1126 条开创了多边协定下投资仲裁合并审理的先河。该条第 2 款对合并审理问题作出了明确的规定：若依第 1126 条成立的仲裁庭认为，依据第 1120 条提交其审理的多个仲裁请求涉及公共的法律或者事实，则为公平而有效率地解决仲裁请求，仲裁庭可以在听取争端当事人的意见之后命令：（a）仲裁庭对全部或部分仲裁请求享有管辖权，并对这些仲裁请求一并予以审理和裁断；或者（b）仲裁庭对一个或者一个以上的仲裁请求享有管辖权，并对其予以审理和裁断，而仲裁庭认为这种裁断有助于其他仲裁请求的解决。显然，从上述规定来看，赋予仲裁庭合并审理的决定权，在一定程度上必然能减少裁决不一致现象的出现。参见谢宝朝：《投资仲裁上诉不是正当性危机的唯一解药》，载《世界贸易组织动态与研究》2009 年第 4 期，第 27 页。

的案件，可以暂时中止审理，等另一个仲裁机构作出裁决后再行审理，尽量保持 ECT 体制下对相似的案件作出一致的裁决。① 这个方案实施的可能性如下：（1）与 BITs 不同，ECT 是一个单一的法律体系，它专门针对的是能源领域的投资问题，它在全球有将近 50 个缔约国。因此，在这个统一的法律体系下可以避免在 BITs 下因条约之间规定互不相同而带来的裁决不一致的问题。（2）从 ECT 的具体规定来看，ECT 规定了非常广泛的投资保护，几乎所有国际投资法中的各种保护标准都能在 ECT 中找到，如公平与公正待遇、征收方面的保护、合理或非歧视待遇问题、国际法最低保护标准以及保护伞条款等。而且 ECT 第 26 条还规定了无条件仲裁条款。由于 ECT 为投资者提供的是最严格、最完整的保护，投资者未来在更多情况下会选择在 ECT 的框架下来解决能源投资争端。② 另外，与 BITs 相比，ECT 还建立了专门的常设机构——能源宪章大会及其秘书处，秘书处在保证 ECT 投资仲裁裁决的一致性方面可以发挥更加积极的作用，鼓励和监督 ECT 裁决一致性的发展。③

再次，对于“无条件同意”之例外条款适用的规定，ECT 第

① See Justin D'Agostino, *A Discussion on the Use of Precedents in International Investment Arbitration and Its Consequences*, *Does the Evolving Practice of Relying on Previous Investment Arbitration Awards Represent the Birth of a Customary International Law on Investment?* , http://www.sccinstitute.com/filearchive/4/40956/Justin%20D´Agostino_Report.pdf, last visited on April 18th, 2012.

② See Justin D'Agostino and Oliver Jones, *Energy Charter Treaty: A Step towards Consistency in International Investment Arbitration*, *Journal of Energy & Natural Resources Law*, Vol. 25, No. 3, 2007, pp. 239-243.

③ See Justin D'Agostino, *A Discussion on the Use of Precedents in International Investment Arbitration and Its Consequences*, *Does the Evolving Practice of Relying on Previous Investment Arbitration Awards Represent the Birth of a Customary International Law on Investment?*, http://www.sccinstitute.com/filearchive/4/40956/Justin%20D´Agostino_Report.pdf, last visited on April 18th, 2012.

26 条第 3 款的规定也异常模糊。附件 ID 中列出的二十多个国家都有权以投资者先前曾将争端提交当地法院或其他解决程序为由，对投资者将争端再提交到国际仲裁不给予无条件同意。但各个国家自身的情况很不相同，也没有确定的对此类争端的国内救济标准。例如，如果争端东道国当地的法律要求争端必须先在当地法院审理，附件 ID 中所列的国家是否能够据此剥夺投资者诉诸国际仲裁的权利？或者，其他类似的情况导致投资者并非自愿而是被强制接受了国内法院的管辖，当事人是否仍然也无权诉诸国际仲裁？① 这种不允许受到损害的投资者自主地求助于国际仲裁的机制，与之前很多双边投资协定的倾向恰好相反。② 这些例外规定也使 ECT 第 26 条的特征和实际作用大打折扣。因此，应该对例外情形进行严格限制，作出详细规定，至少对投资者非自愿地接受东道国管辖的情况进行排除。③ 同时要求附件 ID 所列国家向秘书处提交关于其政策、实践和状况的书面陈述④，有关机构还应对其进行审查，决定是否合乎条约精神，是否满足例外条件。

最后，应进一步加强 ECT 仲裁可适用法律的确定性。传统意见认为，仅依靠东道国法律会给国际投资者的资本带来各种风险，因为东道国不一定公平、公正地对待外国投资者（包括企业），甚

① See Jeswald W. Salacuse, *The Energy Charter Treaty and Bilateral Investment Treaty Regimes*, in Thomas W. Wälde ed., *The Energy Charter Treaty: An East-West Gateway for Investment & Trade*, Kluwer Law International, 1996, p. 346.

② See Jeswald W. Salacuse, *The Energy Charter Treaty and Bilateral Investment Treaty Regimes*, in Thomas W. Wälde ed., *The Energy Charter Treaty: An East-West Gateway for Investment & Trade*, Kluwer Law International, 1996, p. 347.

③ 参见余钰：《能源国际合作开发争端解决机制研究》，武汉大学 2008 年硕士学位论文，第 42 页。

④ 从目前将自己列入附件 ID 的国家所作出的声明来看，很多国家作出的声明相当模糊。See Thomas Roe, Matthew Happold, *Settlement of Investment Disputes under the Energy Charter Treaty*, Cambridge University Press, 2011, pp. 148-149.

至还可能在投资作出之后修改法律。① 因此 ECT 第 26 条第 6 款干脆规定了仲裁机构适用 ECT 和可适用的国际法规则，以期限定法律适用的范围。但“可适用的”这一概念还应具体界定，毕竟国际法的范围非常宽泛，包括国际习惯和国际条约，“可适用的国际法规则”，是仅仅包括国际习惯，还是既包括国际习惯也包括国际条约？如果包括国际条约，哪些国际条约可以得到适用？这些问题，ECT 第 26 条规定得相当模糊，为 ECT 投资仲裁给予了太大程度的自由裁量权，也成为有关依 ECT 提起的仲裁裁决不一致问题的根源之一。

总之，关于 ECT 的投资仲裁机制的完善是一个异常复杂的问题，因为它的完善也涉及国际投资仲裁机制本身的完善问题，ECT 的投资仲裁并没有“自成体系”，它目前还只是国际投资仲裁机制的一部分。

（二）能源过境争端解决程序

1. 过境争端解决程序改革的缘起

ECT 的过境争端解决机制近年来由于俄罗斯与乌克兰之间的天然气过境争端而备受关注。2009 年 1 月的俄、乌争端发生后，俄罗斯开始不断批评能源宪章，认为它并不能预防俄乌争端的发生，批评欧盟在乌克兰违反了 ECT 过境条款的情况下仍然偏袒乌克兰，指责能源宪章秘书处的领导人没有发挥应有的作用。俄罗斯总统梅德韦杰夫还表示，“必须有一个新的国际能源机制”。他暗示现有的能源宪章必须进行修改，企图寻求替代方案。2009 年 4 月，俄罗斯总统表示，俄罗斯意欲改变与能源消费国和过境国关系

① See Thomas W. Wälde, *International Investment under the* 1994 *Energy Charter Treaty*: *Legal*, *Negotiating and Policy Implications for International Investors within Western and Commonwealth of Independent States/Eastern European Countries*, in Thomas W. Wälde ed., *The Energy Charter Treaty*: *An East-West Gateway for Investment & Trade*, Kluwer Law International, 1996, p. 327.

的法律基础，重新起草一份新的多边条约来代替能源宪章。4月21日，一份名为《能源合作新法律框架的概念路径（目标与原则）》[*Conceptual Approach to the New Legal Framework for Energy Cooperation*（*Goals and Principles*）] 的文件出现在总统的官方网站上。① 2009年7月30日，俄罗斯总理普京签署第1055-r号令，宣布俄罗斯拒绝批准ECT。2009年8月20日，俄罗斯正式通知ECT的签署国，终止ECT对俄罗斯的临时适用。② 俄罗斯的退出使得能源宪章进程遭受到严重挫折。

俄乌天然气争端确实暴露了ECT过境争端解决机制存在的缺陷，如能源宪章秘书处在预防争端发生方面的“无为”以及争端发生的过程中当事方不愿意采用过境争端解决的调解程序等。③ 如何改革ECT的过境争端解决机制，将俄罗斯重新“拉回”到ECT体制之下，已经成为能源宪章进程中一个非常重要而紧迫的任务。

2. 俄罗斯提出的改革方案

俄罗斯在《能源合作新法律框架的概念路径（目标与原则）》中对能源过境争端的预防和解决提出了具体的改革方案，主要内容包括透明度原则、早期预警机制以及允许在紧急情势下采取迅速行动。具体来看，该套方案主要由以下三部分内容组成：

（1）建立紧急情势委员会（Emergency Situation Commission）。俄罗斯认为ECT第7条第7款中，调解员有权决定过渡期间的关税和其他期限和条件。该款将所有的权力和责任集中于调解员一人手中，调解员的权力过大过宽。俄罗斯担心能源宪章大会秘书长所

① See http://archive.kremlin.ru/eng/text/docs/2009/04/215305.shtml, last visited on April 28th, 2012.

② See A. Konoplyanik, *Why is Russia Opting out of the Energy Charter?*, *International Affairs*, Vol. 56, No. 2, 2010, pp. 85-86.

③ See Andrey Konoplyanik, *Gas Transit in Eurasia: Transit Issues between Russia and the European Union and the Role of Energy Charter*, *Jounal of Energy & Natural Resources Law*, Vol. 27, No. 3, 2009, p. 484.

指定的调解员不能“公正、无偏袒”地处理好过境争端。① 因此，俄罗斯主张应当成立一个“由当事方代表和有声望的国际组织代表”组成的紧急情势委员会来集体行使 ECT 第 7 条第 7 款中规定的调解员的权力。

（2）有权进入过境设施现场。俄罗斯强调有关信息的透明度和信息的获取的重要性。在俄罗斯和乌克兰的争端中，俄罗斯和乌克兰相互指责，ECT 体制下没有一个独立的监督机制进入乌克兰管道的终端来调查真正的事实。② 俄罗斯建议有一套机制来保证监督团体能强制进入过境设施现场来调查事实，强制进入过境设施现场的人员应包括双方的有关专家和争端管理机构的人员。至于该监督团体是长期的还是临时的，俄罗斯并没有明确提出。

（3）外交方式优先于司法途径。由于 ECT 并没有详细规定第 7 条第 7 款规定的调解程序与第 27 条的仲裁程序的关系。俄罗斯在《能源合作新法律框架的概念路径（目标与原则）》中明确提出：第 7 条第 7 款的调解程序实质上是外交的解决方法，该外交方法应优先于第 27 条的仲裁条款。

3. 能源宪章大会的改革方案

2009 年 12 月，ECT 成员在罗马召开了第 20 届缔约方会议，并通过了《罗马声明》(*Rome Statement*)。各缔约方在声明中同意，在 ECT 基础上发起“现代化进程”(process of modernization)，并考虑俄罗斯总统梅德韦杰夫提出的“能源合作新概念路径”。2010 年 11 月 24 日，能源宪章大会通过了战略工作组提交的《能源宪章进

---

① See A. Belyi, *A Russian Perspective on the Energy Charter Treaty*, http: //www. kent. ac. uk/politics/carc/research/eag/papers/ARI98-2009 _ Belyi _ Russian_Perspective_Energy_Charter_Treaty. pdf, last visited on April 18th, 2012.

② ECT 秘书处由于没能在危机发生前成立一个监督团体而被饱受批评。早在 2008 年 12 月，俄罗斯和乌克兰之间就已经发出了危机可能发生的信号，如果在此时，有一个专门的、独立的监督机制，可能 2009 年 1 月的危机就可以避免了。该次俄乌天然气争端带来的损失是非常巨大的。

程现代化路线图》(*Road Map for the Modernisation of the Energy Charter Process*)。该路线图除了将《过境议定书》的通过列入其工作任务外，还明确对过境争端解决机制提出了改革方案。具体来说就是要建立一套过境争端的"应急反应"(emergency response) 机制。具体改革方案如下：

为了加强 ECT 的有关条款在紧急情势下的实施，有必要充分发挥 ECT 第 27 条第 2 款和第 3 款规定的国家之间的仲裁机制的作用，通过议定书的形式规定有约束力的规则，在紧急情势下进行快速仲裁，或者通过大会宣言的方式通过快速程序。该项选择必须对 ECT 和《过境议定书》中的有关实体条款进行分析，并对紧急情势进行明确界定，应具体规定哪些情况下实行该项快速仲裁。

完善 ECT 第 7 条第 7 款的过境争端调解机制。虽然能源宪章大会通过了《有关过境争端的调解行为规则》，但对于该程序的适用还存在诸多不确定性。要明确 ECT 第 7 条第 7 款与第 27 条程序之间的关系。对 ECT 第 7 条第 6 款中的"与过境有关的事务"进行解释，允许调解员在现有的规则、义务以及共同利益的基础上，对能源生产方、过境方和消费方之间的利益进行平衡。除了加强有关争端解决程序外，预防和解决过境争端的早期警告机制不应排除在该机制外。①

4. 简短评价

《能源合作新法律框架的概念路径（目标与原则)》的发起是俄罗斯作为能源出口大国立场的重申，将对 ECT 基本框架下进口国与出口国权利义务关系的重新调整产生影响。能源宪章大会的改革方案也明确提出要对《能源合作新法律框架的概念路径》进行考虑。从能源宪章大会提出的方案来看，能源宪章大会与俄罗斯在

---

① Road Map for the Modernization of the Energy Charter Process, http://www.encharter.org/fileadmin/user_upload/document/Road_Map_ENG.pdf，最后访问日期：2012 年 4 月 20 日。

关于应急反应机制的建立这一点上已经达成了一致。① 这表明俄罗斯提出的该“概念路径”已经成为了能源宪章进程现代化过程中的一个新的起点。② 关于ECT过境争端解决机制的改革最终可能通过《能源过境议定书》或者其他宣言的方式体现出来。③ 但无论如何，ECT过境争端解决机制的改革可能使俄罗斯重返ECT机制。④

综上，ECT被称为能源领域的WTO，ECT的争端解决机制与WTO的争端机制存在密切的联系，如ECT中的贸易争端解决机制来自于WTO争端解决机制，但两者也存在诸多的区别，ECT的争端解决机制包括投资者与国家之间的争端解决程序和国家之间的争端解决程序，它以解决投资争端为主；而WTO争端解决机制解决的是国家之间的贸易争端，个人是不能提起WTO争端解决程序

① 但是从俄罗斯与能源宪章大会提出的改革方案来看，俄罗斯强调外交的解决方法优先，而能源宪章大会似乎更强调通过快速仲裁的方式来解决过境争端。而且能源宪章大会对俄罗斯提出的紧急情势委员会的建立也没有提及。这些都可能成为ECT过境争端解决机制改革中的争论点。但也有专家认为，俄罗斯的《能源合作新法律框架的概念路径》本身并不是俄罗斯真正的主张或目标，它更大程度上是重新与欧盟就ECT的《能源过境议定书》进行谈判的工具。See Katja Yafimava, *Why did the Energy Charter Treaty Fail in the Context of Transit?*, *The Case of Russia-Western CIS Transit Disputes*, http://www.sccinstitute.com/filearchive/4/40958/Katja_Yafimava_Presentation.pdf，最后访问日期：2012年4月22日。

② See Piotr Szlagowski, *Review of the "New Legal Framework for Energy Cooperation" and Dispute Resolution Mechanisms in Energy Transit*, *International Energy Law Review*, Vol. 28, No. 5, 2010, p. 153.

③ 因为能源宪章大会及其秘书处欢迎对ECT进行逐步的改革，通过议定书或宣言的方式对ECT机制进行发展，不主张对ECT这个基本文件进行修改。能源宪章大会秘书长在2009年俄乌天然气争端发生时的发言，参见能源宪章网站：http://www.encharter.org/index.php? id=21&id_article=171&L=0，最后访问日期：2012年4月22日。

④ See Piotr Szlagowski, *Review of the "New Legal Framework for Energy Cooperation" and Dispute Resolution Mechanisms in Energy Transit*, *International Energy Law Review*, Vol. 28, No. 5, 2010, p. 154.

的。从两种争端解决机制的目的来看，WTO 争端解决机制作出的裁决主要以要求当事国撤销不符合 WTO 协议的措施为主，以经济补偿为辅。而 ECT 中投资者与国家之间争端解决机制的主要目的在于补偿投资者的经济损失。从两种争端解决机制的性质和适用的法律来看，WTO 争端解决只适用 WTO 协议，但某些情况下也可能以其他条约来作为 WTO 协议的补充解释工具；但是 ECT 的投资争端程序适用的法律不仅包括 ECT，还包括其他可适用的国际法规则。

与 ICSID 的争端解决机制相比，ECT 的投资仲裁机制以“强制仲裁权”取代了 ICSID“逐案审批同意权”，以“随时仲裁权”取代“当地救济优先权”，以“国际法适用排他权”取代 ICSID“东道国法律适用权”。当 ICSID 仲裁庭审理 ECT 案件时，适用的是 ECT 的高标准与严要求。

从整体上看，ECT 的争端解决机制具有分散性与完整性、继承性与创新性、依赖性与独立性等特点。但 ECT 的争端解决机制也存在诸多缺陷，需要进一步完善，如 ECT 中投资仲裁机制中应适当延长为期 3 个月的冷静期；进行合并或适当延期审理克服 ECT 裁决不一致的问题；对“无条件同意”的有关例外规定应进一步明确化；应进一步加强 ECT 仲裁法律适用的确定性等。在 ECT 的过境争端解决方面，在过境争端解决方面建立应急反应机制是目前改革的焦点。俄罗斯和能源宪章大会纷纷提出了自己的方案，对于这一机制的改革可能使俄罗斯重新回到 ECT 机制下。

第六章 ECT 争端解决机制对中国的影响及对策

在对 ECT 的争端解决机制进行了全面的分析后，接下来要讨论的问题是该套争端解决机制对中国会造成何种影响？由于 ECT 的争端解决机制是整个 ECT 的核心，对该问题的回答直接关系到对中国是否应加入 ECT 的回答。要回答这些问题，必须从中国目前的能源状况出发。

第一节 中国能源的现状分析：从能源价值链环节角度

一、中国能源供需现状

作为世界上最大的发展中国家，中国既是能源生产大国，也是能源消费大国。中国的能源生产量居世界第三位，仅次于美国和俄罗斯。能源消费占世界总消费量的1/10，居世界第二位，仅次于美国。

（一）内在储量

就总量而言，中国的能源总量非常丰富，但由于中国人口众多，人均能源资源拥有量较低。煤炭是中国的主要能源，占中国能源消费量的71%。石油是中国能源消费的第二大来源，占消费总量的19%。中国的石油资源在世界上属于比较丰富的国家，2010年探明可利用储量为31.7亿吨。我国天然气资源量也很丰富，但目前在我国能源消费结构中比重较低，只占到3%。① 我

① 数据来源于中华人民共和国国土资源部网站，http://www.mlr.gov.cn/zygk/#，最后访问日期：2012年7月18日。

国的天然气勘探还处在早期勘探阶段，未来20年将是我国天然气工业快速发展的阶段，以提高天然气在我国能源消费结构中的比重。此外，我国还拥有丰富的水能、风能、太阳能、地热能等可再生能源资源。但是由于经济和技术等原因，开发的程度和发达国家的差距还较大。总体来看，我国的能源资源总量居于世界前列，但是中国的人均能源可采储量却远低于世界平均水平，尤其是石油资源。

（二）外在需求

20世纪90年代以来，中国的能源需求急剧增长，1993年中国开始成为能源净进口国，其后的这十几年，中国的能源对外依存度每年呈递增趋势①，主要表现为石油对外依存，已经超过了国际警戒线50%，而且目前还在进一步恶化。根据国际能源机构（IEA）的预测，中国目前已经成为第二大石油进口国，中国的石油产出远远不能满足消费的需要，需要大量进口石油。在天然气和煤炭方面，中国的生产与消费大致平衡，供给安全尚能勉强维持。

二、能源投资现状

（一）能源投资输出

能源供应不足将极大地制约我国经济的发展，中国必须依赖国际能源市场来满足日益增长的能源需求。保障能源安全最有效的方式就是加强国际能源合作，加快“走出去”的步伐，加大在能源领域对外投资的力度，使能源供应渠道多元化。中国目前已经与多个国家签订了内容和性质不同的能源合作协议，如1996年的《中国与俄罗斯关于共同开展能源领域合作的协定》、1997年《中哈政府关于在石油、天然气领域合作的协议》、2000年

① 参见杨泽伟主编：《中国海上能源通道安全的法律保障》，武汉大学出版社2011年版，前言。对外依存度是衡量一个国家或地区石油安全的重要指标之一。依存度越高，就意味着石油供应安全越脆弱，能源安全形势也就越严峻。

《中美化石能合作协议书》、2009年《中俄石油领域合作政府间协议》等。政府间的合作仅仅是框架的设立，但是具体的合作和项目还必须通过企业来落实。在中国政府的鼓励下，中国能源企业实施走出去的战略。截至2010年底，中石油、中石化、中海油三大企业海外业务已经遍及全球50多个国家，已经拥有海外油气项目100多个，这些投资主要集中在中东、非洲、中亚和独联体国家、美洲和其他亚太地区。据国际能源机构（IEA）2011年刚刚公布的《中国国有石油企业的海外投资》的报告，2009年中国国有石油企业的海外投资总额是182亿美元。2010年这些企业的海外投资达到293.9亿美元。①

（二）能源投资输入

中国目前虽然加快了能源企业“走出去”的步伐，但中国市场一直以来也是跨国能源巨头积极开拓业务的领域。据统计，入选《财富》杂志世界500强的大型石油石化公司，几乎都已在中国投资建厂设点，埃克森美孚、壳牌、BP、道达尔菲纳埃尔夫、雪佛龙德士古、康菲石油等世界石油巨头，都已经在华投入巨额资金。同时世界前100家化工公司，也几乎都来华投资，包括巴斯夫、拜耳、杜邦、道化学、阿克苏—诺贝尔、恩格哈德等欧美著名跨国公司。② 按照中国加入WTO时的承诺，到2004年底，中国开放成品油零售市场。2006年以后，开放成品油批发市场。这对于国外跨国能源巨头来说，无疑是进入中国能源市场的良机。世界石油巨头如埃克森美孚、英国石油公司（BP）、道达尔和壳牌等都在中国能源成品油市场占有一席之地。此外，中国目

---

① 数据来源于2011年国际能源机构《中国国有石油企业的海外投资》，http://www.iea.org/papers/2011/overseas_china.pdf，最后访问日期：2011年6月30日。

② 参见刘剑平、朱和：《国外大石油石化公司进军中国市场现状与策略分析》，http://www.spc.com.cn/spcspc/Chinese/tep/2003/200306/js-2.htm，最后访问日期：2012年4月25日。

前还是全球新能源投资的第二大热点国家。①

三、能源过境现状

中国石油对外依存度高，但是石油进口通道却相对较为单一。中国石油进口主要来自于中东和非洲。中国2009年和2010年上半年进口的石油中，大部分来自于中东②，其余部分来自于非洲、俄罗斯和前苏联国家以及亚太地区。从中东、非洲和亚太地区进口的石油，主要通过海上运输到中国。对中国来说最重要的一个航道就是马六甲海峡，从中东、非洲和亚太地区进口石油，马六甲海峡都是中国能源运输的必经之道。③ 对马六甲航线的过于依赖形成了中国能源运输的“马六甲困境”。④

困则思变，为了突破“马六甲困境”对中国能源安全带来的困境，改变高度依赖马六甲海峡的能源进口格局，中国开始开辟新的运输途径，实施油气进口多元化战略，其中在西北，中哈原油管道、中亚天然气管道相继建成投产；在东北，中俄原油管道也于2011年1月1日正式投产输油；在西南，中缅原油和中缅

① 参见 http://www.chinanews.com/ny/2011/06-09/3098476.shtml，最后访问日期：2012年4月25日。

② 虽然近年来中国一直在努力寻求能源进口来源多元化，但是仍然改变不了从中东进口石油占主导的格局。参见杨泽伟：《中国能源安全法律保障研究》，中国政法大学出版社2009年版，第32页。

③ 2009年中国进口的石油中，77%都是从马六甲海峡运输的。数据来自于2011年国际能源机构《中国国有石油企业的海外投资》，www.iea.org/papers/2011/overseas_china.pdf，最后访问日期：2012年4月30日。

④ 学者们在提到马六甲困境时，主要是指三种状况：运能饱和说（运输能力已处于饱和状态，浅窄的航道限制了通行船只的吨位）、和平时期危险因素说（海盗、恐怖主义与意外事故可能会导致马六甲海峡断航，给高度依赖这一通道的中国带来巨大损失）、非和平时期的海峡封锁说（非和平时期，中国的对手会封锁这一海上交通瓶颈以打击中国）。参见薛力：《“马六甲困境”内涵辨析与中国的应对》，载《世界经济与政治》2010年第10期，第119页。

天然气两条管道也正在建设之中（计划2013—2014年投产）。①三大陆上管道运输通道与海上航运通道一起，形成了中国油气进口的四大战略通道。三大陆上管道运输在一定程度上降低了中国对马六甲海峡的依赖，如果三大运输管道全部投产，能够将对马六甲海峡的依赖从77%降低到54%。②

四、能源与环境保护现状

中国的能源效率③偏低。中国是一个能源消耗大国，能源消耗总量排在世界第二。单位产值的能耗大大高于发达国家及世界平均水平，约为美国的3倍，日本的7.2倍。④能源的开发、运输和利用都给环境造成了较大压力，能源带来的环境危害与环境的有限承载之间的矛盾日益突出。由于我国能源结构不够合理，以煤炭为主的能源结构带来了二氧化碳、二氧化硫等有害气体的过度排放，这些都是大气污染和温室效应的元凶。此外，石油、天然气等化石能源燃烧后排放的废气也对环境造成巨大的破坏。⑤在哥本哈根的气

---

① 尽管中缅原油管道2200万吨/年的输送能力只是我国原油进口的一小部分，但是其战略意义不可小觑。一方面，管道绕开马六甲海峡，不仅能缩短至少1200公里的路程，从而降低运输成本，更重要的是还可缓解和降低原油进口高度依赖马六甲所带来的压力和风险；另一方面，该管道原油输往我国西南地区，将改变长期以来西南地区油品不足的局面。参见人民网：http://energy.people.com.cn/GB/12694616.html，最后访问日期：2012年4月20日。

② 参见2011年国际能源机构《中国国有石油企业的海外投资》，www.iea.org/papers/2011/overseas_china.pdf，最后访问日期：2012年4月28日。

③ 能源效率就是单位能源所带来的经济效益多少的问题，带来的经济效益多说明能源效率高。http://baike.baidu.com/view/762024.htm，最后访问日期：2012年4月28日。

④ 参见倪健民主编：《国家能源安全报告》，人民出版社2005年版，第29页。

⑤ 据世界银行的统计报告，全球有20个污染最严重的城市，中国就占了16个。另外，亚太经合组织澳洲研究中心莫纳什大学发布的报告声称，到2010年中国排放的温室气体将占世界总量的22.3%，超过美国成为全球第一。转引自杨泽伟：《中国能源安全法律保障研究》，中国政法大学出版社2009年版，第152页。

候峰会上，中国环境保护备受发达国家的关注。因此，能源生产和利用对环境的损害是中国环境问题的核心，受到国际社会的高度关注。国际上要求中国承担的环境义务日益增加，中国在国际谈判中所面临的压力增大，中国的能源发展问题造成的环境威胁受到国际社会的诸多指责，我国寻求的能源发展道路与发达国家的冲突开始显现，国际社会要求中国在温室气体排放中承担更多的责任。

五、角色定位与形势评估

由以上对中国能源价值链各环节的形势的分析可知，中国是能源进口大国，尤其在石油领域，较高的对外依存度决定了中国将长期、稳定扮演进口大国角色。从中国能源投资现状的分析可知，中国是重要的能源投资输入国，中国需要能源方面的外资，特别是与增效节能、开发新能源、环境保护等有关的资金与技术。① 同时中国目前也是重要的能源投资输出国，其能源投资已遍及全球，引入能源外资和保护海外能源投资对于中国来说同样重要。从中国能源过境的现状来看，中国目前能源过境运输过于依赖马六甲海峡。目前和邻近国家之间修建的能源管道有助于减轻对马六甲海峡的依赖。最后，从中国能源与环境之间的关系来看，目前中国的能源效率低下，能源的生产和利用对环境造成的损害很大，中国在能源和环境问题上受到国际社会的压力很大。

第二节　ECT争端解决机制与中国有关能源争端的解决

如前所述，中国是能源进口大国，大量的能源特别是石油需要依赖进口。中国又是能源投资输入国，需要大量的外资来发展本国的能源行业。在大量外资进入中国能源行业的同时，中国也大量向海外进行能源投资。为了将这些进口的能源或者进行海外投资所生

① 参见赵宏图：《国际能源组织与多边能源外交》，载《国际石油经济》2008年第10期，第15页。

产出来的能源运回到中国，中国也需要大量依赖能源过境网络。无论是能源贸易、能源投资还是能源过境，中国在进行这些能源活动的时候，不可避免地会与相关方发生争端。根据ECT争端解决机制对争端的分类，从主体上划分，可以分为两类：国家与国家之间的争端以及投资者与国家之间的争端。ECT的争端解决机制对于解决这些争端提供了借鉴和参考。

一、中国与相关国家之间能源争端的解决

国际能源合作没有国家的支持是无法进行的。国家间能源合作往往是由相关国家签订有关协议。这属于国际法上的条约。条约必须遵守是国际法上的基本原则。国家间能源合作争端出现主要有两种表现形式：(1) 因对条约中规定的权利和义务的解释出现纠纷；(2) 对条约或协定中出现的权利与义务的执行产生的纠纷。① 就中国海外能源投资所引发的中国与相关国家之间由于投资协议产生的争端，属于国家之间的争端，可以参照ECT第27条的规定来解决。

但在中国进行海外能源投资过程中，除了投资争端外，还可能产生其他具体类型的争端。如能源过境争端、能源贸易争端、环境争端等，如前所述，《能源宪章条约》针对这些争端的特点，规定了特殊的解决方法。这种做法也值得借鉴，我国在与其他国家签订相关投资协议时，可以具体区分争议性质，分别采取不同的做法。如对于能源过境的争端②，可以借鉴ECT的特别调解机制，它有利于过境争端的和平解决并且保证在争端解决期间，不中断能源的供应。鉴于未来中国从中亚以及中东等陆路进口的能源可能大幅度

---

① 参见莫世健：《中国海外能源合作所引起的法律问题思考》，中国能源法律网，http://www.energylaw.org.cn/html/news/2009/1/7/2009172225174363.html，最后访问日期：2012年4月28日。

② 为了突破海上运输的“马六甲困局”，中国现在越来越重视陆地运输，特别是关于油气管道的建设。但在管道的运营和建设过程中，可能会出现过境运输方面的有关争议。目前中哈原油管道现在已经建成投产，同时中哈天然气管道一期工程已经竣工，二期工程正在建设之中；中俄原油管道已于2010年底投入运营；2010年6月中缅油气管道也正式开工。

增加，而在诸多潜在能源运输过境国中，俄罗斯和中亚国家等是能源宪章大会组织的成员国，ECT 的过境争端解决机制将极大地增强中国陆路能源运输的安全系数。① 但目前在中国与相关国家签订的有关运输管道的协议中，如在《中哈政府关于在石油、天然气领域合作的协议》中，协议对有关争端类型并未区分，仅仅规定以磋商作为争端解决的方式。② 这样的规定容易导致在双方发生争议时，争议久拖不决，影响双方能源的正常供应，给能源安全带来威胁。对于中国与相关国家之间的能源贸易争端，中国进口石油的来源国中有一些国家已经是 WTO 的成员，如科威特、委内瑞拉等国是 WTO 的成员，如果和这些 WTO 国家发生了能源贸易争端，则可以在 WTO 的争端解决机制下来解决。但中国进口能源的来源国中也有一些并非 WTO 的成员，如俄罗斯、哈萨克斯坦等，如果与这些国家发生能源贸易争端，则只能由双方通过磋商解决。而 ECT 的贸易争端解决程序将这些非 WTO 成员方纳入到 WTO 体系中，为中国与非 WTO 成员的能源输出国进行能源贸易时提供了法律保障。

应该指出的是，我国目前与国外的能源合作仅仅停留在双边合作的基础上。但事实上，在解决争端方面，多边能源合作机制远比双边合作机制的成本低，风险小③，因此，ECT 作为能源领域唯一的多边条约，其争端解决机制对于我国解决海外能源争端具有非常重要的参考借鉴价值。

二、投资者与东道国之间争端的解决

（一）中国投资者与东道国之间的争端

我国海外能源投资快速发展的同时，"走出去"的中国能源企

① 参见赵宏图：《国际能源组织与多边能源外交》，载《国际石油经济》2008 年第 10 期，第 16 页。

② 《中哈政府关于在石油、天然气领域合作的协议》第 8 条规定，在发生争执时，双方将通过谈判加以解决。

③ 参见赵宏图：《国际能源组织与多边能源外交》，载《国际石油经济》2008 年第 10 期，第 15 页。

业在境外，无论是发展中国家还是发达国家与相关方发生争端的情形也在大量增加。投资者与东道国之间的争端在国际投资领域最为普遍。投资者与国家之间的争端解决程序也是ECT争端解决机制中运用最为广泛、影响最为深远的程序。具体对中国海外能源投资而言，如果中国加入了ECT，中国投资者只需要根据条约，无须用尽当地救济，就可以将争端诉诸ICSID等仲裁庭。它对中国投资者提供的是最全面的保护，最大限度地增强中国投资者在投资安全方面的信心，迅速解决中国投资者与东道国之间的能源投资争端，从而维护中国能源投资者的利益，在一定程度上保障我国的能源安全。

（二）外国投资者与中国之间的争端

但是ECT第26条的投资者诉国家的强制仲裁程序，由于其保护的是投资者的利益，在中国作为东道国时，该条规定对中国的利益保护不利，该条可能会成为中国接受ECT争端解决机制的障碍。要分析ECT第26条对中国可能产生的影响，有必要先了解一下目前中国对投资仲裁机制的接受程度。

1. 投资仲裁机制在中国的实践

自1982年与瑞典缔结第一个双边投资条约以来，截止到目前，中国已经与100个国家缔结了双边投资条约①，另外还有27个未生效的双边投资条约。② 中国的双边投资条约对投资仲裁机制的接受程度可以划分为三个阶段：从1982年到1992年为第一阶段，在这一阶段，我国基本上不接受投资仲裁机制。1992年到1998年为第二阶段，在这一阶段，中国开始接受投资仲裁机制，但主要采取的是“个案自愿仲裁”和“有限强制仲裁”，在对仲裁管辖权的同

① 参见中国商务部条法司网站，http：//tfs.mofcom.gov.cn/column/2010.shtml，最后访问日期：2011年7月6日。

② 参见中国商务部条法司网站，http：//tfs.mofcom.gov.cn/aarticle/Nocategory/201003/20100306809853.html，最后访问日期：2012年4月26日。

意方式上表现为“逐案同意式”和“有限同意式”。① 产生这个变化的主要原因是，1992 年 7 月 1 日，我国加入了《华盛顿公约》，公约于 1993 年 2 月 6 日对我国生效。从 1992 年 9 月 30 日到 1998 年 7 月 20 日以前，我国签订的 88 个双边投资条约中，没有接受 ICSID 仲裁权的有 30 个，接受投资仲裁制度的至少有 13 个。② 在这 13 个接受投资仲裁的双边条约中，对国有化或征收的补偿费用争端，采取的是“有限同意”的方式，投资者与东道国因国有化或征收的补偿费而引起的争端，如果双方不能友好协商，投资者可以直接提交国际仲裁。其他投资争端均适用“逐案同意”的方式，采取个案自愿仲裁原则。从 1998 年到现在为第三个阶段，在这个阶段，中国对投资仲裁机制的态度开始从“有限同意”和“逐案同意”转为“有选择的全面同意”。这主要表现为，从 1998 年 7 月 20 日到目前，中国共签订了大约 36 个双边投资条约，其中有 28 个全面接受 ICSID 管辖。这些条约基本上都明确规定：东道国与外国投资者之间的任何投资争议（或“争议”、“法律争议”），应由当事方友好协商解决，友好协商 6 个月仍未解决的，可应投资者（或“任何一方”）的请求提交 ICSID 仲裁；在争议提交仲裁前，缔约国一方可以要求投资者用尽该缔约方国内的法律、法规所规定的国内行政复议程序。发生这一转变的主要原因在于中国开始实施“走出去”战略。我国企业在海外投资需要双边投资保护协定的支持，投资仲裁制度就是其中的重要手段之一。经过三十多年

① 所谓“逐案同意”是指双边投资条约只是提供了发生争端后当事人诉诸 ICSID 管辖的可能性，但要构成对 ICSID 管辖权的同意，还需要东道国与外国投资者另行达成协议，这种方式有赖于东道国对每一项投资的逐一审批，因此被称为“逐案同意”。“有限同意”是指在针对某些事项作出同意 ICSID 管辖的意思表示，这种方式与“逐案同意”相比，对有限的若干种争端类型概括同意 ICSID 管辖权，被称为“有限同意”。参见陈安主编：《国际投资法的新发展与中国双边投资条约的新实践》，复旦大学出版社 2007 年版，第 395 ~ 426 页。

② 参见陈安主编：《国际投资法的新发展与中国双边投资条约的新实践》，复旦大学出版社 2007 年版，第 408 页。

的法制建设，我国目前的法律制度比较完善，政治局势稳定，外国投资的政治风险相对较少。从中国的投资仲裁的实践可以看出，中国是接受投资仲裁机制的。

但是，整体上而言，中国对投资仲裁机制采取全面接受的同意方式是有较大风险的。虽然中国对境外投资越来越多，但与中国吸收的外资总额相比，所占的份额还很小。① 目前从整体上看，我国主要还是作为资本输入国参加国际投资活动的。中国目前还正处于发展和调整时期，为了维护经济安全，不能排除为了维护国家安全和公共利益而违反有关协议的情况，或者碰到经济运行失调，或者发生经济危机的时候，中国采取必要的宏观调控措施。这可能会在一定时期内和一定程度上损害到外商的既得利益或潜在利润，外商会直接依据其中的投资仲裁条款，申请国际仲裁，从而可能造成中国大量被诉于国际仲裁庭的后果。② 因此，在目前整体还是以资本

① 据中国商务部统计，截止到 2008 年底，中国非金融类对外投资约 1839.7 亿美元，我国实际使用外资累计达到 8990.59 亿美元，可以发现，我国对外投资额只相当于引进外资额的 20.4%（这只能被称为“毛数”）；截止到 2008 年，中国内地对中国香港的投资和对中国澳门的投资就分别达到了 1158.45 亿美元和 15.61 亿美元，而对于香港和澳门的这部分投资，并非对外国的投资。除去这两项境外投资后，中国真正对外国的投资只有 665.64 亿美元了，大约只相当于全国累计实际使用外资总金额的（8990.59 亿美元）7.4%。数据参见商务部投资促进事务局网站 http：//www.fdi.gov.cn/pub/FDI/default.htm，最后访问日期：2012 年 4 月 10 日。

② 阿根廷在 1991 年 5 月签署参加 ICSID 公约，随后在 1994 年 10 月正式提交了批准书，又与许多外国分别签订了大量的 BITs，在这些 BITs 中，阿根廷给予外商过高的保护，同意外商直接把有关投资争端提交国际仲裁。后来，阿根廷为了缓解国内金融危机，于 2002 年颁布《公共紧急状态法》，大幅度增征关税，以增加国库收入。结果外商纷纷依据 BIT 高标准向 ICSID 提出仲裁申请。自 1997 年 3 月至 2005 年 11 月，阿根廷境内外外商把投资争端提交 ICSID 仲裁庭的案件高达 41 起。“被告”如此集中于一国并导致“群起而攻之”，这在整个国际仲裁制度史上前所未有。参见陈安：《中外双边投资中的“安全阀”不宜贸然拆除——美、加型 BITs 谈判范本关键性“争端解决”条款剖析》，载《国际经济法学刊》第 13 卷第 1 期，北京大学出版社 2006 年版，第 25～28 页。

输入为主、输入资本远远大于输出资本的情况下，中国对投资仲裁采取全面同意的确实存在较大的风险。

2. 我国在能源领域全面接受投资仲裁机制的可行性

虽然从整体上接受全面投资仲裁机制存在较大的风险，但是，在能源行业全面接受投资仲裁却具有可行性。根据本章第一节列举的各项数据表明，我国目前已经成为世界上第二大能源进口国和消费国，大量的能源需要进口。为了缓解中国经济发展的能源压力，中国目前不仅需要“从国外买油”，还开始大量“从国外采油”①，而为了“从国外采油”，也因为“采油”行业需要的资金相当密集，中国已经在全球50多个国家投入了巨额的资金，这其中有不少国家就是ECT的缔约国，如哈萨克斯坦、乌兹别克斯坦、土库曼斯坦、阿塞拜疆、蒙古等。如果中国加入ECT，中国的投资者就可以直接利用ECT第26条来维护自身的利益。

中国投入大量资金“从国外采油”的同时，也需要大量的资金来发展本国的能源生产，这主要表现在可再生能源领域的开发方面，中国拥有丰富的可再生能源资源，但由于经济和技术开发的原因，中国目前的开发水平和技术与发达国家相比还存在很大的差距，中国迫切需要大量的可再生能源方面的投资和技术。如果中国加入ECT，ECT的第26条能大大增强外国投资者对中国能源投资安全的信心。ECT第26条在进一步促进外国能源引入的同时，也能维护中国投资者在海外的投资。因此，在能源领域全面接受投资仲裁具有极大的可行性。

3. 充分利用ECT第26条的保护机制

虽然基于目前中国能源领域的现状，中国有全面接受ECT投资仲裁机制的可行性。但是，ECT第26条保护的主要是外国投资

---

① 能源领域被明确列入中国重点支持“走出去”的行业。参见国家发改委：《中国尚不具备大规模对外投资的条件》，中国发展和改革委员会外资司有关负责人阐述中国支持企业走出去的重点领域，其中包括能源、农林业、加工制造业、服务业、基础设施、工程承包等。参见 http://finance.people.com.cn/GB/1037/3855640.html，最后访问日期：2012年4月26日。

者的利益，对东道国的利益保护明显不够。在中国作为东道国时，ECT 的投资仲裁机制可能会损害中国的利益。在这种情况下，在全面接受 ECT 投资仲裁机制的同时，有必要充分利用 ECT 第 26 条对东道国的有限的保护机制。由于投资仲裁机制的主体并不具有同一性，中国投资者到国外投资，主体是中国投资者和该东道国政府，而外国投资者到中国投资，主体则是该外国投资者和中国政府，中国可以利用投资仲裁机制的这一特点，在考虑加入 ECT 时，将自己列入附件 ID 中，对投资仲裁不给予无条件同意，并对此问题说明我国的政策、惯例和条件。这样，如果投资者选择依据东道国的行政或司法程序，或者选择当事方事先同意的争端解决程序后，那么该投资者就不能再依据第 26 条提起仲裁了。这有利于在一定程度上缓和 ECT 第 26 条仲裁机制带来的冲击力。① 另外，ECT 第 26 条还允许对保护伞条款进行保留，缔约国可以将其列入到附件 IA 中。但是对该条作出保留预示着东道国可能会不遵守双方达成的协议，这对于希望吸引外资的东道国是极为不利的。因此，对保护伞条款的保留虽然可以减少 ECT 第 26 条投资仲裁机制带来的冲击力，但不建议中国对该款保留，因为目前中国不仅需要保护海外的能源投资，同时也需要引进外国能源投资，对海外能源投资的保护与引进外国能源投资对于中国能源安全的维护都是非常重要的。

三、分析与启示

ECT 的争端解决程序中，如过境争端解决程序，它作为一种调解机制，可以在不中断能源供应的情况下迅速解决过境争端，还可以通过事先合同约定的争端解决条款来排除特别调解机制的适用，它不伤及主权，有利于增加我国能源过境运输安全的系数；如贸易争端解决机制，它采用的是 WTO 式的争端解决程序，我国本身就是 WTO 的成员国，这与我国履行 WTO 义务并不矛盾，也容易为我国所接受。再如，环境和竞争争端解决程序，这两种程序主要是“软法”机制，都是解决争端的有益途径，它也不应成为中

① 目前将本国列入附件 ID 中的缔约国超过了一半。

国接受ECT争端解决程序的障碍。

目前，从我国投资仲裁机制的实践来看，我国现在是接受强制仲裁机制的，但这对于目前以资本输入为主、正处于经济转型期间的中国来说，存在着较大的风险。但是，单是就能源领域来说，中国接受全面强制仲裁却具有较大的可行性，这主要是基于中国目前已经成为第二大能源进口国和中国大量的能源企业“走出去”的事实，以及中国希望能引进能源投资的事实。但无论如何，ECT第26条主要保护的是投资者利益，当然，这些实践在很多发展中国家的学者看来，是有利于发达国家的投资者而不利于作为资本输入的发展中国家的。然而，作为行为规范，法律必然要保持一定的稳定性和客观性。因此这些国际规范不可能在短时间内迅速地转变，因此对于发展中国家而言，对这些规则进行研究和利用就显得十分重要。而且，晚近所谓资本输出国和资本输入国的划分已经不再那样绝对，某些法律规则今天可能对某一国家或国家集团有利，明天则可能不利。对于中国而言，我国的几大国有石油公司也在积极寻找海外投资的机会，在取得一定的成果的同时也面临着一些困境，这就更要求我们充分利用现有的国际规则来保护它们的利益，从而维护国家的能源安全。①

第三节　中国的选择与对策

一、主要国家对ECT的态度

（一）签署条约并批准ECT生效

ECT的正式成员国有46个，大多数是欧洲国家，如英国、法国、德国、意大利、西班牙、葡萄牙、瑞典、丹麦、比利时等国都是ECT的创始国。在亚洲，中亚五国哈萨克斯坦、吉尔吉斯斯坦、乌兹别克斯坦、土库曼斯坦、塔吉克斯坦也都是ECT的正式成员。

① 参见黄进主编：《中国能源安全问题研究：法律与政策的分析》，武汉大学出版社2008年版，第185页。

蒙古于 1999 年签署并批准了 ECT。日本于 1995 年签署了 ECT 并于 2002 年批准其生效。由于 ECT 的主要成员为欧洲国家，所以 ECT 往往被认为是欧洲的一个区域性条约。ECT 的正式成员中，大多数国家主要是能源进口国，能源进口依赖性大，因此，ECT 主要保护的是能源进口国的利益。

（二）签署条约但不批准其生效

持这种态度的国家只有五个，澳大利亚、白俄罗斯、俄罗斯、冰岛和挪威，其中以俄罗斯为代表。《能源宪章条约》的谈判肇始于前苏联的瓦解，俄罗斯参与了整个 ECT 的谈判。为了吸收外国投资，保障俄罗斯与欧盟成员国在能源领域进行长期和稳定的合作，解决俄罗斯与乌克兰的能源过境运输问题，俄罗斯于 1994 年签署了 ECT，并且同意该条约的临时适用。1996 年 8 月，俄罗斯政府要求国家杜马批准 ECT，国家杜马表示对 ECT 中第 7 条有关过境问题还存在疑虑，暂时不批准 ECT。① 2001 年 1 月就 ECT 的批准问题举行的会议上，俄罗斯国家杜马采取实用主义态度并通过决定，ECT 的批准与否取决于 ECT 的《过境议定书》谈判结果。在此期间，欧洲国家和能源宪章秘书处一直在努力，企图说服俄罗

① ECT 第 7 条规定，能源原料和产品的运输在商业条件下不能以现有的能源运输设施完成时，缔约国不能对建设新的运输能力设置障碍。在这种情况下，外国投资者可以投资俄罗斯油气管道的建设，这样显然不符合俄罗斯企业垄断俄罗斯油气出口的利益要求。欧盟公司可以使用俄罗斯的油气运输管道，这就可能为俄罗斯天然气工业股份公司在欧洲市场上制造更多的竞争者，削弱俄罗斯在天然气或石油价格上的控制力。而保持俄罗斯天然气工业股份公司对欧盟天然气出口的垄断地位是俄罗斯的核心利益。而且一旦允许外国投资者经营俄罗斯的油气管道，俄罗斯与西欧各国发生争端时，想利用关闭通向西欧的油气管道来打政治牌就困难了，因为此时的政治争端已经转变成为法律争端。ECT 第 7 条第 7 款规定，如果发生运输争端，任何一方政府不能停止或缩减运输数量；能源宪章秘书长有权指定中间人调解争端。俄罗斯认为，在俄罗斯作为当事人的能源争端中，如果“能源宪章秘书长”指定美国或欧盟作为中间人，就一定会令俄罗斯处于孤立地位，从而受制于人。

斯批准 ECT。① 在 2009 年初，俄、乌之间发生了天然气过境争端，尽管后来两国签署了天然气购销合同和过境合同使得“斗气”风波告一段落，但俄罗斯自此开始不断批评能源宪章，认为它并不能预防俄、乌争端的发生，认为欧盟在乌克兰违反了 ECT 过境条款的情况下仍然偏袒乌克兰，能源宪章秘书处的领导人也没有发挥应有的作用等。俄罗斯总统梅德韦杰夫还表示，“必须有一个新的国际能源机制”。他暗示现有的能源宪章必须进行修改，企图寻求替代方案。② 到 2009 年 4 月，俄罗斯总统表示，俄罗斯意欲改变与能源消费国和过境国关系的法律基础，重新起草一份新的多边条约来代替能源宪章。关于能源宪章，他说，俄罗斯并没有批准 ECT，并不受 ECT 的法律约束。4 月 21 日，他还提出了《能源合作新法律框架的概念路径（目标和原则）》。2009 年 7 月 30 日，俄罗斯总理普京签署第 1055-r 号令，宣布俄罗斯拒绝批准 ECT。2009 年 8 月 20 日俄罗斯正式通知 ECT 的签署国，终止 ECT 对俄罗斯的临时适用。③ 俄罗斯的退出对能源宪章进程来说确实是一个沉重的打击。不可否认，俄罗斯是宪章最大的“客户”。没有它的正式参加，宪章将从本质上背离设立的初衷，同时，其现有成员国对该组

① 俄罗斯联邦议会迟迟不批准《能源宪章条约》，应当说政治上的考虑超过法律上的考虑。冷战结束以后，俄罗斯国内经济不振，北约东扩，国际战略空间进一步被挤压，能源问题一直是俄罗斯与西欧各国进行战略对抗的强有力的武器。参见周林峰：《论〈能源宪章条约〉投资仲裁条款及对我国能源合作的影响》，湘潭大学 2010 年硕士学位论文，第 37～38 页。

② See A. Konoplyanik, *Why is Russia Opting out of the Energy Charter? International Affairs*, Vol. 56, No. 2, 2010, pp. 85-86.

③ 俄罗斯宣布终止 ECT 对其临时适用的另外一个重要原因就是尤科斯案的发生。2005 年尤科斯公司的三个股东依照 ECT 向常设仲裁法庭对俄罗斯提起仲裁，要求赔偿数额高达千亿美元。2009 年 11 月仲裁庭就管辖权问题作出裁决，依据 ECT 的临时适用条款，俄罗斯受 ECT 的法律约束。案件的具体实体审理还在进行之中。具体案件的分析，参见本书第三章第四节中有关 ECT 临时适用条款的分析。

织的兴趣也会大大降低，最后势必造成能源宪章大会组织的萎缩。①

（三）建立联系并密切关注

持这种态度的主要是能源宪章大会组织的24个观察国，包括美国、加拿大、中国和韩国等国家。在能源宪章大会秘书处的努力下，欧佩克组织（OPEC）中的主要成员阿尔及利亚、科威特、伊朗、卡塔尔、沙特阿拉伯、阿联酋及委内瑞拉等都签署了1991年《欧洲能源宪章》，也成为了能源宪章大会的观察国。有10个国际组织包括国际能源机构（IEA）、WTO、东南亚国家联盟（ASEAN）等都是能源宪章大会的观察组织。这些观察国和观察组织有权列席能源宪章大会及其附属机构的会议，有权获得各项相关的文件和报告，有权参与能源宪章各类会议辩论，目的是熟悉宪章及其职能，对是否加入ECT进行评价和考虑。

中国作为世界能源消费大国，中国的加入对于提高宪章的国际影响力具有重要意义，因而宪章成员国也都十分关注中国对该组织的参与程度。② 中国已于2001年成为能源宪章代表大会的观察国，并于2002年派观察员到宪章秘书处工作。为了争取中国的加入，能源宪章秘书处和相关成员国频频伸出橄榄枝。③ 中国在这种情况下，有必要结合国际国内形势，对加入ECT可能带来的利与弊进行综合分析。

① 参见曹伟：《能源宪章与中国》，载《国际石油经济》2003年第10期，第33页。

② 参见曹伟：《能源宪章与中国》，载《国际石油经济》2003年第10期，第32页。

③ 如2004年1月宪章组织秘书长访问我国；2008年12月宪章秘书处精英代表团访问北京并通过研讨会向我国介绍宪章内容；2009年1月宪章秘书长率团访问北京并商讨加强我国同宪章合作的具体问题。此外，宪章大会主要成员国也积极地邀请我国加入宪章，欧盟通过中欧能源合作大会表达其对我国加入宪章的期待，日本在2007年12月首次中日经济高层对话时建议中国参与《能源宪章条约》，俄罗斯也在2008年6月12日的能源宪章战略工作组会议上明确提议将争取中国加入该宪章。

二、中国加入 ECT 的利弊①

从整体上看，中国加入 ECT 是有利有弊的。

(一) ECT 对维护我国能源安全的积极作用

1. 有利于保障能源供应

我国加入 ECT 后，一方面可以获得该条约对于能源投资者财产、权利转移等方面的保护，从而使我国现有的海外能源投资得到更有效的法律保护，稳定现有能源供应；另一方面我国还可以根据 ECT 第 10 条关于国民待遇和最惠国待遇的规定，在国际能源领域中广泛开展能源海外投资，享受多边的、有约束力的法律和政治保障，减少有关国家对我国能源企业的各种歧视或不公平的待遇；优化我国能源进口地组合，扩大海外能源供应，改善能源供求状况，从而在更大程度上保障我国能源供应的稳定和充裕。

我国还可以依据 ECT 的要求，稳步地消除我国国内能源投资壁垒，提高能源投资者待遇，促使我国能源政策和相关法律制度及能源市场体系进一步完善，改善我国的投资和贸易环境，增强国际社会投资和贸易的信心，使其进入我国能源投资市场，最终实现利用其先进的技术和雄厚的资金优势挖掘我国能源供应潜力，扩大我国的能源自给能力。

2. 有利于稳定能源价格

ECT 所遵循的能源投资自由化趋势，要求促进对内对外投资。一方面，我国可以通过积极遵循 ECT 条款的要求，扩大对内投资规模，加大国内能源开发，最大化实现经济核心领域的能源国内供应，从而实现我国能源核心领域的供应本土化，能源价格的自我控制有力化；另一方面，充分利用《能源宪章条约》对外投资条款的要求，积极扩大我国能源的国际供应规模，增强我国在国际能源价格制定方面的话语权，保证国际能源价格稳定并且有利于我国；同时，我国可以在顺应对外投资自由化的要求时，积极拓展我国能

① 部分内容参见白中红、潘远征：《中国加入〈能源宪章条约〉的利弊论》，载《生态经济》2010 年第 10 期，第 75～79 页。

源国际供应的地区多样化、多元化，从而减少甚至避免单一事件对我国能源价格的影响，保障价格稳定。

3. 有利于保障能源运输安全

ECT 专门规定了能源过境运输相关问题。我国作为能源进口通道单一和能源运输能力薄弱的国家，能源过境运输对我国至关重要。ECT 第 7 条有利于保障我国现有的能源通道畅通和我国新能源通道的建设，减少能源输出国和过境国故意中断供应的可能性，从而确保我国的能源运输安全。①

4. 有利于提高能源效率和减少能源对环境的不利影响

ECT 还要求提高能源效率、减少能源利用对环境的不利影响。因此，我国可以以此为契机，制定能源投资政策以指导能源投资，以 ECT 第 19 条关于能源投资可持续发展为目标，履行能源环境义务，从而实现我国能源利用效率的提高，减少能源对我国环境的污染；同时引进大量外资，特别是增效节能、开发新能源、环境保护方面有关的资金与技术。

5. 有利于融入能源多边合作机制

中国的国际能源合作主要以双边合作为主。中国作为第二大能源消费国仍然游离于主要的多边能源合作机制之外，且目前也不具备创建新的多边机制的能力。加入 ECT 不仅有利于中国开展全方位、多层次的国际能源投资合作，促进我国能源投资顺利进行，大幅度增加与主要能源消费国和输出国对话与合作的机会，而且可以削弱所谓的“中国能源威胁论”论调②，减弱国际社会特别是西方国家对中国挑战现行国际秩序或体制的担心。西方国家提出中国能源威胁论是因为它们认为，“中国目前不是任何有法律约束力的

① 参见赵宏图：《加入国际能源组织是“必答题”》，http：//www.indaa.com.cn/zz/nypl/nypl0907/200907/t20090722_190968.html，最后访问日期：2012 年 4 月 20 日。

② “中国能源威胁论”是“中国威胁论”的核心内容，是美国等西方国家担心中国借助能源合作和能源外交挑战现有西方秩序和西方主导权。参见赵宏图：《国际能源组织与多边能源外交》，载《国际石油经济》2008 年第 10 期，第 15 页。

主要国际能源组织的成员，游离于西方主导的国际能源合作体系之外，往往被视为体系规则和国际惯例的破坏者”。① 在这种情况下，中国加入ECT，必然会大大削弱这种论调，减少我国海外能源投资的政治风险，融入国际能源合作机制，减少有关国家对我国的担心和猜疑，进一步促进国际能源合作。

（二）ECT对我国能源安全保障的不利影响

1. 危及我国能源产业安全

大量发达国家能源企业在ECT的面罩下、在发达国家强大的政治背景支持下进入我国能源市场，利用资本、技术、营销和管理等方面的优势，通过收购、合资等方式控制我国国内能源企业，从而冲击我国能源企业的发展，进而对我国总体能源产业构成控制性优势，可能威胁到我国能源产业的安全。

2. 进一步加剧我国能源结构不合理的现状

首先，能源投资者利用直接投资方式转移其本国夕阳产业，从而影响我国能源结构的优化提升，削弱了我国民族能源产业在国际上的竞争力；其次，跨国能源投资者通过在我国能源投资来完成其全球战略的一部分，在能源投资价值链上我国处于上游位置、较低层次，不利于我国能源体系的建立和完善；最后，国际能源投资低度化、趋同化，致使我国能源建设低水平重复建设，导致结构性供给过剩。因此，在我国能源结构本身就不合理的情况下，如果盲目地在本国能源调控政策不完善的条件下完全放开本国能源投资市场，势必会进一步加剧我国能源产业结构不合理的现状。

3. 削弱我国能源领域的宏观调控能力

由于国际能源投资者主要是单纯追求自身利益，其发展战略也是单纯依据其自身利益出发来制定的，而并不为我国的国家利益考虑，因此，能源投资者的投资活动可能会与我国的产业政策相违背；而且由于我国是发展中国家，在国际能源投资领域话语权不大，而能源国际投资者一般都具有强大的国家政治背景，因而我国

① 赵宏图：《国际能源组织与多边能源外交》，载《国际石油经济》2008年第10期，第15页。

在宏观调控时将会由于其背景压力而在控制其活动方面处于弱势，导致产业政策的作用减小。

另外，能源投资自由化还可能导致我国对整个国民经济的宏观调控能力下降。国际能源投资者通过能源投资自由化大量进入我国能源市场，支配我国能源产业，从而控制我国经济发展的命脉，最终导致政府的宏观调控作用下降。

三、中国的选择及应有的对策

ECT是在经济全球化背景下为适应能源投资自由化要求应运而生的。加入ECT对我国有利也有弊。从长远来看加入ECT是有利的，因为它顺应了经济全球化的要求，有助于缓解我国能源安全的现状，促进我国经济社会的长远发展和进步。从短期来看可能是有弊的，因为它可能会对我国能源产业、能源结构甚至是整个国民经济产生不利的影响。不过，短期的弊端也是可以通过采取一些政策措施来化解的。① 因此，通过利弊分析与比较，笔者认为，我国应当积极开始加入ECT的谈判，做好签约谈判前的准备工作，与秘书处进行更多接触，这样能凭借ECT成员国和能源宪章大会秘书处本身对我国的重视而在签约中处于有利的地位，变被动接受为主动出击。同时，针对ECT的有关条款，促成新一轮的谈判。结合ECT的主要内容来看，在进行谈判和签署ECT时，有以下几个方面需要注意：

首先，在接受ECT的投资仲裁机制时，可以将自己列入附件ID中，对投资仲裁不给予无条件同意，并对此问题说明我国的政策、惯例和条件。如前所述，ECT的争端解决机制是ECT的核心和基础，而ECT的投资仲裁机制又是ECT争端解决机制最重要的特征，它是中国加入ECT最敏感的问题。为了给我国跨国能源企业"走出去"战略的顺利进行提供国际法规则的保障，避免ECT投资仲裁在现阶段对我国的冲击，有必要将自己列入附件ID中。等到我国的能源投资输入和输出的比例相对较为平衡、国内的相关

① 参见白中红、潘远征：《中国加入〈能源宪章条约〉的利弊论》，载《生态经济》2010年第10期，第79页。

法律进一步完善、投资贸易环境进一步改善时，再考虑撤销该项保留。

其次，中国在签署 ECT 时，可以考虑在批准条约前临时适用 ECT，暂时不批准其生效。通过临时适用 ECT，可以检验签署该条约后对我国产生的影响。而且该临时适用可以在批准之前随时声明撤销。① 在条约的后续谈判和实践中检验 ECT 对我国的实际影响，最终由全国人大常委会作出是否批准的决定。更重要的是，通过临时适用 ECT，中国可以参与 ECT 各项规则的谈判与制定。ECT 目前还是一个在不断发展中的法律框架，目前 ECT 框架下的《能源过境议定书》的谈判还在进行之中。如果中国签署了 ECT 并且临时适用 ECT，中国就有权参与 ECT 有关规则的制定，就不会被排除在规则制定之外。《能源过境议定书》的谈判对中国具有非常重要的实质意义。我国与俄罗斯、中亚在能源领域有着密切的合作，同时与韩国在进口俄罗斯天然气项目中同为协议签字方，并与日本在进口俄罗斯原油问题上有着利益冲突。中国在以上项目中的角色是多重的，既是进口国，也是过境国。而俄罗斯及中亚在不同项目中对我国也意味着多重身份。② 因此，参与该议定书的谈判对于中国来说具有非常重要的意义。这样，既为我国跨国能源企业的海外投资提供了国际法保障，又使我国参加了国际能源合作规则的谈判与实践，同时，经过一段时间的检验，发现签署该条约弊大于利时，我国可以声明结束临时适用并不批准其生效。这些考虑都是基于 ECT 的有关制度的安排，是 ECT 的有关条款所允许的。

最后，为签署 ECT 做好各项国内方面的准备。这些准备包括但不限于：（1）完善我国的能源法和其他配套部门的立法。我国目前已经颁布了五部单行能源方面的法律：《电力法》、《煤炭法》、《节约能源法》、《可再生能源法》和《石油天然气管道保护法》。

① 参见周林峰：《论〈能源宪章条约〉投资仲裁条款及对我国能源合作的影响》，湘潭大学 2010 年硕士学位论文，第 41 页。

② 参见曹伟：《能源宪章与中国》，载《国际石油经济》2003 年第 10 期，第 33 页。

本应该最先出台的统领能源领域的基本法还没有出台。经过“千呼万唤”，目前《能源法》已经在讨论中。《能源法》不会帮助我们降低油价，但它可以规范能源行为；《能源法》不会提高企业的竞争力，却可以使替代能源研发变成一种潮流；《能源法》更不会解决“全球气候变暖”，但它却可以成为高污染、高耗能企业的噩梦。① 因此，我国必须尽快通过《能源法》。在通过《能源法》后，还有必要制定专门的《石油天然气法》、《原子能法》等，修订《电力法》和《煤炭法》等，建立一套完整而协调的能源法体系。除了建立一套完整的能源法体系外，还要做好其他部门法的配套工作，如在投资法方面，中国的《外商投资企业法》应当就外国投资者对能源领域的介入进行积极引导，通过外资企业的审批和核准进行严格把关，防止外国投资者对我国能源产业的控制。高度重视外资对我国产业安全的影响②，包括外资对能源市场的控制、对先进技术的控制、对股权的控制，加强《外商投资产业指导目录》与其他法规的配套工作，加速产业安全预警体系的建设。③ 如在环境法领域，引入环境影响评价制度，定期对能源企业的环境影响水平作出评价并采取适当的措施，防止发达国家对我国的“污染转移”。同时，应当制定严格的环境保护标准，以此保证能源的合理与可持续的利用，限制粗放型的能源开采和利用。（2）规范政府行为。为了加强对能源行业的管理与服务，行政机关应当树立和贯彻依法行政的意识，在外资项目的审批、境内外资的管理方面

① 参见朱悦华：《能源法擦亮我们多少期待》，http：//review. jcrb. com/200712/ca662303. htm，最后访问日期：2012年4月28日。

② 如美国有专门的外国投资委员会，并制定了专门的《外国投资和国家安全法》，负责对外商的投资进行国家安全的审查，有些项目即使符合其他法律的相关规定仍有可能被认为关涉国家安全而被投资委员会拒绝。例如，2007年中海油收购美国优尼科公司案，收购项目虽已通过了反垄断的审查，但在安全审查中夭折。参见赵栋：《全球化背景下我国能源安全的法律保障》，载《中共郑州市委党校学报》2011年第1期，第67页。

③ 参见赵栋：《全球化背景下我国能源安全的法律保障》，载《中共郑州市委党校学报》2011年第1期，第67页。

应严格按规则办事，按照法律规定为市场主体提供服务。有关政府的审批标准、监管政策等都应当统一、透明和公开，这种要求实际上是国际通行的规则。我国已经成为 WTO 成员国，这些义务同时也是 WTO 的基本规则。我国政府干预市场、监管市场主体的运行，必须在国际条约和国内法律的授权范围内，严格依据法定程序进行。另外一方面，尽量优化投资环境，加强国内立法，依法对外商投资进行管理和保护，既要保护外资的利益又要维护国家主权和国家利益，使两者达到平衡。（3）培养能源领域的专业人才，加强对 ECT 的研究，为我国能源领域的进一步发展和争端的解决提供智力支持。我国对 ECT 的研究还刚刚起步，只有积极开展研究，培养专业人才，才能保证国际规则的制定有利于我国，从根本上保障我国的能源安全。ECT 的实践表明，该条约具有相当大的发展潜力，无论是赋予 ECT 新的解释还是以新的方式适用，在条约谈判与适用的过程中绝不缺乏令人兴奋的挑战。①

ECT 作为能源领域唯一的条约，在国际条约体系里具有重要地位，但它毕竟还是一个年轻的条约，再加上它产生于前苏联解体这个特殊的历史时期，难免带有局限性。但这个年轻的条约是一个非常有潜力的条约，因为它顺应了国际能源市场的发展趋势，具有旺盛的生命力。目前，能源宪章还处在一个进程之中，在这个进程中难免会遇到挫折，如目前世界上的能源产销大国美国、俄罗斯还不是 ECT 的正式成员，《能源过境议定书》的谈判也还处于僵持状态等。在这种情况下，中国可以变被动为主动，开始加入 ECT 的谈判，这必然会大大提高 ECT 的代表性，大大推动能源宪章进程。

综上所述，根据中国目前的能源安全现状，中国是能源进口大国，大量的能源特别是石油需要依赖进口。中国又是能源投资输入国，需要大量的外资来发展本国的能源行业。在大量外资进入中国能源行业的同时，中国也大量向海外进行能源投资。为了将这些进口的能源或者进行海外投资所生产出来的能源运回到中国，中国也

① 参见周林峰：《论〈能源宪章条约〉投资仲裁条款及对我国能源合作的影响》，湘潭大学 2010 年硕士学位论文，第 43 页。

需要大量依赖能源过境网络。无论是能源贸易、能源投资还是能源过境，中国在进行这些能源活动的时候，都不可避免地与相关方发生争端。ECT 的争端解决机制对于解决这些争端提供了借鉴和参考。中国接受 ECT 争端解决程序最大的困难在于 ECT 第 26 条规定的投资者诉国家的强制仲裁程序。但从目前中国投资仲裁的实践来看，我国是接受强制仲裁机制的，这从整体来说存在着较大的风险。但是单就能源领域来说，从中国大量的能源企业“走出去”的事实以及中国在能源领域投资输入和投资输出的平衡性来看，中国接受 ECT 的全面强制仲裁具有可行性。但为了慎重起见，中国如果考虑加入 ECT，可以将自己列入 ECT 附件 ID 中，对投资仲裁不给予无条件同意。

中国已经于 2001 年成为 ECT 的观察国，能源宪章秘书处和相关成员国频频向中国伸出橄榄枝，要求中国加入 ECT。在这种情况下，除了分析 ECT 的争端解决机制对中国的启示外，有必要从整体上分析中国加入 ECT 的利弊。加入 ECT 对维护我国能源安全的积极作用主要包括：有利于保障能源供应、有利于稳定能源价格、有利于保障能源运输安全、有利于提高能源效率和减少能源对环境的不利影响、有利于融入能源多边合作机制等。从消极方面来看，加入 ECT 也可能危及我国能源产业安全、加剧我国能源结构不合理的现状以及削弱我国在能源领域宏观调控的能力。从整体上看，利是大于弊的，而且弊端可以通过采取一些措施来化解。中国可以开始加入 ECT 的谈判，可以考虑先签署 ECT，接受 ECT 的临时适用。在决定是否批准 ECT 前，可以先通过临时适用来检验条约的实际效果。同时，通过临时适用 ECT，中国参与到 ECT 的有关规则如《能源过境议定书》的制定中。但是中国为签署 ECT 还需要做好各项国内方面的准备，如有关能源方面立法的完善、进一步规范政府的行为、培养能源领域的专业性人才等。

总之，在一个日益全球化的能源市场里，中国作为全球第二大能源消费国，必须加强国际能源合作才能确保能源供应安全。通过加入 ECT 参与国际能源规则的谈判与实践是中国开展国际能源合作的重要内容，也是中国努力构建的能源合作框架的重要组成部分。加入ECT必然有利于中国的能源安全，有利于中国融入能源多边合作机制。同时，中国在国际能源市场的影响力必将增强ECT的代表性，推动能源宪章进程。

结语：ECT及其争端解决机制与国际能源法的发展

能源是人类赖以生存与发展的最重要的自然资源，各国能源禀赋的巨大差异使得能源及能源引发的各种问题天生就超越国家边界。超越国家边界的问题必然要求采取超国家的行动。在这种背景下，各国开始国际能源合作，以维护本国能源安全。目前拥有52个成员方的《能源宪章条约》（ECT）是各国进行国际能源合作所取得的最重要的成果。它是专门针对能源领域的多边条约，对能源价值链上的各个环节如能源投资、能源过境、能源贸易和能源环境等既制定了实体法规则，又针对这些实体法规则的特点，提供了一整套多元化的争端解决机制。正是这套争端解决机制使得ECT具有了法律约束力，使它区别于一般政治性的条约与宣言。没有这套争端解决机制，整个ECT不过是“一纸空文”。

ECT及其争端解决机制大大促进了国际法的发展，它丰富了国际争端解决的理论和实践，它代表着国际投资法发展的方向。但笔者认为，它在国际法上最重要的意义在于它促进了国际能源法作为国际法分支的独立①，促使国际能源法日益走向了体系化，这主要表现为以下两点：

第一，国际能源法体系化始于《能源宪章条约》。② 国际能源

---

① 杨泽伟教授认为：“国际能源法是国际法的新分支。”参见杨泽伟：*International Energy Law: A New Discipline of International Law*，载《武大国际法评论》2009年第2期，第42~61页。

② 参见于宏源、李威：《创新国际能源机制与国际能源法》，海洋出版社2010年版，第168页。

法产生早期，各法律规定分散在不同的国际法文件中，多为原则性、抽象性的规定。① 直到 1994 年，能源领域里才出现专门性的多边条约，它就是本书研究的主题——《能源宪章条约》(ECT)。ECT 是国际能源法最系统性的渊源，它对国际能源活动的各个环节如能源投资、能源过境、能源贸易和能源环境都作了具体而又详尽的规定，并且还有专门的争端解决程序以保证这些规定的实施。ECT 的这些内容构成了国际能源法的重要组成部分②，它使国际能源法从抽象走向了具体，从分散走向了集中。自此，发端于能源危机的国际能源法自 ECT 产生后才逐渐走向了体系化。

第二，ECT 及其争端解决机制为国际能源法体系化提供了现实依据。一般认为，“自成体系”的国际法部门必须是和平解决国际争端以及执行国际法的封闭制度。③ ECT 作为能源领域的专门性条约，其争端解决机制是国际能源法上有关能源争端解决最典型的代表。ECT 的签署方达到 51 个，其争端解决机制的影响之大、范围之广使得能源领域的其他任何条约都无法与之相提并论。而且 ECT 的争端解决机制关注能源行业的特殊性，将其主要内容建立在能源行业价值链的基础上，其完整性也是能源领域的其他条约无法比拟的。从目前 ECT 的争端解决机制运行的实践来看，它也确实为预防和解决国际能源争端发挥了重要的作用。除了具备一套完整而有效的争端解决机制外，ECT 还建立了自身的执行机制，以保障 ECT 的遵守和实施。根据 ECT 成立的能源宪章大会及其秘书处为 ECT 的实施与执行作出了主要贡献，特别是能源宪章大会及其秘书处主导的能源过境草案的谈判，它将促使国际社会早日通过专门的能源过境方面的条约。正如 Thomas W. Wälde 所言：“ECT

---

① 参见余敏友：《国际能源法的演进》，载《人民法院报》2007 年 10 月 18 日，第 5 版。

② 一般认为，国际能源法所涉及的主要内容包括以下几个方面：能源合作、能源环境问题、能源投资、能源贸易以及能源执行机制。参见余敏友：《国际能源法的演进》，载《人民法院报》2007 年 10 月 18 日，第 5 版。

③ 参见王传丽：《WTO：一个自给自足的法律体系》，载《国际经济法学刊》第 11 卷，北京大学出版社 2004 年版，第 85 页。

对国际能源法的贡献主要是通过ECT及其组织机构的服务来实现的，这些构成国际能源法重要的组成部分。"① 因此，从ECT的争端解决机制及其执行机制来看，它为国际能源法“自成体系”提供了有力的证据和实践基础。

总之，国际能源法体系化有利于能源争端的解决，有利于国际能源安全。国际能源法印证了“国际法不成体系”或曰“碎片化”(fragmentation of international law）的时代潮流，它的实体规范包含了国际公法、国际经济法、国际环境法、国内能源法等部门法的一些具体内容②，它是指调整跨国间关于能源勘探、开发、生产、运输、贸易、储备以及利用等方面关系的原则、规则和制度的总和。③ 它是一个发展中的新的法律体系，它的体系化是从国际法的层面上逐步建立完善的能源规则制度的过程。它使各种国际能源法律关系有了专门的法律来予以调整，对于解决目前存在的各种国际能源争端具有重要的意义。能源争端引发的能源秩序的需求是国际能源法体系化的动因之一。④ 反之，国际能源法的体系化也必然有利于国际能源争端的解决。ECT作为国际能源法最重要的渊源，是体系化的国际能源法的重要组成部分，它的争端解决机制为国际能源争端的解决提供了依据或参考，对于建立有序的国际能源秩序发挥了重要作用，从而有利于国际能源安全的维护。⑤

---

① Thomas W. Wälde, *The Role of Selected International Agencies in the Formation of International Energy Law and Policy towards Sustainable Development*, in Adrian J. Bradbrook, Richard L. Ottinger ed., *Energy Law and Sustainable Development*, INCU, 2003, p. 185.

② 参见杨泽伟：*International Energy Law: A New Discipline of International Law*，载《武大国际法评论》2009年第2期，第58~59页。

③ 参见杨泽伟：*International Energy Law: A New Discipline of International Law*，载《武大国际法评论》2009年第2期，第42页。

④ 参见于宏源、李威：《创新国际能源机制与国际能源法》，海洋出版社2010年版，第130~131页。

⑤ 本书在第二章第二节对维护能源安全的各种手段进行了比较分析，认为国际法是维护国际能源安全最佳的工具。

附录：《能源宪章条约》[1]（节选）

《能源宪章条约》文本大纲概览

第一部分　定义和目的

　　第 1 条　定义

　　第 2 条　本条约的目的

第二部分　商业

　　第 3 条　国际市场

　　第 4 条　不背离 GATT 和相关规定

　　第 5 条　与贸易有关的投资措施

　　第 6 条　竞争

　　第 7 条　过境运输

　　第 8 条　技术转让

　　第 9 条　资本准入

第三部分　促进及保护投资

　　第 10 条　促进、保护投资及其待遇

　　第 11 条　主要职员

　　第 12 条　损失赔偿

---

① 该条约英文版详见能源宪章条约官方网站：http://www.encharter.org/index.php? id=28，最后访问日期：2012 年 7 月 18 日，本书的中文条约文本来源于中国发展计划委员会编：《能源宪章条约（条约、贸易修正案及相关文件）》，中国电力出版社 2000 年版。由于该条约内容较多，因此，在此只选取重要条款附后。

条约序言

本条约的缔约方，参照了1990年11月21日签订的《为了一个新欧洲之巴黎宪章》；参照了包括在1991年11月17日在海牙签订的欧洲能源宪章海牙大会的最终文件中的《欧洲能源宪章》；回顾使所有海牙会议最终文件的缔约方承担遵循欧洲能源宪章的目标和原则的责任，在忠实于能源宪章条约和议定书前提下进行谈判，尽快履行和拓宽彼此之间的合作，并愿意将宪章中的承诺置于安全和具有约束力的国际法律基础上；愿意建立履行欧洲能源宪章中阐明的原则所必需的结构框架；愿意履行欧洲能源宪章提出的基本理念，即通过推动能源领域的自由投资和贸易来促进经济增长；确认缔约方对有效履行国民待遇和最惠国待遇给予高度重视，这些承诺同样适用于补充条约中的“进行投资”方面；参照了关税与贸易总协定及其相关文件中阐明的国际贸易自由化进程目标和国际贸易非歧视原则和其他原则；决心进一步取消能源原料、产品及相关设备，技术和服务贸易过程中的技术、行政和其他方面的障碍；关注缔约方目前不是但可能成为关税与贸易总协定成员国的国家，为他们提供过渡性贸易安排，这将有助于这些缔约国，且不妨碍他们为成为该成员所做的准备；关心关税与贸易总协定及其相关规定的成员国作为缔约方的权利和义务；参照了有关合并、垄断、反竞争行为和滥用垄断地位的竞争规则；参照了关于《不扩散核武器条约》，《核供应准则》和其他国际性核不扩散义务条约或谅解备忘录；认识到最有效地开发、生产、转换、储存、运输、配给和使用能源的必要性；参照了《联合国气候变化框架公约》、《远距离跨国界空气污染公约》及其议定书和其他与能源相关的国际性环境协议；认识到愈来愈需要环境保护的措施，包括能源设备的退役和废物处理，以及对此规定国际认同的目标和标准。

兹协议如下：

第一部分　定义和目的

第1条　定　　义

在本条约中：

(1)"宪章"是指于1991年11月17日在海牙签署的欧洲能源宪章海牙大会最终文件中包含的欧洲能源宪章；签署了最终文件，即被认为签署了宪章。

(2)"缔约方"是指一个国家或区域性经济一体化组织，它同意受本条约的约束并对其生效。

(3)"区域性经济一体化组织"是指由国家组成的组织，这些国家将本条约管辖的某些事项转移给该组织，包括授权在某些情况下作出有约束力决定的权力。

(4) 根据关税合作委员会的协调系统和欧共体联合命名法，"能源原料和产品"是指包含在附件EM中的项目。

(5)"能源部门的经济活动"是指不包括在附件N1中的，或与复合供热有关的能源原料和产品的开发、提取、提炼、制造、存储、陆路运输、传送、分配、贸易、市场和销售的经济活动。

(6) 根据ECT第1条第6款，ECT的投资是指各种由投资者所有，或直接或间接控制的资产，包括：

(a) 有形的和无形的、可动的和不可动的，财产和任何财产权，如租赁、抵押、留置权和抵押权；

(b) 公司或商业企业或股份、股票，或其他股份形式的公司或商业企业，公司或商业企业的债券或其他债务；

(c) 对现金的索赔权和要求履行具有经济价值和与投资相关的合同权利；

(d) 知识产权；

(e) 利润回报；

(f) 在能源部门从事的任何经济活动中，由法律或合同或凭借任何执照和法律准许的许可证所授予的任何权利。

资产投资形式上的变化不影响投资的性质，“投资”这个词，包括所有的投资，不论是现有的还是本条约生效后投资者在缔约方内作出的投资，和条约生效后受条约影响所进行的投资。

“投资”是指所有的与能源部门的经济活动有关的投资，以及缔约方在该领域中进行的投资及不同类型的投资，并指定为“宪章能效项目”，同时向秘书处通报。

(7)“投资者”是指：

投资者是指：

(a) 关于缔约方：

(i) 根据缔约国可适用的法律，拥有缔约国公民权或国籍，或在缔约国享有永久居留权的自然人。

(ii) 根据缔约国的法律而设立的公司或其他组织。

(b) 关于第三国、自然人、公司或其他组织，都在细节上已作必要的修改，满足缔约方 (a) 项中的条件。

(8)“投资”或“进行投资”是指产生新的投资，即收购全部或部分已存在的投资或转移到不同的投资领域。

(9)“利润回报”是指从投资或相关的活动中获得的收入，与支付的方式无关，包括盈利、股利、利息、资本收益、专利权报酬、管理、技术援助或其他以货代款的费用和报酬。

(10)“区域”是指有关的缔约方国家：

(a) 主权支配下的领土，这通常理解为：包括陆地、内陆水

域和领海;

(b) 根据国际海洋法并按照其规定:即缔约方可行使主权和管制的海洋、海床及其下层土。

作为一个缔约方的区域性经济一体化组织,依据该组织成立的条例,区域指该组织的成员国的区域。

(11)

(a)"GATT"指"GATT1947"或"GATT1994",当两个都适用时兼指二者。

(b)"GATT1947"是指签署于1947年10月30日的关税与贸易总协定,附属于联合国贸易和就业大会预备委员会的第二次最终会议一致通过的最终法案,随后进行了校正、修订和修改。

(c)"GATT1994"是指建立世界贸易组织时制定的协议的附录1A中详述的关税与贸易总协定,随后进行了校正、修订和修改。

世界贸易组织成立协议的成员被认为是GATT1994的成员。

(d)"相关文件"是指

(i) 协议、安排或其他法律文件,包括决议、宣言、谅解备忘录,均包括在GATT1947下,之后进行过校正、修订和修改。

(ii) 世界贸易组织成立协议包括其附录1(不包括GATT1994),附录2、3、4和与此相关的决议、宣言、谅解备忘录及随后进行的校正、修订和修改。

(12)"知识产权"包括著作权及相关权利、商标、地理标志、工业设计、专利、集成电路的布线设计和对未公开信息的保护。

(13)

(a)"能源宪章议定书"或"议定书"是指一个条约,它的谈判具有权威性,其文本由宪章大会通过,要涉及两个或两个以上缔约方以补足、补充、扩充或扩大条约有关本协议范围内任何具体部门或不同类型的活动,或依照宪章标题III的合作领域的条款。

(b)"能源宪章声明"或"声明"是一个无法律约束力的文件,经授权后可谈判此类文件,其内容需经过宪章大会通过,并作为对本条约的补充,应具有两个或更多缔约方才可生效。

(14)"可自由流通的货币"是指在国际外汇交换市场上可以广

泛买卖和在国际交易中广泛使用的货币。

第 2 条　本条约的目的

本条约是根据宪章的目的和原则，在互补和互利的基础上，为促进能源领域的长期合作而创建的一个法律框架。

第二部分　商　　业

……

第 5 条　与贸易有关的投资措施

（1）缔约方不得实行与 GATT 第 3 条或第 6 条不一致的与贸易有关的商业性投资措施；在 GATT 及相关文件和第 29 条下，对所有缔约方的权利和义务不存在任何偏见。

（2）这些措施包括根据本国法律或行政管理规定而强制执行的投资措施，或为了追求获利而采取的措施，但它们必须满足以下要求：

（a）企业购买或使用当地原产的或通过任何当地渠道获得的产品，不论是指定的特殊产品、产品数量或价值量，应与当地产品的数量或价值量保持一定比例；

（b）企业购买或使用进口产品要受限于它出口当地产品的数量或价值量；

（c）企业进口的在当地生产或与当地生产有关的产品，一般来说与本地的产品或价值出口量有关；

（d）通过限制企业的外汇交换和企业有关的外汇流通来限制企业用于当地生产或当地生产有关的进口产品数量；

（e）企业出口或外销的产品，不论是特定产品、产品数量或者价值量，都应与当地产品的产品量或价值量保持一定比例。

（3）第 1 段的作用是避免缔约方利用第 2 款中（a）项和（c）项中与贸易有关的投资措施作为促进出口、国外援助、政府采购或优惠关税或配额项目的条件。

(4) 在与第 1 款不抵触的前提下,缔约方可以暂时继续实施在签订本条约生效前 180 天与贸易有关的投资措施,并遵循附录 TRM 中阐述的通告和逐步淘汰的条款。

第 6 条　竞　　争

(1) 每一个缔约方都应该努力清除对能源部门经济活动的竞争不利的市场扭曲和障碍。

(2) 每一个缔约方都应保证,在司法权限范围内,制定和实施有关法律,以强调在能源领域的经济活动中单方面的和共用的反竞争行为是恰当的。

(3) 应要求并在可获得的资源范围内,在应用竞争规则方面有经验的缔约方应完全充分地向其他缔约方在制定和履行竞争规则方面提供技术援助。

(4) 缔约方可以通过咨询和信息交流的方式在实施竞争规则方面进行合作。

(5) 如果一个缔约方认为在另一缔约方的区域内进行的特定的反竞争行为对与此条款的宗旨相关的重要利益产生了严重的负面影响,此缔约方应通知另一缔约方并要求另一方的主管竞争机构采取适当的强制行动。发出通知的缔约方应在通知中包括足够的信息使被通知的缔约方可以确认其不正当的反竞争行为;发出通知的缔约方还应允诺提供进一步的信息和合作。被通知的缔约方或者事件可能涉及的主管竞争机构应与发出通知的缔约方主管竞争机构协商,并决定是否对在通知中指明的不正当反竞争行为采取强制行动,并对发出通知的缔约方的要求给予充分的考虑。被通知的缔约方应将它的决定或相关机构的决定通知给发出通知的缔约方,如果愿意的话,也可将决定的理由告知发出通知的缔约方。如果已采取了强制行动,被通知的缔约方应通报发出通知的缔约方其行动的结果以及其他重要情况。

(6) 本条款不要求缔约方违反其法律而泄露信息、机密和商业秘密。

(7) 在第 5 款和第 27 条第 1 款中阐述的程序应是本条约范围

内解决在履行或者解释本条约过程中产生争端的唯一的手段。

第7条 过境运输

(1) 每一个缔约方都应该采取必要的措施促进能源原料和产品的过境运输，本着与过境运输的自由原则相一致的原则，不能有区别地对待这些能源原料和产品的起运点、目的地或所有者，或基于这些差别而产生价格歧视，不能无理由地拖延、限制或增加费用。

(2) 缔约方应鼓励相关实体在以下方面进行合作：

(a) 能源原料和产品过境运输所必要的能源运输设施的现代化；

(b) 开发和运行为更多缔约方提供服务的能源运输设施；

(c) 减轻中断能源原料和影响产品供应的措施；

(d) 促进能源运输设施间的连接。

(3) 每一个提供能源原料和产品过境运输及能源运输设施使用的缔约方，在对待能源原料和产品过境运输时，不应采取低于对待起运于或目的地在本区域的能源原料和产品的方式，除非现有的国际协议中有其他规定。

(4) 如果能源原料和产品的运输在商业的条件下不能以现有的能源运输设施完成，缔约方不能对建设新的运输能力设置障碍，除非有与第（1）段相一致的适当法律所允许。

(5) 能源原料和产品的过境运输可能通过的区域的缔约方没有责任：

(a) 许可建设或改造能源运输设施；

(b) 许可现有的能源运输设施增加新的或附加的过境运输；它可向有关其他缔约方说明这会危害能源系统安全或效率，包括安全供应。

根据第（6）段和第（7）段，缔约方应保证已建立的与其他缔约方或其他缔约方之间的能源原料和产品流通渠道的安全。

(6) 在因为能源原料和产品的过境运输引起争端时，通过其区域的缔约方不能在第（7）段中规定的解决争端程序有结论之前中断或减少，或允许在它控制下的实体中断或减少，或要求在它管辖的范围内的任何实体中断或减少现有的能源原料和产品的流通渠道，除非在合同中已作出了特殊的规定或在其他协议中有规定，或者是一致同意斡旋者的决定。

（7）在过去制定的解决缔约方之间或第（6）段所涉及的实体与另一个缔约方的实体之间的争端办法没有取得成效之后，以下规定适用于第（6）段中描述的争端：

（a）涉及争端的缔约方应向秘书长提交一个概述争端事件的报告。秘书长应将所有解决争端的安排通报所有缔约方。

（b）在收到报告的30天内，秘书长在咨询争端方和其他相关的缔约方后，应指定一个斡旋者。该斡旋者应在争端涉及的事件方面有经验，并且他不能是争端方或其他相关缔约方的侨民、公民或永久居民。

（c）斡旋者应寻求一个各争端方同意的解决办法、协议或有关达到解决争端办法的程序。如果他在被指定的90天内不能促成这样的协议，他应该推荐一个解决争端的办法或实现这种解决办法的程序，并决定从一个指定的日期到争端解决之前的过渡性关税或对于过境运输应遵守的其他期限和条件。

（d）缔约方同意遵守和保证在它控制或管辖范围内的争端涉及的实体从斡旋者作出决定起的12个月或在争端解决前，二者取其较早的，遵守所有在（c）下所确定的关税、期限和条件。

（e）在不违反（b）项时，秘书长可以选择不推荐斡旋者，如果他认为有关运输的争端是或已成为（a）项到（d）项中规定的争端解决程序的主体，而且这些程序在解决争端上没有起到作用。

（f）宪章大会应通过有关调解行为和对斡旋者的补偿的标准条款。

（8）本条款不降低缔约方在国际法律下的权利和义务，包括国际法惯例、现存的双方或多方协议，还包括有关海底电缆和管道的规则。

（9）本条款不应被解释为要求不具备过境运输所需要的某种类型的能源设施的缔约方采取任何与此设施有关的措施，但是，该缔约方应遵守第（4）段。

（10）本条款中：

（a）“过境运输”是指：

（i）从一个国家起运，目的地为另一国家的能源原料和产品的运输；该运输通过某个缔约国的区域，或抵达或从其港口进行装卸。只要起运国家或目的国家为缔约方。

（ii）从一个缔约国起运，目的地为另一个缔约国的能源原料和产品的运输；该运输通过某个缔约国的区域，除非起运国家和目的地国家另有决议，并将他们的联合决议记录在附录 N 中。这两个缔约方可通过向秘书长递交联合报告以取消它们在附录 N 中的名单，秘书长应把此情况通报所有其他缔约方。在前一个通报的 4 个星期后，此取消行动就可生效。

（b）“能源运输设施”包括高压气体输送管道，高压输电网和线路，原油运输管道，水煤浆运输管道，石油运输管道和其他专为处理能源原料和产品的固定设备。

……

第三部分　促进及保护投资

第 10 条　促进、保护投资及其待遇

（1）根据本条约的条款，每个缔约方为了促进其他缔约方的投资者在其境内投资，应该鼓励并且创造稳定、公平、有利和透明的环境。这类环境应包括在任何时候给予其他缔约方投资者的投资公平和公正待遇的承诺。投资应享受最稳定的保护和安全，缔约方不能以任何方式通过无理的或歧视性的措施损害投资的管理、维护、使用、享用或处置。在任何情况下都不能以低于国际法，包括条约义务所规定的待遇对待这样的投资。每个缔约方应履行与投资者或与任何其他缔约方投资者达成的协议。

（2）每个缔约方应努力给予在其境内进行投资的其他缔约方的投资者第（3）段中提到的待遇。

（3）在本条款中，“待遇”是指缔约方给予的待遇，它不能低于缔约方给予本国的或其他缔约方投资者，或者是第三方国家的投资者的待遇中的任何一个。无论哪个都应享受最优惠待遇。

（4）补充条约根据规定条件，将责成缔约方给予在其境内进行投资的其他缔约方的投资者第（3）段中规定的待遇。补充条约对已签署或同意《条约》的国家和区域经济一体化组织是开放加入的。关于补充条约的谈判，因为在 1998 年 1 月 1 日必须结束，所以必须在 1995 年 1 月 1 日前开始。

（5）对于在其境内进行的投资，每个缔约方应努力做到：

（a）将第（3）段中描述的待遇的例外限制到最小数目。

（b）努力取消现存的影响其他缔约方投资的限制。

（6）

（a）对于在其境内进行的投资，在任何时候，缔约方都可以自愿通过秘书处向能源宪章大会声明它们不会对第（3）段中提到的待遇引入新的例外。

（b）对于在其境内能源部门进行的部分或全部的经济活动，缔约方可以在任何时候作出自愿承诺，给予其他缔约方的投资者在第（3）段中规定的待遇，这样的承诺将通知给秘书处，并且在附件 VC 中列出，受本条约约束。

（7）每个缔约方给予在其境内的其他缔约方，投资者的投资及相关活动，包括管理、维护、使用、享用或处置的待遇不能比给予本国或其他缔约方的投资者，或者第三国投资者的投资及相关活动的待遇低，无论哪个都应享受最优惠待遇。

（8）第（7）段的实施形式，即有关缔约方为能源技术研究和开发提供补助或其他财政援助计划，或签订合同，应保留在第（4）段中提到的补充条约中。每个缔约方应通过秘书处向宪章大会报告对本段中提到的计划予以实施的形式。

（9）每个签署或同意本条约的国家或区域经济一体化组织，应在它签署或表示同意的当日内，向秘书处提交一个报告，总结所有与如下细则有关的法律、规定或其他措施：

（a）第（2）段例外。

(b) 在第 (8) 段中提到的计划。

缔约方应随时将报告的修正稿递交给秘书处，以便报告可以反映出最新的情况，能源宪章大会将会定期审阅报告。

对于 (a) 项，报告可以指定部分能源部门，在这些能源部门中缔约力给予其他缔约方的投资者在第 (3) 段中提到的待遇。

对于 (b) 项，能源宪章大会在审阅过程中，可以从竞争和投资方面考虑这些计划的效果。

(10) 不论本条其他条款如何规定，第 (3) 段和第 (7) 段中提到的待遇不适用于知识产权保护；当缔约方同时也是国际知识产权保护协议的成员时，有关知识产权保护的待遇应按知识产权保护国际协议中相应条款的规定处理。

(11) 第 26 条的目的是缔约方如果对其他缔约方投资者的投资实施第 5 条第 (1) 段和第 (2) 段中提到的与贸易相关的投资措施，根据第 5 条第 (3) 段和第 (4) 段，那么此缔约方将被认为是违背了它在本部分的责任。

(12) 每个缔约方应该保证，它的本国的法律可以提供有效的措施来维护关于投资、投资协议及投资授权的声明和实施。

第 11 条　主要职员

(1) 缔约方应该根据它的关于自然人的进入、居留和工作的法律和规定，诚实地审核其他缔约方的投资者，或者投资者雇用的主要职员，提出进入其境内或在其境内暂时居留的要求，以进行与投资有关的盈利、发展、管理、维护、使用、享用或处置等活动，包括提供咨询或关键技术服务等。

(2) 缔约方应允许在其境内投资的其他缔约方的投资者雇用任何其选择的主要人员，不论他们的国籍和身份，都应允许他们进入缔约方的境内或居留和工作，同时应明确在雇用期限、条件和时间方面的限制。

第 12 条　损失赔偿

(1) 除了第 13 条适用的情况下，任何缔约方的投资者如果在其他缔约方境内的投资由于战争或武装冲突、国家紧急状态、动乱或其他类似事件而遭受到损失，可以要求东道国赔偿，至于归还、赔偿、补偿或其他的解决措施，应与缔约方，给予本国或别的缔约方、或者第三国的投资者的赔偿中的优惠待遇一样。

(2) 在不违背第 (1) 段的条件下，在第 (1) 段中提到的任何情形下，如果缔约方的投资者在其他缔约方区域内遭受的损失是产生于:

(a) 投资或部分投资被其武装或权力征用。

(b) 投资或部分投资被其武装或权力破坏，并且破坏不是环境所必须要求的。

都应该得到快速、充分和有效的赔偿或补偿。

第 13 条　征　　用

(1) 缔约方的投资者在任何其他缔约方，境内的投资不能被国有化、征用或受到与国有化或征用有相同效果的措施 (后文仅用“征用”表示)，除非征用是在如下条件下实施的:

(a) 为了公众的利益。

(b) 非歧视的。

(c) 根据正当的法律程序执行。

(d) 快速、充分和有效地支付赔偿。

相应的赔偿应等于投资被征用前或投资受到即将被征用影响之前的公平的市场价值 (以下用“估价日期”表示)。

这种公平的市场价值，应在投资者的要求下用估价日期当日的市场兑换率以可自由兑换的货币形式支付，赔偿也应包括从征用日到赔偿日这段时间的市场上的商业利率的利息。

(2) 根据缔约方实施征用的法律，受影响的投资者应有权，根据第 (1) 段的原则，提请法庭或缔约方其他有能力和独立的权威机构，对投资者的估价和赔偿金的支付进行及时的评估。

(3) 为了避免引起疑问，征用应包括缔约方在其境内对其他缔约方的投资者的公司或企业的资产，包括拥有的股份进行的征用。

第14条 相关投资的转移

(1) 每个缔约方应保证在其境内的其他缔约方投资者的投资可以自由地转入或转出，包含转移：

(a) 原始资本以及维护和发展投资的附加资本；

(b) 利润回报；

(c) 根据合同的收入，包括依照贷款协议分期付款的本金和增加的利息；

(d) 没有花费的收入和其他与投资有关的来自国外的雇员的收入；

(e) 从投资或部分投资的销售或清算中获得的收入；

(f) 从争端的解决中获得的收入；

(g) 依照第12条和第13条获得的赔偿收入。

(2) 第(1)段所规定的转移应立即执行（实物回报除外），并且可以自由兑换成现金。

(3) 货币的现货交易转移，应以转移当日的市场汇率进行。在没有外汇市场时，应使用最近的内部投资用的兑换率或最近的货币特别提款权的汇率，应选取一个对投资者最有利的汇率。

(4) 在不违背第(1)段到第(3)段规定的前提下，缔约方可以通过公平、非歧视和良好的信用执行法律和规定，保护债权人的权利，保证遵守证券发行、交易、交割的法律，保证民事的、管理的和刑事裁决程序作出满意的裁决。

(5) 在不违背第(2)段规定的前提下，前苏联国家的缔约方可以按照他们内部协议规定的货币在他们之间进行转移支付，只要这样的协议对在其境内的其他缔约方投资的待遇不比给予达成这类协议的国家或第三国家投资者的投资待遇差。

(6) 在不违背第(1)段(b)项规定的前提下，在缔约方承诺第29条第2段(a)项或“GATT及其相关文件”限制或禁止没收或销售实物作为出口产品的情况下，缔约方可以限制以物代款的转移，除非缔约方与其他缔约方的投资者之间在投资协议中授权或指定或达成的其他的书面协议，缔约方应允许转移实物回报。

第 15 条　权利转移

（1）如果缔约方，或其指定的机构（以下用“赔偿方”表示）对在另一个缔约方（以下用“东道国”表示）境内的投资者（以下用“被赔偿方”表示）的投资给予一笔赔偿或担保，东道国应承认：

（a）赔偿方对于此类投资的所有权利和声明；

（b）赔偿方有权依据权利转移执行这样的权利和实施这样的声明。

（2）在任何情况下，赔偿方应有权：

（a）要求它的权利和要求得到第（1）段中赋予的相同的待遇；

（b）当被赔偿国依照本条约有权接收投资赔偿时，依照这些权利和要求，赔偿方有权获得同样的支付金。

（3）在执行第 26 条的过程中，缔约方不能对依照保险或担保契约已经接收或将要接收的全部或确定破坏的部分进行的补偿提出辩护、反诉讼、抵消权或任何其他理由。

第 16 条　与其他条约的关系

当两个或更多的缔约方以前或今后都签署了某个国际条约，只要它的条款涉及本条约的第三部分或第五部分，不论这些条款对投资者或投资是否更有利：

（1）不能以本条约的第三或第五部分中的任何条款取代其他条约的条款或在其条约下解决争端的权利；

（2）不能以其他条约中的条款取代本条约的第三或第五部分中的条款或在本条约下解决争端的权利。

第 17 条　某些条件下第三部分不适用

每个缔约方，有权拒绝享受以下好处：

（1）一个法律实体，如果其他国家的公民或国民拥有或控制这个实体，并且这样的实体在其被组织的缔约方境内没有实质性的经济活动。

(2) 一笔投资，如果拒绝的缔约方确定此类投资的投资者是来自第三国，而拒绝的缔约方：

(a) 与该国没有建立外交关系。

(b) 采取或保留了以下措施：

(i) 禁止与该国的投资者进行交易；

(ii) 如果这部分利益给予了此国的投资者或他们的投资，这些措施将被违反或废止。

第四部分 其他条款

第18条 对能源资源的主权

(1) 缔约方承认国家对能源资源的拥有和主权，并且重申这些权力必须依据国际法来行使。

(2) 在不影响促进能源资源的获取和进行商业性开采与开发的前提下，本条约将不会损害缔约方对能源资源产权系统管理的规定。

(3) 每个国家将继续有权决定其境内进行能源开采与开发的地理区域、资源优化恢复、耗竭或开采的速度；有权指定和拥有税收、特许权使用费或其他在开采与开发过程中的财政支出；有权通过政府或国有企业的参与进入开采与开发等其他环节，管理在其境内的关于开采、开发和恢复等环境和安全问题。

(4) 缔约方应以公开的标准和非歧视的方式分配、勘探、探测、开发和开采能源资源的授权书、许可证、特许权或契约，以促进进入能源资源市场。

第19条 环境问题

(1) 为追求可持续发展和考虑已签署有关环境问题方面的国际条约所规定的义务，每个缔约方应努力以经济有效的方式，减少其境内能源活动周期的所有活动对其境内外环境产生的有害影响，并且应考虑到安全性。每个缔约方应以成本效益的方式来行动。在制定政策和行动中，每个缔约方应努力采取预防性的措施来防止或减少环境的退化。缔约方同意在其境内实施谁污染谁负责的原则，包括跨境污染。要考虑到公共利益和不破坏能源周期内的投资或国际贸易。因此，缔约方应：

（a）在制定和实施它们的能源政策过程中应考虑环境因素；

（b）在整个能源活动周期中，促进一个市场导向和充分反映环境成本和效益的价格体系的形成；

（c）关于第34条第（4）段，鼓励以宪章环境目标和能源活动周期中的国际环境标准为目的的合作，要考虑到缔约方间的不利影响和降低成本方面的差别；

（d）特别重视提高能源效率，发展和使用可再生能源，促进清洁能源的使用，促进降低污染的技术和技术手段的应用；

（e）在缔约方间促进收集和分享有关环境保护、经济效益的能源政策的信息和成本效益分析的实践和技术；

（f）提高公众对能源系统环境影响的意识，预防或降低不利的环境影响范围，减少各种预防和降低不利影响措施所付出的成本；

（g）促进在研究、开发、应用提高能源效率和保护环境技术方面的合作，以经济有效的方式减少不利影响；

（h）在充分有效地保护知识产权的前提下，为此类技术的转让和推广创造有利条件；

（i）对于对环境有显著影响的能源投资项目，在项目前期或在决策前要进行公开的评估，并加强随后的监控；

（j）促进缔约方有关环境规划和标准以及实施这些规划和标准的国际意识和信息交换；

（k）应要求缔约方在可利用的资源范围内，参与其他缔约方环境计划的开发和实施。

（2）在一个或几个缔约方的请求下，当本条款中的条款在应用或实施过程中产生争端时，在对此类争端的处理没有其他合适的国际法庭时，由宪章大会谋求解决。

（3）按照本条款的目的：

(a)“能源周期”指全部能源链，包括各种能源的勘探、开采、生产、转化、储藏、运输、分配和消费等活动；及对废料的处置和处理；以及这些活动的废除、停止或关闭，减少有害的环境影响。

(b)“环境影响”指由给定的活动引起的对环境的任何影响，包括对人的健康和安全、植物、动物、土壤、空气、水、气候、景观和历史文物或其他设施的影响以及这些因素之间的相互影响；也包括这些因素对文化遗产的影响或社会经济条件变化对这些因素的影响。

(c)“提高能源效率”指在不降低产出的质量和性能的条件下，保持同样的单位商品或服务的产出，同时，减少生产这些产出所需要的能源。

(d)“成本效益”指以最小的成本达到确定的目标或在一定的成本下获得最大的收益。

第 20 条　透　明　度

(1) 普遍应用的影响能源原料和产品贸易的法律、规定、法庭决议和管理条例，根据第 29 条第（2）段（a）项，应遵守“GATT 及相关文件”对透明度的要求。

(2) 普遍应用的在任何缔约方中生效的法律、规定、法庭决议和管理条例以及在缔约方间生效的影响本条约覆盖的其他事项的协议也应迅速地公布，以使缔约方及其投资者对它们及时地了解。本条文不要求任何缔约方公布机密的信息，并由此造成阻碍法律实施，或违背公众利益，或损害任何投资者合法利益的情形。

(3) 每个缔约方，应指定一个或更多的问讯点，以便能够对以上提到的法律、规定、法庭决议和管理条例进行信息询问。缔约方应迅速地将指定的问讯点通知给秘书处。

第 21 条　略

第 22 条　国有和特许企业

(1) 每个缔约方应保证其拥有或建立的国有企业在其境内的

销售或供应产品及售后服务活动，与本条约第三部分要求缔约方的责任相一致。

(2) 任何缔约方不能鼓励或要求国有企业以与本条约的其他条款要求缔约方的责任不相符合的方式在其境内进行活动。

(3) 每个缔约方应保证如果建立或拥有一个实体，并且赋予该实体管理、行政或其他政府的权力，该实体应以与本条约要求缔约方的责任相一致的方式执行这些权力。

(4) 任何缔约方不能鼓励或要求任何被赋予独有或特许权的实体，在其境内进行与本条约要求的缔约方的责任不相符合的活动。

(5) 在本条款中，“实体”包括任何企业、机构、其他组织或个体。

第 23 条　地方权力机关的遵守

(1) 每个缔约方对遵守本条约的所有条款应负完全的责任，并采取合理可行的措施保证地区和地方政府或权力机关在该区域内遵守本条约。

(2) 如果缔约方的地区和地方政府或权力机关制定的措施影响了缔约方对本条约的遵守，那么可以援引本条约第二、四、五部分中解决争端的条款。

第 24 条　例外

(1) 本条款不适用于第 12、13、29 条。

(2) 本条约的条款，除了:

(a) 在第 1 段中指出的;

(b) 关于本条约第三部分的第 (i) 项。

不阻止任何缔约方采纳或实施如下的措施:

(i) 为保护人类、动物或植物的生命或健康所必需的。

(ii) 在因缔约方不能控制的原因引起供应短缺的情况下，为获得或销售能源材料和产品而采取的措施应符合以下原则:

①所有其他的缔约方都被赋予公平地分享这些国际供应的能源

原料和产品的权力；

②一旦条件不再具备，任何与本条约不一致的措施应停止执行。

(iii) 应提出对本国国民的投资者和在社会或经济方面处于不利地位的个人和群体以及他们的投资实行优惠的计划，并通知秘书处，如果这些措施：

①对缔约方的经济没有显著的影响；

②没有对其他缔约方的投资者和这些措施未涉及的国家投资进行区别对待。

但这些措施不会对能源部门的经济活动产生隐藏的限制，或在缔约方之间，或在缔约方的投资者及其他有利益关系的人们中产生武断的或无理由的歧视。这样的措施应有合理的动机，并且不能取消或损害任何其他缔约方根据本条约享受的合理利益。

(3) 除了在第 (1) 段中指出的本条约的条款不能解释为阻止任何缔约方，采取它认为必要的任何措施之外：

(a) 保护它的安全利益，包括那些：

(i) 有关对军事设施的能源原料和产品的供应；

(ii) 在战争、军事冲突或在国际关系方面的其他紧急情况下采取的措施。

(b) 关系到有关核武器或其他核武器设施不扩散国家政策的履行，或者是在本条约下有关核武器不扩散、核供应指南和其他的国际核不扩散义务或协定。

(c) 为了维护公共秩序。这样的措施不应对过境运输构成变相的限制。

(4) 本条约给予最惠国待遇的条款不要求任何缔约方将其扩大到给予任何缔约方投资者其他优惠待遇，包括：

(a) 自由贸易区或关税联盟的成员享受的优惠；

(b) 由前苏联部分国家间在明确的基础上建立的共同经济关系以及过去双边或多边协议给予经济合作的优惠。

第 25 条 经济一体化协议

（1）本条约的条款不能解释为迫使参加了经济一体化协议（economic integration agreement，EIA）的缔约方，依据最惠国待遇，给予其他的不是 EIA 成员国的缔约方任何 EIA 成员国才有的优先待遇。

（2）在第（1）段中，“经济一体化协议”是指缔约方之间造成的充分自由化贸易和投资协议，在协议生效时或在合理的时间框架基础上，通过消除现存的歧视措施，或者禁止新的或更多的歧视措施。

（3）根据第 29 条，本条款不影响 GATT 及相关文件的实行。

第五部分 解决争端

第 26 条 解决缔约方和投资者之间的争端

（1）缔约方和其他缔约方投资者之间发生的争端，即后者在前者境内进行投资的争端（该争端是关于没有履行第 III 部分中所述的缔约方义务），应尽可能以和平的方式解决。

（2）如果在争端双方的任何一方要求以和平方式解决之日后 3 个月之内，争端还不能根据第（1）段中的规定进行解决，那么投资方可以将争端提交给仲裁机构进行解决：

（a）提交给争端涉及的缔约方法庭或行政仲裁机构；

（b）根据任何可用的、先前同意的争端解决程序；

（c）根据本条款的以下规定解决。

（3）

（a）如果只遵循第（b）项和第（c）项，根据本条款的规定，每个缔约方应无条件地将争端提交给国际仲裁或调解机构；

（b）

（i）附件 ID 中列出的缔约方的投资者，在先前已经根据第（2）段（a）项和（b）项将争端提交时，并没有表示无条件同意。

(ii) 为了实现仲裁的透明性，附件ID中列出的每个缔约方应在不晚于第39条规定的其批准、接收或核准的文件提交保存的日期，或不晚于第41条规定的其文件的保存日期，向秘书处提供一份对其政策、习惯和状况的书面陈述。

(c) 附件IA列出的缔约方在第10条第（1）段的最后一句的意义下引起的争端方面没有给出这种无条件同意。

(4) 在投资者按第（2）段（c）项选择争端解决办法时，投资者应该进一步书面同意将争端提交给：

(a)

(i) 解决投资争端国际中心，该中心是根据《解决国家与其他国家国民之间投资争端公约》(1965年3月18日在华盛顿开放签署，下文称为“ICSID协定”）而建立的。如果投资者所属的缔约方和争端涉及的另一缔约方均是“ICSID协定”成员。

(ii) 根据第（a）项（i）项中公约建立的解决投资争端国际中心，按中心秘书处管理控诉的附属机构的规定（下文称为“附属机构规定”)，如果缔约方的投资者和争端涉及的另一缔约方中的一方（不要求双方）都是“ICSID协定”的成员。

(b) 单独的仲裁机构或非正式仲裁法庭，根据联合国国际贸易法委员会的仲裁法规（此后称为“UNCITRAL”）而建立。

(c) 斯德哥尔摩商会下属的仲裁机构的仲裁程序。

(5)

(a) 第（3）段中的同意保证和根据第（4）段的投资者的书面同意保证应该满足以下要求：

(i) 争端的缔约方根据“ICSID协定”第11章和附属机构规定的要求提供对裁决的书面同意保证；

(ii) 根据《联合国关于承认与执行外国仲裁裁决公约》(1958年6月10日在纽约达成，此后称为1958年《纽约公约》）的第H章的要求提供“书面同意”；

(iii) 对UNCITRAL仲裁规则中的第一条提供“合同方的书面同意”。

(b) 本条款下的仲裁，可在应任何争端缔约方的要求的纽约公约成员国内进行。根据纽约公约第一条的要求，提交给仲裁机构的争端应该被认为是由于商业关系或交易引起的。

(6) 根据第 (4) 段建立的仲裁机构应该根据本条约和国际法可应用的有关规则和原则，对争端中出现的问题作出裁决。

(7) 除了自然人之外，在参照第 (4) 段提供书面同意的日期时，具有争端涉及的缔约方国籍并在发生和缔约方的争端之前被其他缔约方的投资者所控制的投资者，应该根据"ICSID 协定"第25条第 (2) 段 (b) 项的要求，被看做"另一缔约方政府的公民"，并应根据附加规则的第1条第 (6) 段的要求被认为是"另一国家的公民"。

(8) 仲裁决定，可能包括对利益的裁定，应该是最后决议并对争端涉及方具有约束力。争端缔约方的地方政府或权力机构的仲裁决定，应该保证缔约方可以以支付货币代替其他赔偿的措施。每个缔约方应该及时执行这种决定并应该对在其境内实施这种决定提供有效的保障。

第27条　缔约方之间争端的解决

(1) 缔约方应该努力通过外交渠道解决有关应用或解释本条约过程中出现的争端。

(2) 如果根据第 (1) 段，争端没有能够在一个合理的时间内解决，任何一个争端方可以将争端提交到根据本条款特设的仲裁机构，除非有条约提供的其他情况或为缔约方书面同意的其他情况，并且除了第6条或第19条有关的应用和解释；对于附件 IA 中列出的缔约方，根据第19条或第10条第 (1) 段的最后一句，应以书面形式通知争端的另一方。

(3) 这种特设仲裁机构应该按以下方式组成：

(a) 制定仲裁解决程序的缔约方应任命仲裁机构中的一个成员，并以第 (2) 段中的方式，在30天内将任命通知争端的另一方。

(b) 在收到根据第 (2) 段发出的书面通知60天之内，争端另一方应指定一名成员。如果没有在规定的时间内作出指定，已指定仲裁解决程序的缔约方可以在收到根据第（2）段所规定的书面通知后的90天之内，要求根据以下（d）项作出决定。

（c）第三方，可以不是争端涉及的缔约国公民，应该由争端涉及的缔约方指定。该成员应该是仲裁机构的主席。如果在150天之内收到第（2）段规定的通知，缔约方没有能够同意关于第三方的指定，那么应任一缔约方的要求应在收到通知180天之内根据以下（d）项作出指定。

（d）要求根据本条款作出的指定，应该由国际仲裁机构常设法庭的秘书长在收到缔约方的要求之后30天内作出。如果秘书长不能执行这个职责，可由一等秘书来指定。如果一等秘书也不能执行这个职责，可由资深代表作出指定。

（e）根据（a）项到（d）项作出的指定应该考虑资格和经验等方面，特别是本条约所涉及的事件中的经验。

（f）在缔约方之间的分歧没有达成一致的情况下，除非由争端所涉及的缔约方或调解人做了修改，应遵守UNCITRAL的仲裁规则。仲裁机构应该在多数成员同意的情况下作出裁决。

（g）仲裁机构应该根据本条约和国际法中可应用的法规和原则来作出决定。

（h）仲裁决定都应该是最终的并对争端所涉及的缔约方具有约束力。

（i）在作出决定时，如果仲裁机构发现附件P的第1部分列出的缔约方境内某个地区或地方政府或权力机构的措施与本条约不一致，争端涉及的任一方可以要求应用附件P的第二部分中的规定。

（j）仲裁机构的经费，包括其成员的酬劳，应该由争端涉及的缔约方均摊。然而，仲裁机构可以考虑将花费的大部分由争端涉及的缔约方中的一方来承担。

（k）除非争端涉及的缔约方同意，否则仲裁机构应该设在海牙，并且使用仲裁机构常设法庭的办公地点和设施。

（4）决定的副本应该交由秘书处保存，在一般情况下可在秘书处得到该副本。

第 28 条　不适用于第 27 条的某些争端

缔约方之间有关第 5 条或第 29 条解释和应用的争端不应该在第 27 条下解决，除非征得争端涉及的缔约方的同意。

第六部分　临 时 条 款

第 29 条　有关贸易事务的临时条款

（1）本条款的规定将用于不是 GATT 及相关文件的成员的缔约方能源原料和产品的贸易。

（2）

（a）根据（b）项和（c）项以及为附件 G 提供的例外和规则，缔约方中至少有一方不是 GATT 或相关文件的成员之间的能源原料和产品贸易，应按照 1994 年 3 月 1 日生效的 GATT 及其相关文件来管理，即假设所有缔约方都是 1947 年 GATT 及其相关文件的成员。

（b）根据附件 TFU 中的规定，在 1999 年之前或该国家加入 GATT 之前（两者选较早的日期），如果参与贸易的一个缔约方曾是前苏联加盟共和国，应该由两个或两个以上国家达成的协议来管理。

（c）关于双方均是 GATT 成员的贸易，如果贸易的任一方不是 1947 年 GATT 的成员，（a）项将不再适用。

（3）本条约的每个签约国，以及每个加入到本条约中的政府或区域经济一体化组织，应该在其签约之日或将其保存的加入文件提交报告之日，提供给秘书处一份对能源原料及产品的进口或出口税率及其他收费的列表，注明这种税率和收费是在签约之日或提交之日正在生效的。任何对这种税率和收费的改变应该通知秘书处，并由秘书处通知其他缔约方。

（4）在以下情况下，每个缔约方应该努力不提高进口或出口税率或其他有关的收费：

(a) 如果缔约方是 GATT 成员，缔约方在进口能源原料和产品，应参照 GATT 的第二章制定列表的第一部分中描述的标准。

(b) 不是 GATT 成员的缔约方在出口能源原料和产品，以及进口这些产品时，应以最近通知秘书处的标准为准，但根据第(2)段(a)项的规定允许的除外。

(5) 缔约方可以参照第(4)段的标准，在只有满足下列情况时，增加关税或其他收费：

(a) 在进口时征收的税率或其他收费，但这种增加税率或收费的行为不应与 1994 年 GATT 规定及其相关文件的相应条款不一致。

(b) 缔约方在法律程序完全可行的情况下，通知秘书处其关于增加税率或收费的建议，并为有利益相关的缔约方提供合理的机会协商这个建议，并对它们的任何意见给予考虑。

(6) 签约方确定在不晚于 1995 年 1 月 1 日开始谈判，并预计到 1998 年 1 月 1 日达成决议，根据世界贸易体系的发展，对条约的文件进行修订，每一个缔约方应承诺不会在超过修订所规定的水准上增加这种关税或收费。

(7) 附件 D 应用于遵守本条的贸易条款产生的争端，除非争端双方对遵守第 5 条发生的争端达成其他一致，这里的争端的双方至少有一方不是 GATT 成员。在以下情况下，附件 D 不适用于缔约方之间发生的任何争端；

(a) 已经根据并满足第(2)段(b)项和附件 TFU 的其他要求；

(b) 建立了一个自由贸易区或 GATT 的第 24 条所描述的关税联盟。

第 30 条～第 44 条　略

第 45 条　临时适用

(1) 根据第 44 条，各签约方同意在本条约对该国生效之前临时适用本条约，但应以不与本国宪法、法律以及规章制度相违背为前提。

（2）

（a）尽管有第（1）段中的规定，任何一个签约方仍可以在其签字同时向保管处声明不能够接受临时适用本条约。则第（1）段所涉义务对该声明方不适用，任何作出声明的签约方也可以在任何时候书面通知保管处撤销其声明。

（b）如果一个签约方根据（a）项作出声明，那么该缔约方及其投资者都不能享有第（1）段临时适用中的利益。

（c）尽管有（a）项规定，根据（a）项的内容作出声明的各缔约方应在本条约依第44条对该方生效之前，在不与该方法律或规章制度相违背的前提下，临时适用条约第七部分的内容。

（3）

（a）签约方可书面通知保管处终止对本条约的临时适用。临时适用的终止应从保管处收到其书面通知的60天后生效。

（b）除（c）项另外有规定外，在签约方根据（a）项终止本条约的临时适用时，考虑到其他缔约方在临时适用本条约期间对其进行的投资，该签约方根据第（1）段对条约第三部分和第五部分的临时适用还应该在中止生效后对该项投资持续有效20年。

（c）（b）项中的规定不适用于附件PA中列出的任何签约方。在向保管处递交申请后，此签约方可以从附件PA中删除。

（4）在本条约生效之前，签约方应定期召开临时宪章大会，第一个定期会议应由根据第（5）段组成的临时秘书处召集，并在不晚于本条约第38条规定的开放签字日期后180天内召开。

（5）临时秘书处应暂时行使秘书处的职能，直至根据第44条本条约开始生效并建立秘书处时为止。

（6）按照第（1）段和第（2）段（c）项中的规定，签约方应根据第37条第（3）段的规定像条约缔约方一样承担临时秘书处的经费，从本条约生效之日起，签约方对附件B中所作的任何修改都将中止。

（7）根据第41条加入条约后，在本条约生效之前，国家或区域经济一体化组织作为签约方享有本条款规定的权利，承担本条款规定的义务。

第46条　保　　留

对本条约不得有任何保留。

第47～50条　略

参 考 文 献

一、中文参考文献

（一）著作类

1. ［澳］艾德里安·J. 布拉德布鲁克，［美］理查德·L. 奥丁格. 能源法与可持续发展［M］. 曹明德，邵方，王圣礼，译. 北京：法律出版社，2001.
2. ［俄］斯·日兹宁. 国际能源：政治与外交［M］. 强晓云，等，译. 上海：华东师范大学出版社，2005.
3. 陈安. 国际投资法的新发展与中国双边投资条约的新实践［M］. 上海：复旦大学出版社，2007.
4. 陈安. 国际投资争端案例精选［M］. 上海：复旦大学出版社，2001.
5. 陈安. 国际投资争端仲裁——“解决投资争端国际中心”机制研究［M］. 上海：复旦大学出版社，2001.
6. 龚向前. 气候变化背景下的能源法的变革［M］. 北京：中国民主法制出版社，2008.
7. 黄进. 中国能源安全问题研究：法律与政策的分析［M］. 武汉：武汉大学出版社，2008.
8. 李爱年，韩广. 人类社会的可持续发展与国际环境法［M］. 北京：法律出版社，2005.
9. 李贵英. 国际投资法专论——国际投资争端之解决［M］. 台北：元照出版公司，2004.
10. 梁丹妮.《北美自由贸易协定》投资争端仲裁机制研究［M］. 北京：法律出版社，2007.

11. 刘笋．国际投资保护的国际法制：若干重要法律问题研究［M］．北京：法律出版社，2002.
12. 吕振勇．能源法简论［M］．北京：中国电力出版社，2008.
13. ［美］迈克尔·波特．竞争优势［M］．陈小悦，译．北京：华夏出版社，2005.
14. ［美］约翰·H. 杰克逊．GATT/WTO 法理与实践［M］．张玉卿，等，译．北京：新华出版社，2002.
15. ［美］约瑟夫·P. 托梅因，理查德·D. 卡达希．美国能源法［M］．万少廷，译．北京：法律出版社，2008.
16. 倪健民．国家能源安全报告［M］．北京：人民出版社，2005.
17. 戚文海．中俄能源合作战略与对策［M］．北京：社会科学文献出版社，2006.
18. ［日］寺泽一，山本草二．国际法基础［M］．朱奇武，等，译．北京：中国人民大学出版社，1983.
19. 邵沙平，余敏友．国际法问题专论［M］．武汉：武汉大学出版社，2002.
20. 石慧．投资条约仲裁机制的批判与重构［M］．北京：法律出版社，2008.
21. 王革华．能源与可持续发展［M］．北京：化学工业出版社，2005.
22. 王贵国．国际投资法［M］．北京：北京大学出版社，2001.
23. 王曦．国际环境法［M］．北京：法律出版社，2005.
24. 吴磊．中国石油安全［M］．北京：中国社会科学出版社，2003.
25. 肖乾刚，肖国兴．能源法［M］．北京：法律出版社，1996.
26. 杨泽伟．发达国家新能源法律与政策研究［M］．武汉：武汉大学出版社，2011.
27. 杨泽伟．中国海上能源通道安全的法律保障［M］．武汉：武汉大学出版社，2011.
28. 杨泽伟．中国能源安全法律保障研究［M］．北京：中国政法大学出版社，2009.

29. 杨泽伟．国际法析论［M］．北京：中国人民大学出版社，2007.
30. 杨泽伟．主权论——国际法上的主权问题及其发展趋势研究［M］．北京：北京大学出版社，2006.
31. 叶荣泗，吴钟瑚．中国能源法律体系研究［M］．北京：中国电力出版社，2006.
32. 叶兴平．国际争端解决重要法律文献［M］．北京：法律出版社，2006.
33. 叶兴平．国际争端解决机制的新发展——北美自由贸易区的法律与实践［M］．北京：法律出版社，2006.
34. 于宏源，李威．创新能源机制与国际能源法［M］．北京：海洋出版社，2010.
35. 余劲松．国际投资法［M］．北京：法律出版社，2007.
36. 余民才．海洋石油勘探与开发的法律问题［M］．北京：中国人民大学出版社，2001.
37. 余敏友．世界贸易组织争端解决机制法律与实践［M］．武汉：武汉大学出版社，1998.
38. 中国现代国际关系研究院经济安全研究中心．全球能源大棋局［M］．北京：时事出版社，2005.
39. 钟飞腾，林峰．石油中国［M］．北京：中华工商联合出版社，2006.
40. 周成新．国际投资争议的解决方法［M］．北京：中国政法大学出版社，1989.
41. 朱文奇，李强．国际条约法［M］．北京：中国人民大学出版社，2008.

（二）论文类

1. 白中红．《能源宪章条约》的争端解决机制研究［J］．外交评论，2011（3）.
2. 白中红，潘远征．中国加入《能源宪章条约》的利弊论［J］．生态经济，2010（10）.
3. 曹伟．能源宪章与中国［J］．国际石油经济，2003（10）.

4. 陈安. 区分两类国家，实行差别互惠：再论 ICSID 体制赋予中国的四大“安全阀”不宜贸然全面拆除[J]. 国际经济法学刊，2007 (3).
5. 程春华. 欧洲能源宪章与俄欧油气合作[J]. 国际石油经济，2006 (6).
6. 管清友，何帆. 中国能源安全与国际能源合作[J]. 世界经济与政治，2007 (11).
7. 郭鹏. 国际油气合作合同模式多样化[J]. 中国石油企业，2006 (12).
8. 蒋新，何英. 从征收条款看《能源宪章条约》对能源投资的保护[J]. 黑龙江对外经贸，2011 (2).
9. 蒋新，周林峰. ECT 投资仲裁与 ICSID 机制比较研究[J]. 湘潭大学学报（哲学社会科学版），2009 (3).
10. 贺艳. 国际能源投资的环境法律规制：以《能源宪章条约》及相关案例为研究对象[J]. 西安交通大学学报（社会科学版），2010 (4).
11. 胡国松，邓翔. 《欧洲能源宪章条约》述评[J]. 欧洲，1996 (6).
12. 李贵英. 能源宪章条约与国际投资争端解决之研究[J]. 东吴法律学报，2003 (2).
13. 李珏. 中国加入《能源宪章条约》之可行性分析[J]. 湖北财经高等专科学校学报，2010 (3).
14. 李瑞民. 能源宪章条约与国际能源投资争端解决[J]. 国际石油经济，2008 (8).
15. 刘笋. 建立国际投资仲裁的上诉机制问题述评[J]. 现代法学，2009 (5).
16. 马迅. 浅析国际能源争议解决机制——以《能源宪章条约》为例[J]. 生态经济，2009 (4).
17. 欧仕军. 石油勘探开发过程中的环境保护[J]. 硅谷，2010 (7).
18. 唐旗. WTO 体制与能源贸易问题[J]. 法学评论，2008 (4).

19. 王传丽 . WTO：一个自给自足的法律体系[J]. 国际经济法学刊，2004（4）.
20. 王德禄 . 能源产业发展趋势及价值链分析[J]. 新材料产业，2004（11）.
21. 王海浪 . 落后还是超前？——论中国对 ICSID 管辖权的同意[J]. 国际经济法学刊，2006（1）.
22. 王艳冰 . 能源宪章条约关于能源投资与环境保护关系的规定及其缺陷：与晚近投资协定比较[J]. 前沿，2010（4）.
23. 魏艳茹 . 论我国晚近全盘接受 ICSID 仲裁管辖权之欠妥[J]. 国际经济法学刊，2006（1）.
24. 谢宝朝 . 投资仲裁上诉不是正当性危机的唯一解药[J]. 世界贸易组织动态与研究，2009（4）.
25. 徐振强，王育红 . 国际石油合作合同模式的特征与演进[J]. 国际经济合作，2003（1）.
26. 薛力 . "马六甲困境" 内涵辨析与中国的应对[J]. 世界经济与政治，2010（10）.
27. 杨洪 . 能源宪章条约中的环境规范[J]. 法学评论，2007（3）.
28. 杨泽伟 . 跨国能源管道运输的争议解决机制[J]. 法学，2007（12）.
29. 叶荣泗 . 关注能源立法[J]. 中国发展观察，2008（1）.
30. 余劲松，詹晓宁 . 论投资者与东道国间争端解决机制及其影响[J]. 中国法学，2005（5）.
31. 余敏友，唐旗 . 论 WTO 构建能源贸易规则及其对我国能源安全的影响[J]. 世界贸易组织动态与研究，2010（3）.
32. 余敏友 . 国际能源法的演进 [N]. 人民法院报，2007-10-18.
33. 郁义鸿 . 产业链类型与产业链效率基准[J]. 中国工业经济，2005（11）.
34. 曾加 . 国际能源投资争议的解决机制研究——以《能源宪章条约》为例[J]. 宁夏大学学报（人文社会科学版），2008（1）.
35. 张庆麟，马迅 . 论《能源宪章条约》投资规则的可持续发展

[J]. 暨南学报（哲学社会科学版），2009（2）.
36. 赵宏图. 全球能源安全对话与合作——能源相互依赖时代的战略选择[J]. 现代国际关系，2006（5）.
37. 赵宏图. 国际能源组织与多边能源外交[J]. 国际石油经济，2008（10）.
38. 詹晓宁，葛顺奇. 国际投资条约：投资和投资者的范围和定义[J]. 国际经济合作，2003（1）.
39. 赵栋. 全球化背景下我国能源安全的法律保障[J]. 中共郑州市委党校学报，2011（1）.
40. 曾彬. “威望号”：又一枚爆响的石油炸弹[J]. 中国石化，2003（4）.
41. 甄真.《能源宪章条约》与我国能源法律制度的完善[J]. 才智，2009（1）.
42. 郑仙蓉.《能源宪章》欲把中国推向国际能源市场[J]. 中国投资，2001（8）.

（三）学位论文类

1. 曹志敏. 能源贸易与 WTO 体制［D］. 苏州：苏州大学硕士学位论文，2010.
2. 樊培俊.《能源宪章》与俄欧能源博弈［D］. 上海：华东师范大学硕士学位论文，2009.
3. 姜星莉. 经济全球化背景下中国能源安全研究［D］. 武汉：武汉大学博士学位论文，2010.
4. 黄汀. ECT 中仲裁解决投资者——国家争议的法律问题研究［D］. 长沙：湖南师范大学硕士学位论文，2010.
5. 贾孟奇.《能源宪章条约》暂时适用条款分析及对我国的启示——以〈尤科斯案〉管辖权裁决为例［D］. 北京：中国政法大学硕士学位论文，2011.
6. 马迅.《能源宪章条约》投资规则研究［D］. 武汉：武汉大学博士学位论文，2010.
7. 毛燕琼. WTO 争端解决机制的问题与改革［D］. 上海：华东政法大学博士学位论文，2008.

8. 李甲．中国海外投资争端解决机制研究［D］．南昌：南昌大学硕士学位论文，2008.
9. 李萍．NAFTA 国际投资法律问题研究［D］．北京：中国政法大学博士学位论文，2003.
10. 谈中正．能源贸易安全的规则路径研究［D］．上海：华东政法大学硕士学位论文，2010.
11. 王曙光．国际投资自由化法律待遇研究［D］．北京：中国政法大学博士论文，2005.
12. 王轶坚．能源宪章条约与 WTO 争端解决机制管辖权重叠研究［D］．北京：中国政法大学硕士学位论文，2009.
13. 徐喜君．能源领域国际投资中的准入与风险法律问题［D］．上海：复旦大学硕士学位论文，2009.
14. 叶玉．石油贸易措施的国际法规制［D］．上海：复旦大学博士学位论文，2007.
15. 杨文滔．外国投资者与东道国间强制性仲裁研究［D］．长沙：湖南师范大学硕士学位论文，2007.
16. 余钰．能源国际合作开发争端解决机制研究［D］．武汉大学硕士学位论文，2008.
17. 周林峰．论《能源宪章条约》的投资仲裁条款及对我国能源合作的影响［D］．湘潭大学硕士学位论文，2010.

二、外文参考文献

（一）著作类

1. Adrian J. Bradbrook, Rosemary Lyster, Richard L. Ottinger, Wang Xi. The Law of Energy for Sustainable Development[C]. Cambridge: Cambridge University Press, 2005.
2. Andreas Goldthaw, Jan Martin Witte. Global Energy Governance: the New Rules of the Game[M]. Washington: Brookings Institution Press,2010.
3. Antonio Cassesse. International Law[M]. Oxford: Oxford University Press,2005.

4. Bary Barton, Catherine Redgwell, Anita Ronne, Donald N. Ziliman. Energy Security: Managing Risk in a Dynamic Legal and Regulatory Environment[M]. Oxford: Oxford University Press, 2004.

5. Campbell McLachlan QC, Laurence Shore, Matthew Weiniger, Loukas Mistelis. International Investment Arbitration: Substantive Principles[M]. Oxford: Oxford University Press, 2007.

6. Christian Ngo, Joseph Natowitz. Our Energy Future: Resources, Alternatives and the Environment[M]. New Jersey: John Wiley & Sons Inc, 2007.

7. Christopher Dugan, Noah D. Rubins, Don Wallace, Borzu Sabahi. Investor-State Arbitration[M]. Oxford: Oxford University Press,2008.

8. Clarisse Ribeiro. Investment Arbitration and Energy Charter Treaty [C]. Huntington: JurisNet LLC,2006.

9. Donald N. Ziliman. Energy Law[M]. New York: the Foundation Press, Inc,1983.

10. Francisco Orrego Vicuna. International Dispute Settlement in an Evolving Global Society: Constitutionalization, Accessibility, Privatization[M]. Cambridge: Cambridge University Press,2004.

11. Friedl Weiss, Erik Denters, Paul de Waart. International Economic Law with a Human Face [M]. London: Kluwer Law International, 1998.

12. G MacKerron, P Pearson. The International Energy Experience: Markets, Regulation and the Environment [M]. London: Imperial College Press, 2000.

13. Gerald Blake. Boundaries and Energy: Problems and Prospects [M]. London: Kluwer Law International,1998.

14. Graham Coop. Energy Dispute Resolution: Investment Protection, Transit and the Energy Charter Treaty[C]. Huntington: JurisNet LLC,2011.

15. Graham Coop, Clarisse Ribeiro. Investment Protection and Energy Charter Treaty[C]. Huntington:JurisNet LLC,2008.

16. Gus Van Harten. Investment Treaty Arbitration and Public Law[C]. Oxford: Oxford University Press,2007.

17. Jan Klabbers, Rene Lefeber. Essays on the Law of Treaties: A Collection of Essays in Honour of Bert Vierdag[C]. London: Kluwer Law International,1998.

18. Joseph P. Tomain, Hon. Richard D. Cudahy. Energy Law in a Nutshell [M]. Eagan MN: Thomson West,2004.

19. Julia Dore, Robert De Bauw. The Energy Charter Treaty: Origins, Aims and Prospects [M]. London: Royal Institute of International Affairs,1995.

20. Karl P. Sauvant. Appeals Mechanism in International Investment Disputes [M]. Oxford: Oxford University Press,2008.

21. M. Sornarajah. The Settlement of Foreign Investment Disputes [M]. London: Kluwer Law International,2000.

22. Malcolm N. Shaw. International Law(6th edition)[M]. Cambridge: Cambridge University Press,2008.

23. Benjamin K. Sovacool. The Routledge Handbook of Energy Security [M]. London: Routledge, 2010.

24. Martha M. Roggen Kamp. Energy Law in Europe: National, EU and International Law and Institutions (2nd edition) [M]. Oxford: Oxford University Press,2007.

25. Martti Koskenniemi. International Law Aspects of the European Union [M]. Hague: Martinus Nijhoff Publishers,1998.

26. Moshe Hirsch. Arbitration Mechanism of the International Center for Settlement of Investment Disputes [M]. Dordrecht: Kluwer Academic Publishers,1993.

27. Michael J. Moser. Managing Business Disputes in Today's China [M]. London: Kluwer Law International, 2007.

28. Mirian Kene Omalu. NAFTA and the Energy Charter Treaty: Compliance with, Implementation and Effectiveness of International Investment Agreements [M]. London: Kluwer Law International,

1999.

29. Moshe Hirsch. The Arbitration Mechanism of the International Centre for the Settlement of Investment Disputes [M]. London: Graham & Trotman/Martinus Nijhoff, 1993.

30. Horn, S. Kröll. Arbitrating Foreign Investment Disputes: Procedural and Substantive Legal Aspects [M]. London: Kluwer Law International, 2004.

31. Rex J. Zedalis, International Energy Law: Rules Governing Future Exploration, Exploitation and Use of Renewable Resources [M]. Aldershot: Ashgate Dartmouth, 2000.

32. Rosemary Lyster and Adrian Bradbrook. Energy Law and the Environment [M]. Cambridge: Cambridge University Press, 2006.

33. Rudolf Dolzer, Christoph Schreuer. Principles of International Investment Law [M]. Oxford: Oxford University Press, 2008.

34. Sergei Vinogradov. Cross-border Oil and Gas Pipelines, International Legal and Regulatory Regimes [D]. Dundee: Dundee University, 2001.

35. Sanam S. Haghighi. Energy Security: The External Legal Relations of the European Union with the Major Oil and Gas Supplying Countries [M]. Oxford: Hart Publishing, 2007.

36. Todd Weiler. Investment Treaty Arbitration and International Law [M]. Huntington: Juris Publishing, 2008.

37. Thomas Roe, Matthew Happold. Settlement of Investment Disputes under the Energy Charter Treaty [M]. Cambridge: Cambridge University Press, 2011.

38. Thomas W. Walde, The Energy Charter Treaty: An East-West Gateway for Investment and Trade [M]. London: Kluwer Law International, 1996.

39. Wolfgang Peter. Arbitration and Renegotiation of International Investment Treaties [M]. London: Kluwer Law International, 1995.

40. Zhiguo Gao. Environment Regulation of Oil and Gas [M]. London:

Kluwer Law International, 1998.

(二)论文类

1. Andrei V. Belyi, Ulrich G Klaus. Russia's Gas Exports and Transit Dispute Resolution under the ECT: Missed Opportunities for Gazprom or False Hopes in Europe? [J]. Journal of Energy and Natural Resources Law, 2007, 25(3).

2. Andrey Konoplyanik. A Common Russia-EU Partnership Agreement, Acquis Communautaire and the Energy Charter [J]. Journal of Energy and Natural Resources Law, 2009, 27(2).

3. A. Konoplyanik. Energy Charter Protocol on Transit: On the Way to Agreement—What Kind of Treatment Will be Accord to Russian Gas in EU Countries [J]. Oil, Gas & Energy Law Intelligence (OGEL), 2004, 2(1).

4. A. Konoplyanik. Energy Security: The Role of Business, Governments, International Legal Framework [J]. International Energy Law & Taxation Review, 2007(6).

5. A. Konoplyanik. Why Is Russia Opting out of the Energy Charter? [J]. International Affairs, 2010, 56(2).

6. A. F. M. Maniruzzaman. Energy Charter Treaty Arbitration (Investor-State) in the Asia-Pacific Context: An Overview [J]. International Energy Law & Taxation Review, 2004(4).

7. A. F. M. Maniruzzaman. Investor-State Dispute Resolution under the Energy Charter Treaty: An Asian Perspective [J]. Oil, Gas & Energy Law Intelligence (OGEL), 2004, 2(5).

8. A. F. M. Maniruzzaman. The Pursuit of Stability in International Energy Investment Contracts: A Critical Appraisal of the Emerging Trends [J]. The Journal of World Energy Law & Business, 2008, 2(1).

9. A. F. M. Maniruzzaman. The Issue of Resource Nationalism: Risk Engineering and Dispute Management in the Oil and Gas Industry [J]. Texas Journal of Oil, Gas, and Energy Law, 2010, 5(1).

10. A. F. M. Maniruzzaman. The Problems and Challenges Facing Settlement of International Energy Disputes by ADR Methods in Asia: The Way Forward [J]. International Energy Law & Taxation Review, 2003(6).

11. A. F. M. Maniruzzaman. Towards Regional Energy Co-operation in the Asia-Pacific—Some Lessons from the Energy Charter Treaty [J]. The Journal of World Investment, 2002, 3(6).

12. A. J. Bradbrook. Significance of the Energy Charter Treaty [J]. Applied Energy, 1999, 64(9).

13. A. V. Belyi, S. Nappert. A New Energy Charter: Myth or Reality? [J]. Oil, Gas & Energy Law Intelligence (OGEL), 2009, 7(2).

14. Adnan Amkhan. Consent to Submit Investment Disputes to Arbitration Under Article 26 of the Energy Charter Treaty [J]. International Arbitration Law Review, 2007, 10(3).

15. Adrian J. Bradbrook. Energy Law: The Neglected Aspect of Environmental Law [J]. Melbourne University Law Review, 1993, 19(1).

16. Adrian J. Bradbrook. Electric Power Interconnection in North-East Asia [J]. Journal of Energy Natural Resources Law, 2002, 20(2).

17. Adrian J. Bradbrook. Energy Efficiency and the Energy Charter Treaty [J]. Environmental and Planning Law Journal, 1997, 14 (5).

18. Alastair R. Lucas. The North American Agreement on Environmental Cooperation: International Environmental Jurisdiction over the Energy Sector [J]. Journal of Energy & Natural Resources Law, 1998, 16(1).

19. Alex M. Niebruegge. Provisional Application of the Energy Charter Treaty: The Yukos Arbitration and the Future Place of Provisional Application in International Law [J]. Chicago Journal of International Law, 2007, 8(1).

20. Andrei Konoplyanik. Energy Charter: Counter-acting through

Inaction [J]. Oil, Gas& Energy Law Intelligence (OGEL), 2005, 1 (2).

21. Andrei Konoplyanik. ECT and the Yukos Case [J]. Petroleum Economist, July 2005.

22. Andrei Konoplyanik. Energy Charter: The Key to International Energy Security [J]. Petroleum Economist, February 2006.

23. Andrei Konoplyanik. Russia-EU Summit: The Energy Charter Treaty and the Issue of Energy Transit [J]. International Energy Law & Taxation Review, 2005(2).

24. Andrei Konoplyanik. Russia-EU, G-8, ECT and Transit Protocol [J]. Russian/CIS Energy & Mining Law Journal, 2006, 4(3).

25. Andrei Konoplyanik. Russia-Ukrainian Gas Dispute: Prices, Pricing, and ECT [J]. Russian/CIS Energy & Mining Law Journal, 2006, 4(1).

26. Andrei Konoplyanik, Thomas Wälde. Energy Charter Treaty and Its Role in International Energy [J]. Journal of Energy and Natural Resources Law, 2006, 24(4).

27. Andrew E. L. Tucker. The Energy Charter Treaty and "Compulsory" International State/Investor Arbitration [J]. Leiden Journal of International Law, 1998, 11(3).

28. Anna Papaioannou. Security of Energy Supply: The Approach in the European Union and the Contribution of the Energy Charter Treaty [J]. Maastricht Journal of European and Comparative Law, 1995, 2 (1).

29. Anna Turinov. "Investment" and "Investor" in Energy Charter Treaty Arbitration: Uncertain Jurisdiction [J]. Journal of International Arbitration, 2009, 26(1).

30. Anthony Connerty. Dispute Resolution in the Oil and Gas Industry [J]. Journal of Energy & Natural Resources Law, 2002, 20(2).

31. Antonia Layard. The European Energy Charter Treaty: Tipping the Balance between Energy and the Environment [J]. European

Environmental Law Review, 1995, 4(5).
32. Bryan Clark. Transit and the Energy Charter Treaty: Rhetoric and Reality [J]. Web Journal of Current Legal Issue, 1998(5).
33. C. Bamberger. Adjudicatory Aspects of Transit Dispute Conciliation under the Energy Charter Treaty [J]. Oil, Gas & Energy Law Intelligence(OGEL), 2006, 4(1).
34. Christian Tietje. The Applicability of the Energy Charter Treaty in ICSID Arbitration of EU Nationals vs. EU Member States [J]. Transnational Dispute Management, 2009, 6(1).
35. C. P. Andrews-Speed, Thomas Wälde. Will the Energy Charter Treaty Help International Energy Investor? [J]. Transnational Corporation, 1996, 5(3).
36. Chris Flynn. Russian Roulette: The ECT, Transit and Western European Energy Security [J]. International Energy Law & Taxation Review, 2007(1).
37. Craig S. Bamberger. Remarks of the International Energy Agency on the Strategic Value of the Energy Charter Treaty [J]. Perspectives in Energy, 1997(4).
38. Daniel M. Price. An Overview of the NAFTA Investment Chapter: Substantive Rules and Investor-state Dispute Settlement [J]. The International Lawyer, 1993, 27(3).
39. David Herlihy, Bruce Macaulay. Strategic Choices under the ECT [J]. Global Arbitration Review, 2007, 2(2).
40. David R. Sedlak. ICSID's Resurgence in International Investment Arbitration: Can the Momentum Hold? [J]. Penn State International Law Review, 2004, 23(1).
41. Danae Azaria. Energy Transit under the Energy Charter Treaty and the General Agreement on Tariffs and Trade [J]. Journal of Energy & Natural Resources Law, 2009, 27(4).
42. Dominique D'ALLAIRE. The Nationality Rules under the Energy Charter Treaty: Practical Considerations [J]. The Journal of World

Trade & Investment, 2009, 10(1).

43. Domenico Di Pietro. The Use of Precedents in ICSID Arbitration: Regularity or Certainty? [J]. International Arbitration Law Review, 2007, 10(3).

44. Doran Doeh, Sophie Nappert, Alexander Popov. Russia and the Energy Charter Treaty: Common Interests or Irreconcilable Differences [J]. International Energy Law& Taxation Review, 2006 (7).

45. E. Lauterpacht. Freedom of Transit in International Law [J]. Problems of Public and Private International Law, 1958-1959.

46. Edna Sussman. The Energy Charter Treaty Affords Investor Protections and Right to Arbitration [J]. Oil, Gas & Energy Intelligence (OGEL), 2006, 4(4).

47. Edna Sussman. A Multilateral Energy Sector Investment Treaty: Is it Time for a Call for Adoption by all Nations? [J]. International Lawyer, 2010, 44(3).

48. Edna Sussman. The Energy Charter Treaty's Investor Protection Provisions: Potential to Foster Solutions to Global Warming and Promote Sustainable Development [J]. ILSA Journal of International & Comparative Law, 2008, 14(2).

49. Ekpen J. Omonbude. Cross-border Oil and Gas Pipelines and the Role of the Transit Country: An Analysis of the Consequences of Shifts in Bargaining Parties to the Pipeline Agreement[D]. Dundee University Thesis, 2007.

50. Ekpen J. Omonbude. The Transit Oil and Gas Pipeline and the Role of Bargaining: A Non-technical Discussion [J]. Energy Policy, 2007, 35(12).

51. Emilija Marcinkeviciute. Energy Charter Treaty Transit Protocol: European Gas Market Liberalization and Its Effect on the European-Russian Gas Trade [J]. Texas Journal of Oil, Gas, and Energy Law, 2009, 5(1).

52. Francis N. Botchway. International Trade Regime and Energy Trade [J]. Syracuse Journal of International Law and Commerce, 2001, 28 (2).

53. G. C. Moss. Between Private and Public International Law: Exorbitant Jurisdiction as Illustrated by the Yukos Case [J]. Oil, Gas & Energy Law Intelligence(OGEL), 2007, 5(2).

54. Gillian Turner. Investment Protection through arbitration: The Dispute Resolution Provisions of Energy Charter Treaty [J]. International Arbitration Law Review, 1998, 1(1).

55. Grace Wandoo Nomhwange. Transboundary Pipelines: What Is the Role of the Energy Charter Treaty Regarding Dispute Settlement? [D]. Dundee University Thesis, 2005.

56. Graham Coop. Energy Charter Treaty and the European Union: Is Conflict Inevitable [J]. Journal of Energy& Natural Resources Law, 2009, 27(3).

57. Graham Coop. Natural Gas Projects and Investment Protection under the Energy Charter Treaty [J]. International Energy Law Review, 2008(2).

58. J. Behnke. Safety Jurisdiction over Natural Gas Pipelines [J]. Energy Law Journal, 2008, 19(1).

59. J. Wetterfors. The First Investor-State Arbitration Award under the 1994 Energy Charter Treaty—A Case Comment [J]. Oil, Gas & Energy Intelligence (OGEL), 2004, 2(5).

60. James Chalker. Making the Energy Charter Treaty Too Investor Friendly: Plama Consortium Limited v. The Republic of Bulgaria [J]. Transnational Dispute Management, 2006, 3(5).

61. Jean Touscoz. The Role of the European Union in the Framework of the Energy Charter Treaty [J]. European Foreign Affairs, 1997, 2 (1).

62. Joel P. Trachman. The Domain of WTO Dispute Resolution [J]. Harvard International Law Journal, 1999, 40(2).

63. Jonathan Stern. Natural Gas Security Problems in Europe: The Russia-Ukrainian Crisis of 2006 [J]. Asia-Pacific Review, 2006, 13(1).

64. Justin D'Agostino, Oliver Jones. Energy Charter Treaty: A Step towards Consistency in International Investment Arbitration? [J]. Journal of Energy & Natural Resource Law, 2007, 25(3).

65. Kaj Hobér. Arbitrating Disputes under the Energy Charter Treaty [J]. Oil, Gas & Energy Law Intelligence (OGEL), 2009, 7(2).

66. Kamal Gadiyev. Arbitration of Energy-related Disputes under the Energy Charter Treaty [J]. Global Jurist, May, 2008.

67. Karl Petter Waern. Transit Provisions of the Energy Charter Treaty and the Energy Charter Protocol on Transit [J]. Journal of Energy & Natural Resources Law, 20, No. 2, 2002.

68. Laurence Shore. The Jurisdiction Problem in Energy Charter Treaty Claims [J]. International Arbitration Law Review, 2007, 10(3).

69. Lawrence L Herman. NAFTA and the ECT: Divergent Approaches with a Core of Harmony [J]. Journal of Energy & Natural Resources Law, 1997, 15(2).

70. Leigh Hancher, Susann Wolgram. The ECT Transit Conciliation Rules and Procedures [J]. Oil, Gas Law and Taxation Review, 1999, 12(11).

71. Lorna Brazell. Draft Energy Charter Treaty: Trade, Competition, Investment and Environment [J]. Journal of Energy& Natural Resources Law, 1994, 12(3).

72. Loukas A. Mistelis, Crina Mihaela Baltag. Denial of Benefits and Article 17 of the Energy Charter Treaty [J]. Penn State Law Review, 2009, 113(4).

73. Lucy Reed, Lucy Martinez. Made to Measure? Investment Protection and Arbitration Rights under the Energy Charter Treaty [J]. ILSA Journal of International and Comparative Law, 2008, 14(2).

74. Matha M. Roggenkamp. Transit of Networkbound Energy: A New

Phenomenon?, Transit Examined from the Barcelona Transit Convention to the Energy Charter Treaty [J]. World Competition Law and Economics Review, 2005, 19(2).

75. Matthew James Kemner. The Strengths and Weaknesses of the Energy Charter Treaty[D]. Konstanz University Thesis, 1996.

76. Matthew T. Parish, Charles B. Rosenberg. An Introduction to the Energy Charter Treaty [J]. American Review of International Arbitration, 2009, 20(2).

77. Michael Dulaney, Robert Merrick. Legal Issues in Cross-Border Oil and Gas Pipelines [J]. Journal of Energy& Natural Resources Law, 2005, 23(3).

78. Monica C. E. Heymann, Nathalie Horbach. Nuclear Protocol of the Energy Charter Treaty [J]. Journal of Energy & Natural Resources Law, 1995, 13(3).

79. N. Gaullus. Plama v. Bulgaria and the Scope of Investment Treaty MFN Clauses [J]. Oil, Gas & Energy Law Intelligence (OGEL), 2005, 3(2).

80. Olivia Q. Swaak-Goldman. The Dispute Resolution Procedures of the Energy Charter Treaty: Made to Measure [J]. The American Review of International Arbitration, 1995, 6(4).

81. Pascal Laffont. An Energy Charter Protocol on Transit [J]. International Energy Law &Taxation Review, 2003(8).

82. Philip Andrews-Speed. The Energy Charter Treaty: Its Importance to Western European Energy Companies [J]. Oil, Gas Law and Taxation Review, 1996, 14(9).

83. Philip Andrews-Speed. The Politics of Petroleum and the Energy Charter Treaty as an Effective Investment Regime [J]. Journal of Energy Finance and Development, 1999(4).

84. Philip Barnes. The Energy Charter Treaty: A Significant Influence on the International Energy Scene or an Irrelevance [J]. 1996, 32.

85. Philippe Pinsolle. The Dispute Resolution Provisions of the Energy

Charter Treaty [J]. International Arbitration Law Review, 2007, 10 (3).

86. Piotr Szlagowski. Review of the "New Legal Framework for Energy Cooperation" and Dispute Resolution Mechanisms in Energy Transit [J]. International Energy Law Review, 2010, 28(5).

87. R. J. Stevenson. Energy Charter Treaty: Implications for Australia [J]. Journal of Energy & Natural Resources Law, 2001, 19(2).

88. Rainer Liesen. Transit under the 1994 Energy Charter Treaty [J]. Journal of Energy & Natural Resources Law,1999, 17(1).

89. Regina S. Axelrod. The European Energy Charter Treaty, Reality or Illusion [J]. Energy Policy, 1996, 24(6).

90. Ria Kemper. Creating a Pan European Transit Framework—the Role of the Energy Charter [J]. International Energy Law & Taxation Review, 2002(2).

91. Ria Kemper. New Charter to Govern International Energy Transit [J]. Oil & Gas Journal, 2002, 100(9).

92. Richard Happ. Dispute Settlement under the Energy Charter Treaty [J]. German Yearbook of International Law, 2002.

93. Richard Happ. The Legal Status of the Investor Vis-à-vis the European Communities: Some Salient Thoughts [J]. International Arbitration Law Review, 2007, 10(3).

94. Shih Wen-Chen. Energy Security, GATT/WTO, and Agreements [J]. The Natural Resources Journal, 2009, 49(2).

95. S. Nappert. Russia and the Energy Charter Treaty: The Unplumbed Depths of Provisional Application [J]. Oil, Gas & Energy Law Intelligence (OGEL), 2008, 6(3).

96. S. S. Haghighi. The GCC Countries and Their Future Membership in the Energy Charter Treaty: Rights and Obligations under the Energy Charter Treaty [J]. Oil, Gas & Energy Law Intelligence (OGEL), 2005, 3(3).

97. Sergei Vinogradov. Cross-Border Pipelines in International Law [J]. Natural Resources & Environment, Vol. 14, No. 2, 1999.
98. Steivan Defilla. Energy Trade under the ECT and Accession to the WTO [J]. Journal of Energy & Natural Resources Law, 2003, 21 (3).
99. Stephen W. Stein. Introduction to the Financing of Cross-border Gas Pipelines in Emerging Nations [J]. Journal of Energy & Natural Resources Law, 2003, 21(3).
100. Sumio Kozawa. Depoliticization of International Dispute Settlement: A Comparison of the Dispute Settlement Provisions of the WTO and the Energy Charter Treaty [J]. The Journal of World Investment, 2002, 3(5).
101. Susan D. Franck. The Legitimacy Crisis in Investment Treaty Arbitration: Privatizing Public International Law through Inconsistent Decisions [J]. Fordman Law Review, 2005, 73(4).
102. Susan L. Sakmar. Bringing Energy Trade into WTO: The Historical Context, Current Status, and Potential Implication for the Middle East Region [J]. Indiana International and Comparative Law Review, 2008, 18(1).
103. Tarcisio Gazzini. Provisional Application of the Energy Charter Treaty: A Short Analysis of Article 45 [J]. Transnational Dispute Management, 2010, 7(1).
104. T. I. Shtilkind. Energy Charter Treaty: A Critical Russian Perspective [J]. Oil, Gas & Energy Law Intelligence (OGEL), 2005, 3(1).
105. Theocharis N. Grigoriadis. State Responsibility and Antitrust in the Energy Charter Treaty: Socialization vs. Liberalization in Bilateral Investment Relations [J]. Texas International Law Journal, 2008, 44(1).
106. Thomas W. Wälde. International Investment under the 1994 Energy Charter Treaty: Legal, Negotiating and Policy Implications for

International Investors within Western and CIS/Eastern European Countries [J]. Journal of World Trade, 1995, 29(5).
107. Thomas W. Wälde. Arbitration in the Oil, Gas and Energy Field: Emerging Energy Charter Treaty Practice [J]. Oil, Gas & Energy Law Intelligence (OGEL), 2003, 1(4).
108. Thomas W. Wälde. European Energy Charter Conference: Final Act, Energy Charter Treaty, Decisions and Energy Charter Protocol on Energy Efficiency and Related Environmental Aspects [J]. International Legal Materials, 1995, 34.
109. Thomas W. Wälde. Investment Arbitration under Energy Charter Treaty—From Dispute Settlement to Treaty Implementation [J]. Arbitration International, 1996, 12(4).
110. Thomas W. Wälde. Investment Arbitration under the Energy Charter Treaty: An Overview of Key Issues [J]. Transnational Dispute Management, 2004, 1(2).
111. Thomas W. Wälde, Kaj Hobér. The First Energy Charter Treaty Arbitral Award [J]. Journal of International Arbitration, 2005, 22(2).
112. Thomas W. Wälde. Legal and Policy Implications of a Relationship of Two International Treaties in Natural Energy Resources: OPEC and the ECT [J]. Oil, Gas & Energy Law Intelligence (OGEL), 2004, 2(5).
113. Thomas W. Wälde. The Energy Charter Treaty: Expanding the Liberalisation of Energy Industries [J]. Oil, Gas & Energy Law Intelligence (OGEL) 2003, 1(1).
114. Thomas W. Wälde, P. K. Wouters. State Responsibility in a Liberalised World Economy: "State, Privileged and Subnational Authority" under the 1994 Energy Charter Treaty, an Analysis of Articles 22 and 23 [J]. Netherlands Yearbook of International Law, 1996, 27.
115. Todd Weiler, Thomas W. Wälde. Investment Arbitration under the

Energy Charter Treaty in the Light of New NAFTA Precedents: Towards a Global Code of Conduct for Economic Regulation, Transnational Dispute Management [J]. 2004, 1(1).

116. Thomas W. Wälde. International Energy Investment [J]. Energy Law Journal, 1996, 17(1).

117. U. Klaus. The Gate to Arbitration—the Yukos Case and the Provisional Application of the Energy Charter Treaty in the Russian Federation [J]. Oil, Gas & Energy Law Intelligence (OGEL), 2005,3(2).

118. Veijo Heiskanen. "Unreasonable or Discriminatory Measures" as a Cause of Action under the Energy Charter Treaty [J]. International Arbitration Law Review, 2007, 10(3).

119. Yang Zewei. International Energy Law: A New Discipline of International Law [J]. Wuhan University International Law Review, 2009(2).

三、网站

1. 能源宪章网站:http://www. encharter. org
2. 能源宪章秘书处前副秘书长网站:http://www. konoplyanik. ru
3. 联合国贸易与发展会议网站:http://www. unctad. org
4. 石油、天然气与能源法网站(OGEL):http://www. ogel. org
5. 跨国争端解决网站(TDM):http://www. transnational-dispute-management. com
6. 英国邓迪大学能源、石油、矿产法律与政策中心(CEPMLP) http://www. dundee. ac. uk/cepmlp
7. 美国国际法协会网站:http://www. asil. org
8. 斯德哥尔摩商会仲裁院网站:http://www. sccinstitute. com
9. 解决投资争端国际中心网站:http://icsid. worldbank. org
10. 国际能源机构网站:http://www. iea. org
11. 美国能源信息署网站:http://www. eia. gov

12. 中国能源法律网:http://www.energylaw.org.cn
13. 中华人民共和国商务部条约法律司网站:http://tfs.mofcom.gov.cn
14. 中国投资指南网:http://www.fdi.gov.cn

后　记

有人说，写作论文是一个漫长的旅程（thesis writing journey）。在这个过程中，思考的不仅仅是论文的主题，还常常是三十而立，或四十不惑，或不同人生阶段的挣扎、疑虑或反省。确实，对于我来说，这篇博士论文就是我三十而立生活最好的见证。在我硕士毕业后，26岁的我在喜欢的城市和喜欢的人在一起，做着喜欢的工作。在我工作两年多后，我可爱的女儿诞生了。休完产假后，重新回到我热爱的讲台时，我感觉自己需要充电了。于是在我女儿9个月的时候，我坐上了去武汉的火车，报考了武汉大学的博士生考试。在2007年9月，我幸运地成为了武汉大学国际法研究所的一名在职博士研究生。此后的一年，我带着对女儿的牵挂和思念，在美丽的武汉大学享受着重新做回学生的感觉。一年后，我回到了工作岗位，开始寻找自己博士论文的选题。2009年5月，在我女儿3岁上幼儿园的时候，我通过了博士论文开题，开始了论文写作的旅程。

论文的写作并不是想象中那样容易！总想等到胸有成竹时才下笔，可这种感觉却时常找不到。这个时候我总是喜欢用想象来超越和减压。脑子里已经不知道多少次出现那种冲过终点后喜悦和成功的"3D"画面了。我甚至在论文才写第一章时，就开始酝酿我的后记了。我也记不清多少次对女儿说："等妈妈写完论文，就可以天天陪着你了。"就这样，在想象和压力中，我敲打着键盘，一段段匍匐前进着。

在我论文进行到一半的时候，我获得了国家留学基金委的资助，我带着女儿来到了澳大利亚昆士兰科技大学，在布里斯班这个友好而又美丽的城市度过了我和女儿最难忘和最特别的10个月。在这10个月里，有时也会感到辛苦，但女儿的陪伴让我在这个陌生的城市里从来不感到寂寞,女儿的聪明和懂事总是给我带来惊喜和安慰。在低密度的人际网络与高密度的思考与反省中,我终于在布里斯班完成了这三年来让我魂牵梦萦的论文。虽然论文还有太多不满意和不成熟的地方,但我确定,现在真正到了写后记的时候了。

我知道这一路走来,我从来没有孤单过。在这段旅程中,一直有我的老师、我的朋友和我的亲人陪伴着我,关心着我。今天我终于有机会在这里表达我的感谢了。

首先感谢我的导师杨泽伟教授,在过去的四年半时间里,您给予了我最为直接的帮助、支持和关怀。您严谨的治学态度、平易近人的气度都将使我受益终身。武汉大学国际法研究所的曾令良教授、余敏友教授、黄德明教授、黄志雄教授以及研究所里的其他众多老师,对我的学习和生活都给予了莫大的鼓励和支持,在此表示由衷的感谢。从几位老师那里,我学到的不仅是知识,而且还包括做人以及为学的态度。寥寥数语,难以表达我对各位老师诚挚的感激之情。

我工作的单位暨南大学珠海校区的同事陈晖副教授、杨兢副教授、胡波博士和杨丹博士,谢谢你们为我的学习与论文写作提供了诸多的便利、帮助与鼓励;我的诸位同窗好友,陈淑芬博士、王家斌副教授、程荃副教授在学习与生活中互相交流、互相支持、互相鼓励,感谢你们的陪伴!还有我的学弟吕江、谭民、康丹、张弛,你们总是在我需要的时候,给我提供最为及时的帮助。谢谢你们!

在澳大利亚的10个月里,在遥远的异国他乡,我的导师Douglas Fisher对我的论文也给予悉心的指导,感谢您和夫人Joan对我和女儿的生活给予极大的帮助。感谢昆士兰科技大学法学院Maxine Brown女士和Leaner Sanders女士,帮我安排好我学习访问期间的一切行政事务。感谢我在澳大利亚同办公室的博士生朋友Damien, Zoe, Shol,谢谢你们给我的学习和生活上的帮助,与你们的这一段跨国的友谊实在是难得的缘分!

家人是我永远的动力源泉。感谢我的父母,赋予我生命和智慧。感谢我的公公和婆婆,帮我打理家务、照看女儿,免除了我所有的后顾之忧。感谢我的丈夫,从我们相识到现在已经17个年头了,无论我在顺境还是逆境,你都始终如一地支持和鼓励我;无论快乐还是痛苦，你都愿意和我共享和分担；在无数个不眠之夜，我知道我的这篇论文曾是我们这个家庭共同的期盼，论文背后的种种，我知道你最懂。当然还要感谢我亲爱的女儿，是你不断给妈妈带来快乐与惊喜！但愿多年以后，我亲爱的女儿翻阅这篇论文时，仍然能从妈妈的论文里读到一种精神。

白中红

2011年10月　初稿于布里斯班

2012年5月　修改于珠海